U0742837

高等职业教育汽车类专业活页式新形态创新教材

新能源汽车故障诊断技术

主　编　刘俊刚

副主编　包　强　李建伟

参　编　唐海波　蒋述军　石维峰

机械工业出版社
CHINA MACHINE PRESS

本书共分为11个能力模块，配套16个工作任务单。能力模块一为电动汽车使用与保养，能力模块二为车辆控制单元认知与故障诊断，能力模块三为锂离子电池认知与故障诊断，能力模块四为电机认知与故障诊断，能力模块五为高压电路认知与故障诊断，能力模块六为变频器原理认知与故障诊断，能力模块七为车载充电机原理与故障诊断，能力模块八为DC/DC变换器原理与故障诊断，能力模块九为电动汽车空调原理与故障诊断，能力模块十为减速器原理与故障诊断，能力模块十一为电动汽车故障分析方法。

本书可作为高职院校新能源汽车技术、汽车检测与维修、汽车电子技术、汽车试验技术等汽车相关专业教材，也可供从事汽车相关领域工作的工程技术人员作为入门参考。

图书在版编目（CIP）数据

新能源汽车故障诊断技术 / 刘俊刚主编. -- 北京：
机械工业出版社，2024. 7. --（高等职业教育汽车类专
业活页式新形态创新教材）（2025.8重印）. -- ISBN 978-7-111-76274
-4

Ⅰ. U469.707

中国国家版本馆CIP数据核字第2024VM6270号

机械工业出版社（北京市百万庄大街22号　邮政编码100037）
策划编辑：母云红　　　　　责任编辑：母云红
责任校对：李　杉　张　征　封面设计：张　静
责任印制：常天培
河北虎彩印刷有限公司印刷
2025年8月第1版第2次印刷
184mm×260mm · 17.5印张 · 408千字
标准书号：ISBN 978-7-111-76274-4
定价：55.00元（含工作任务单）

电话服务　　　　　　　　网络服务
客服电话：010-88361066　机 工 官 网：www.cmpbook.com
　　　　　010-88379833　机 工 官 博：weibo.com/cmp1952
　　　　　010-68326294　金 书 网：www.golden-book.com
封底无防伪标均为盗版　机工教育服务网：www.cmpedu.com

前 言 | PREFACE

如果说汽车发动机电控化是汽车的第二次技术革命，那么电动汽车（纯电动汽车、混合动力汽车、燃料电池汽车等）技术将是汽车的第三次技术革命，这场革命必将引起汽车产业的结构调整，在汽车研发、汽车生产和汽车售后服务三方面发生很大的变化。

编者深入学习习近平新时代中国特色社会主义思想，把握"为党育人、为国育才"基本要求，同时深入学习党的二十大精神，尤其是"实施科教兴国战略，强化现代化建设人才支撑""建设现代化产业体系""推动战略性新兴产业融合集群发展"等内容，并将之贯彻到教材编写中，实现综合提升"知识、技能和素质"的全方位育人目标。

为了使现代职业教育内容跟上汽车生产和售后服务的步伐，我们基于纯电动汽车和混合动力汽车开发了这本《新能源汽车故障诊断技术》。本书针对新能源汽车而开发，包括新能源汽车"三纵"（混合动力汽车、纯电动汽车、燃料电池汽车）中的混合动力汽车和纯电动汽车故障诊断技术的内容。同时，本书配有丰富的视频、微课、动画数字媒体教学资源，扫描书中二维码即可免费观看学习，方便教师授课和学生自学。最后，针对理论和实践进行任务驱动教学时需要任务驱动工单，本书提供配套学习任务单和工作任务单供学生完成，这样既有利于学生做好理论巩固，也有利于对实训项目进行有针对性的训练。

鉴于不同院校教学硬件的差异，本书提供了16个可供选择的工作任务单，可以参考主教材"实践任务"环节的任务实施模式，各院校根据自身情况选择适用的工作任务。该设计也是针对"典型工作任务"的自由选取方面，实现"活页式教材"做出的尝试。

本书由湖北交通职业技术学院的刘俊刚担任主编，湖北交通职业技术学院的包强、淄博职业学院的李建伟担任副主编，武汉汇丰汽车销售服务有限公司的唐海波、湖北交通职业技术学院的蒋述军、湖北交通职业技术学院的石维峰参与编写。

由于编者水平有限，书中难免存在瑕疵，希望各位专家、读者批评指正，以便将本教材开发得更好。

数字资源总码

编 者

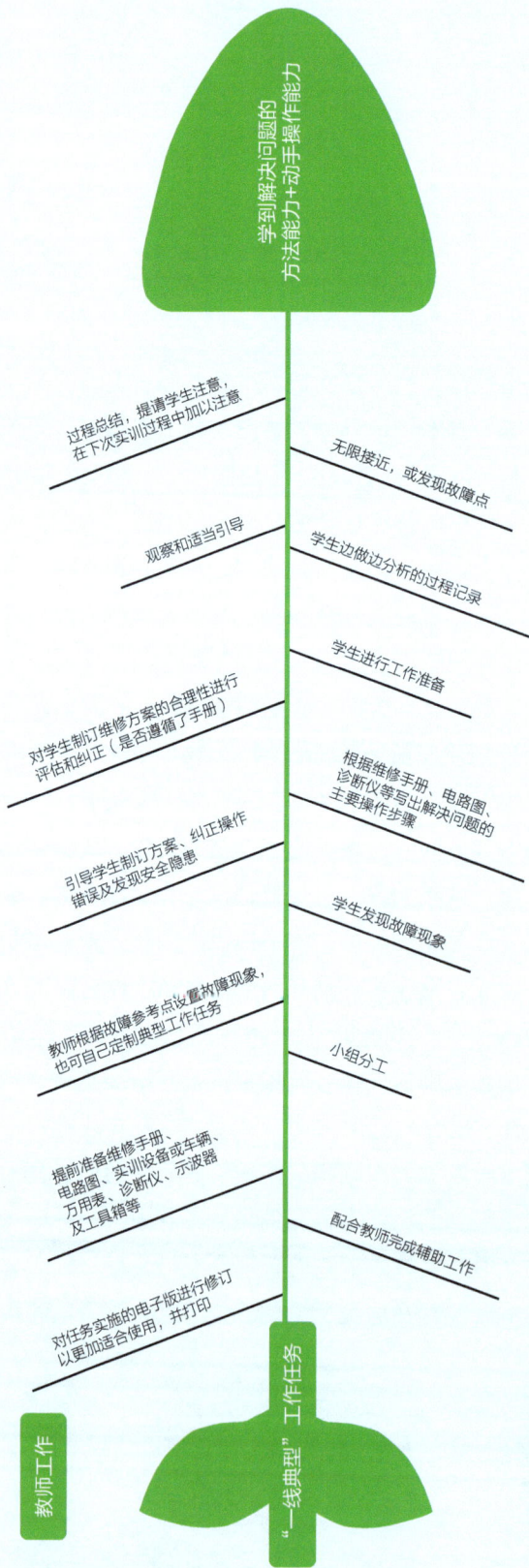

基于"一线典型"工作任务的实训思维方式

学到解决问题的
方法能力+动手操作能力

教师工作

过程总结，提请学生注意，
在下次实训过程中加以注意

观察和适当引导

对学生制订维修方案的合理性进行
评估和纠正（是否遵循了手册）

引导学生制订方案、纠正操作
错误及发现安全隐患

教师根据故障参考点设置故障现象，
也可自己定制典型工作任务

提前准备维修手册、
电路图、实训设备或车辆、
万用表、诊断仪、示波器
及工具箱等

对任务实施的电子版进行修订
以更加适合使用，并打印

"一线典型"工作任务

学生工作

无限接近，或发现故障点

学生边做边分析的过程记录

学生进行工作准备

根据维修手册、电路图、
诊断仪等写出解决问题的
主要操作步骤

学生发现故障现象

小组分工

配合教师完成辅助工作

活页式教材使用注意事项

01 根据需要，从教材中选择需要夹入活页夹的页面。

02 小心地沿页面根部的虚线将页面撕下。为了保证沿虚线撕开，可以先沿虚线折叠一下。注意：一次不要同时撕太多页。

03 选购孔距为80mm的双孔活页文件夹，文件夹要求选择竖版，不小于B5幅面即可。将撕下的活页式教材装订到活页夹中。

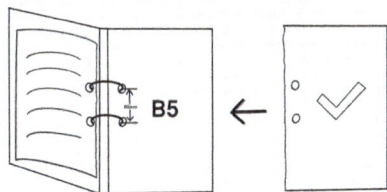

B5

04 也可将课堂笔记和随堂测验等学习资料，经过标准的孔距为80mm的双孔打孔器打孔后，和教材装订在同一个文件夹中，以方便学习。

温馨提示：在第一次取出教材正文页面之前，可以先尝试撕下本页，作为练习

二维码清单

名称及类型	二维码	名称及类型	二维码	名称及类型	二维码
新能源汽车高压断电操作（微课）		车载充电控制系统故障诊断与排除（微课）		动力电池的拆装（微课）	
比亚迪汽车专用故障诊断仪的使用（微课）		交流充电系统故障诊断（比亚迪秦EV）（微课）		纯电动汽车的热管理系统（微课）	
动力电池高压线束绝缘检测（北汽EV160）（微课）		新能源汽车无法充电诊断与维修（微课）		动力电池控制系统认知（微课）	
新能源汽车整车控制器系统结构和功能介绍（微课）		交流充电信号CP线路故障诊断（微课）		动力电池控制系统功能（微课）	
高压互锁电路故障诊断（比亚迪）（微课）		交流充电口异常故障诊断与排除（微课）		电池管理系统无法通信故障的诊断与排除（微课）	
DC BMC的双路电电源故障诊断(微课)		车载交流充电枪异常故障诊断与排除（微课）		动力电池包附件拆检(比亚迪E5)（微课）	
电子换档系统（微课）		交流充电互锁电路故障诊断（比亚迪秦EV）（微课）		动力电池故障自诊断（微课）	
车上操作电子变速杆（微课）		动力电池温度检测（比亚迪秦）（微课）		动力电池控制系统传感器（微课）	
驻车锁止控制系统（微课）		动力电池管理系统故障诊断与维修（微课）		动力电池绝缘不良故障诊断（微课）	
换档控制执行器拆装（微课）		动力电池的认知（微课）		新能源汽车的热管理系统结构（微课）	
交流充电接触器控制线路故障诊断（微课）		动力电池类型与参数（微课）		驱动电机控制系统组成原理（微课）	

（续）

名称及类型	二维码	名称及类型	二维码	名称及类型	二维码
驱动桥冷却系统（微课）		驱动电机转动异常的故障诊断与排除（微课）		混合动力系统工作过程（微课）	
逆变器与整流器（微课）		电池管理器信息通信系统故障诊断（比亚迪秦 EV）（微课）		驱动桥结构与工作原理（微课）	
转换器及 MG ECU（微课）		电池管理器及相关电路故障诊断（比亚迪秦 EV）（微课）		充配电总成及相关电路故障诊断（比亚迪秦 EV）1（微课）	
驱动电机控制系统的拆装（微课）		动力电池接触器相关电路故障诊断（比亚迪秦 EV）（微课）		充配电总成及相关电路故障诊断（比亚迪秦 EV）2（微课）	
驱动电机控制系统检修（微课）		电池管理控制模块 CAN 电路及波形检测（微课）		混合动力控制系统结构（微课）	
电机驱动系统限功率指示灯点亮故障诊断与排除（微课）		混合动力系统总线（微课）		混合动力控制系统故障自诊断（微课）	
驱动电机原理与类型（微课）		总线故障诊断流程（微课）		混合动力控制系统故障自诊断—车辆无法上电故障排除 1（微课）	
驱动桥的拆装（微课）		PTC 加热器拆装与检测（比亚迪秦 EV）（微课）		混合动力控制系统故障自诊断—车辆无法上电故障排除 2（微课）	
驱动桥的拆解（微课）		PTC 拆装（北汽）（微课）		交流充电信号 CP 线路故障诊断 1（视频）	
驱动电机的检修（微课）		PTC 功能不正常故障检查（北汽）（微课）		交流充电信号 CP 线路故障诊断 2（视频）	
混动汽车热管理系统（微课）		混合动力系统的组成（微课）		交流充电接触器控制线路故障诊断 1（视频）	

（续）

名称及类型	二维码	名称及类型	二维码	名称及类型	二维码
交流充电接触器控制线路故障诊断2（视频）		交流式充电桩的安装与调试（视频）		DC/DC变换器的技术要求（视频）	
电池管理器信息通信系统故障诊断（比亚迪秦EV）1（视频）		充电桩安装调试案例（视频）		充电连接装置概述（视频）	
电池管理器信息通信系统故障诊断（比亚迪秦EV）2（视频）		车载充电机概述（视频）		电动汽车充电用电缆（视频）	
电池管理器及相关电路故障诊断（比亚迪秦EV）1（视频）		车载充电机工作原理（视频）		供电接口（视频）	
电池管理器及相关电路故障诊断（比亚迪秦EV）2（视频）		车载充电机的技术要求（视频）		电缆检修（视频）	
交流充电互锁电路故障诊断（比亚迪秦EV）1（视频）		车载充电机的检修思路（视频）		供电口的检修（视频）	
交流充电互锁电路故障诊断（比亚迪秦EV）2（视频）		车载充电机维修案例（视频）		充电连接装置维修案例（视频）	
充电桩概述（视频）		DC/DC变换器的概念（视频）		DC/DC变换器维修案例–比亚迪e5（视频）	
充电桩的工作原理（视频）		DC/DC变换器的工作原理（视频）		EPB CAN总线故障诊断与排除1（视频）	
充电桩的技术要求（视频）		DC/DC变换器的检修思路（视频）		EPB CAN总线故障诊断与排除2（视频）	
直流充电桩的安装与调试（视频）		DC/DC变换器维修案例（视频）		车载充电机的维修案例1（视频）	

（续）

名称及类型	二维码	名称及类型	二维码	名称及类型	二维码
车载充电机的维修案例2（视频）		动力电池的拆装 – 比亚迪 e5-4（视频）		整车高压线束分布（视频）	
车载充电机的维修案例3（视频）		动力电池故障在仪表上的显示 – 比亚迪 e5（视频）		动力电池常见故障（动画）	
车载充电机故障1（视频）		动力电池系统安全指南 – 比亚迪 e5（视频）		动力电池故障及处理方法（动画）	
车载充电机故障2（视频）		动力电池性能检测 – 比亚迪 e5-1（视频）		EV 电机常见故障（动画）	
车载充电器的功能和位置（视频）		动力电池性能检测 – 比亚迪 e5-2（视频）		EV 电机的使用维护（动画）	
车载网络系统故障诊断（视频）		给电动汽车充电（视频）		HEV 使用注意事项（动画）	
电动汽车的充电方式（视频）		随车充电枪 CP 断路 – 吉利 EV450-1（视频）		HEV 的维护周期（动画）	
电动助力转向系统的故障案例（视频）		随车充电枪 CP 断路 – 吉利 EV450-2（视频）		HEV 的正确使用（动画）	
动力电池的拆装 – 比亚迪 e5-1（视频）		新能源汽车空调常见故障及排除方法1（视频）		HEV 电控系统常见故障现象及诊断流程（动画）	
动力电池的拆装 – 比亚迪 e5-2（视频）		新能源汽车空调常见故障及排除方法2（视频）		HEV 电控系统故障案例分析（动画）	
动力电池的拆装 – 比亚迪 e5-3（视频）		新能源汽车空调系统和传统汽车的区别（视频）		纯电动汽车充电系统常见的故障现象（动画）	

（续）

名称及类型	二维码	名称及类型	二维码	名称及类型	二维码
纯电动汽车充电指示灯常亮故障的诊断（动画）		纯电动汽车 VCU 故障维修及检测（动画）		HEV 纯电模式无法开启空调故障排除（动画）	
纯电动汽车充电指示灯常亮故障的维修及检验（动画）		平行轴自动变速器维修概述（动画）		制动踏板和制动灯开关的调整（动画）	
纯电动汽车高压互锁故障的现象（动画）		平行轴变速器辅助轴分总成的检修（动画）		驻车制动器的检查和调整（动画）	
纯电动汽车高压互锁故障的诊断（动画）		平行轴式变速器副轴分总成的检修（动画）		空调制冷系统的检测设备（动画）	
纯电动汽车高压互锁故障的维修及检验（动画）		平行轴式变速器离合器的检修（动画）		空调制冷系统的检漏方法（动画）	
平行轴自动变速器概述（动画）		平行轴自动变速器主轴总成的维修（动画）		制冷系统常见表压故障（动画）	
平行轴自动变速器结构（动画）		HEV 充电系统常见故障（动画）		用歧管压力表检查制冷系统（动画）	
平行轴式自动变速器工作原理（动画）		HEV 充电中途停止故障的检修（动画）		空调系统常见故障（动画）	
纯电动汽车 VCU 介绍（动画）		HEV 旋变信号丢失故障的检修（动画）		空调系统常见故障检查与排除（动画）	
纯电动汽车 VCU 故障现象（动画）		HEV 纯电模式无法开启空调故障现象及其原因（动画）			
纯电动汽车 VCU 故障诊断（动画）		HEV 纯电模式无法开启空调故障诊断流程（动画）			

目 录

前 言
二维码清单

能力模块一
电动汽车使用与保养
知识储备
知识点　电动汽车组成与使用 / 002
技能点　电动汽车保养 / 006

实践任务　电动汽车使用与保养 / 009
一、工作任务分配 / 009
二、操作步骤合理性评估和纠正 / 009
三、任务实施前的设备准备 / 010
四、操作性的任务实施 / 011
五、评价反馈 / 011

能力模块二
车辆控制单元认知与故障诊断
知识储备
知识点 1　车辆控制单元认知 / 014
知识点 2　高压互锁控制 / 025

实践任务　高压互锁引起的高压无法上电的故障
　　　　　排除 / 030
一、工作任务分配 / 030
二、操作步骤合理性评估和纠正 / 030
三、任务实施前的设备准备 / 031
四、操作性的任务实施 / 032
五、评价反馈 / 032

能力模块三
锂离子电池认知与故障诊断
知识储备
知识点 1　锂离子电池认知 / 035
知识点 2　电池管理系统功能及故障诊断 / 041
技能点　更换电池的作业过程 / 047

实践任务　动力电池故障引起无法上电的故障
　　　　　排除 / 052
一、工作任务分配 / 052
二、操作步骤合理性评估和纠正 / 052
三、任务实施前的设备准备 / 053

四、操作性的任务实施 / 054
五、评价反馈 / 054

能力模块四
电机认知与故障诊断
知识储备
知识点　汽车电机认知 / 057
技能点　汽车电机故障诊断方法 / 064

实践任务　电机故障引起无法充电的故障
　　　　　排除 / 067
一、工作任务分配 / 067
二、操作步骤合理性评估和纠正 / 067
三、任务实施前的设备准备 / 068
四、操作性的任务实施 / 069
五、评价反馈 / 069

能力模块五
高压电路认知与故障诊断
知识储备
知识点 1　吉利电动汽车高压电路认知 / 072
知识点 2　比亚迪电动汽车高压电路认知 / 075
技能点　电动汽车高压电路检修 / 077

实践任务　电动汽车高压无法上电的故障
　　　　　排除 / 081
一、工作任务分配 / 081
二、操作步骤合理性评估和纠正 / 081
三、任务实施前的设备准备 / 082
四、操作性的任务实施 / 083
五、评价反馈 / 083

能力模块六
变频器原理认知与故障诊断
知识储备
知识点 1　汽车电机变频器工作原理与故障诊断 / 086
知识点 2　三相逆变过程与电机控制 / 090
知识点 3　典型变频器 / 099

实践任务 变频器绝缘故障的排除 / 105
一、工作任务分配 / 105
二、操作步骤合理性评估和纠正 / 105
三、任务实施前的设备准备 / 106
四、操作性的任务实施 / 107
五、评价反馈 / 107

能力模块七
车载充电机原理与故障诊断
知识储备
知识点 1 交流充电类型及工作原理 / 110
知识点 2 直流充电桩 / 115
知识点 3 吉利汽车车载充电机 / 123

实践任务 电动汽车不充电的故障排除 / 127
一、工作任务分配 / 127
二、操作步骤合理性评估和纠正 / 127
三、任务实施前的设备准备 / 128
四、操作性的任务实施 / 129
五、评价反馈 / 129

能力模块八
DC/DC 变换器原理与故障诊断
知识储备
知识点 1 DC/DC 变换器认知 / 132
知识点 2 DC/DC 变换器工作原理 / 135
知识点 3 电动汽车 DC/DC 变换器工作原理与检修 / 139

实践任务 DC/DC 变换器不工作引起蓄电池馈电
的故障排除 / 143
一、工作任务分配 / 143
二、操作步骤合理性评估和纠正 / 143
三、任务实施前的设备准备 / 144
四、操作性的任务实施 / 145
五、评价反馈 / 146

能力模块九
电动汽车空调原理与故障诊断
知识储备
知识点 1 空调工作原理认知 / 148
知识点 2 纯电动汽车非热式空调及电池原理认知 / 153
知识点 3 电动汽车热泵式空调原理认知 / 155
技能点 空调数据分析及压缩机拆装 / 157

实践任务 电动汽车空调不制冷的故障
排除 / 162
一、工作任务分配 / 162
二、操作步骤合理性评估和纠正 / 162
三、任务实施前的设备准备 / 163
四、操作性的任务实施 / 164
五、评价反馈 / 165

能力模块十
减速器原理与故障诊断
知识储备
知识点 1 电动汽车传动系统结构认知 / 167
知识点 2 减速器故障诊断 / 170

实践任务 电子驻车档故障排除 / 175
一、工作任务分配 / 175
二、操作步骤合理性评估和纠正 / 175
三、任务实施前的设备准备 / 176
四、操作性的任务实施 / 177
五、评价反馈 / 178

能力模块十一
电动汽车故障分析方法
知识储备
技能点 1 电动汽车无 IG 供电，仪表显示异常故障
诊断 / 180
技能点 2 电动汽车无法起动故障诊断 / 181
技能点 3 电动汽车加速无力故障诊断 / 183
技能点 4 电动汽车无法充电故障诊断 / 184

实践任务 电动汽车高压能上电，挂档不能行驶
的故障排除 / 188
一、工作任务分配 / 188
二、操作步骤合理性评估和纠正 / 188
三、任务实施前的设备准备 / 189
四、操作性的任务实施 / 190
五、评价反馈 / 191

附录 纯电动汽车电路图 / 192

参考文献 / 235

Module 01

能力模块一
电动汽车使用与保养

情境引入

4S 店要求给客户做一个电动汽车使用和保养的知识讲解。

如果你是工作人员，应如何完成讲解任务，电动汽车的保养方案应如何制定。

学习目标

能力目标

- 说出纯电动轿车主要动力系统组成。
- 说出纯电动客车主要动力系统组成。
- 说出纯电动汽车仪表新增的指示灯、警告灯和故障灯功能。
- 说出电动汽车相比燃油汽车新增保养项目有哪些。

素养目标

- 培养低碳环保、绿色出行的意识。
- 提升团队协作精神。
- 增强安全意识。

知识储备

知识点　电动汽车组成与使用

目前，商品化的电动汽车多为单电机结构。多电机结构目前存在成本高、技术控制难度大等问题。因此，本书仅针对单电机结构的电动汽车进行讲解。弄懂了单电机结构后，多电机结构也就不难理解了。

一、典型电动汽车组成

1. 单电机轿车

图 1-1 所示为纯电动前驱轿车电力驱动系统。单电机轿车驱动采用锂离子电池、变频器、电机三部分组成的动力系统，由两级减速器和差速器组成传动系统，这两个系统组成了电动轿车的电力驱动系统。

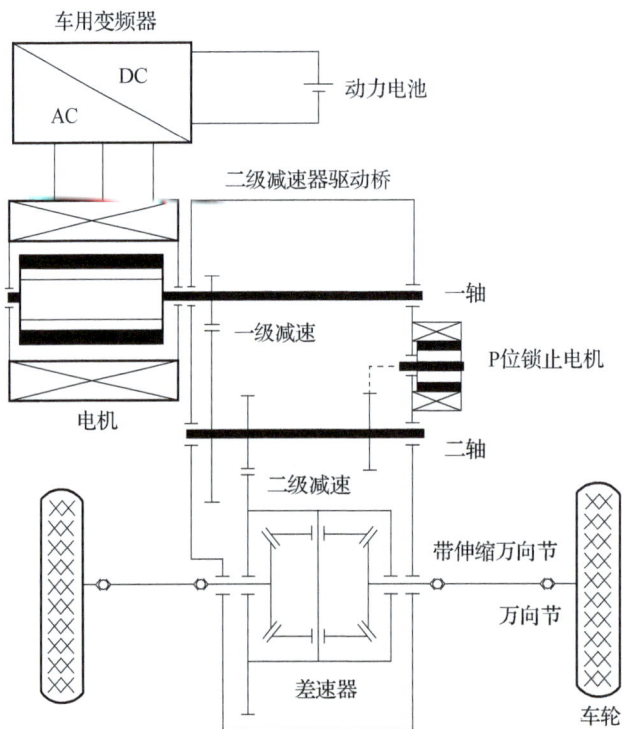

图 1-1　纯电动轿车电力驱动系统组成（前驱车型）

电力驱动系统工作原理如下：锂离子电池的电能经正、负两条供电电缆加到变频器上，变频器将直流电换流为三相交流电给电机，电机转动后，转速经减速器两级减速增矩后到达差速器，经差速器两侧半轴到车轮。

电子变速杆位于 D 位时电机正转，位于 R 位时电机反转，位于 N 位时电机停转，位于 P 位（或按下 P 位开关）时驻车电机经减速机构制动驻车棘轮，阻止驱动轮转动。

2. 单电机客车

图 1-2 所示为纯电动客车电力驱动系统。客车采用后驱动形式，与前驱动（图 1-1）相比主要是采用了两档或三档变速器以提高电机的效率。通过在客车上增加变速器，在同等动力需求下可降低动力电池的电压、变频器的容量和电机的功率，从而在一定程度上降低电动汽车成本，也降低了传动系统的噪声。

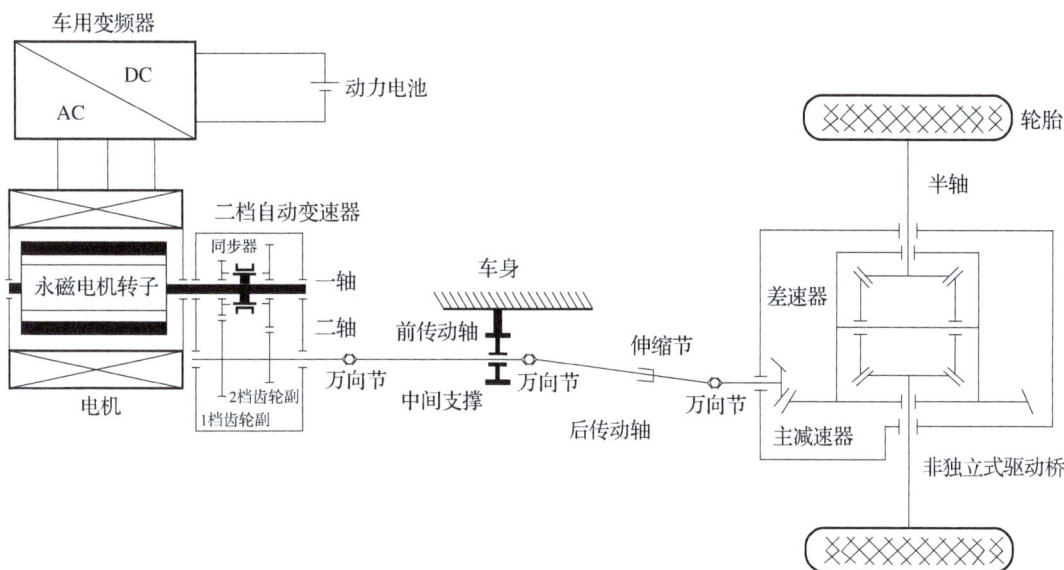

图 1-2　纯电动客车电力驱动系统组成

其电力驱动系统工作原理如下：锂离子电池的电能经正、负两条供电电缆加到变频器上，变频器将直流电换流为三相交流电给电机，电机转动后，转速经两档变速器降速增矩后到达传动轴，经传动轴到主减速器再到差速器，经差速器两侧半轴到车轮。

电子变速杆位于 D 位时电机正转，位于 R 位时电机反转，位于 N 位时电机停转，位于 P 位（或按下 P 位开关）时驻车。例如，在液压制动的汽车上，中小型车采用中间传动轴制动方式。大型客 / 货车通常采用气压制动，通过解除（放掉）制动鼓中的气压实施弹簧制动，实现后轮驻车（通常也是驱动轮）。

二、电动汽车使用

1. 电动汽车仪表

纯电动汽车仪表（图 1-3）与传统燃油汽车的区别主要集中在仪表三灯的含义以及信息显示屏的内容。

图 1-3 纯电动汽车仪表

（1）分类 电动汽车仪表分为指针式仪表或数字显示式仪表。例如，动力电池荷电状态指示灯用于指示动力电池的剩余电量，多用指针式仪表显示，也可采用数字模拟指示条、数字式显示器，当 SOC 低于某一规定值，还应特别明显地标示出来；如果使用动力电池更换系统，最好能自动复位，如不能自动恢复到全充满状态，则应能人工复位。

（2）仪表三灯 仪表三灯指指示灯、警告灯和故障灯。

1）指示灯。指示灯通常是对驾驶人操作的一种反馈，如转向指示灯、远光指示灯和近光指示灯等，指示灯通常用绿色。

2）警告灯。警告灯通常表示车辆本身可能存在隐患或严重故障，如机油压力过低警告灯、蓄电池放电警告灯和制动警告灯等，警告灯通常用红色。

3）故障灯。电控系统的自诊断系统诊断出故障，并存储了相关的故障码时，故障灯点亮，如发动机故障灯、变速器故障灯、ABS 故障灯等，故障灯通常用黄色或红色。

技师指导 在打开点火开关时故障灯会自检本身是否有故障，而指示灯和警告灯则没有自检过程。

2. 指示灯、故障灯和警告灯类型

电动汽车的指示灯、故障灯和警告灯类型见表 1-1。

表 1-1 指示灯、故障灯和警告灯

仪表灯名称	图案	仪表灯名称	图案
电机及变频器故障灯	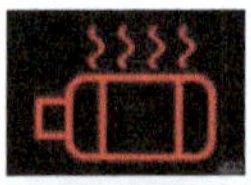	整车控制器故障灯	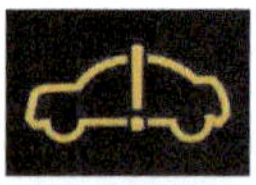
动力电池故障灯		动力电池断开指示灯	
动力电池过热警告灯		高压上电就绪指示灯	READY 或 OK
动力电池绝缘电阻低警告灯		经济模式指示灯	ECO
动力电池电量不足指示灯		运动模式指示灯	SPORT

3. 电动汽车三灯含义

（1）电机及变频器故障灯　表示汽车电机及变频器有故障或过热。其故障指示目前多由电机变频器向整车控制器发送，再由整车控制器触发仪表。未来的发展方向是诊断仪可与变频器系统直接通信，不经整车控制器。若为过热需要靠边停车，自然冷却后如果故障灯熄灭可继续行驶，如故障灯不熄灭或者频繁亮起，就需要去维修店检查。

（2）动力电池故障灯　动力电池可能存在故障时，应慢速行驶，及时维修，如果能够感觉到明显的故障现象最好不要行车，可申请救援。可能原因为电池管理系统（BMS）内部存有故障码，比如电池间电压不一致、内阻不一致或温度不一致等。其故障指示目前多由电池管理系统向整车控制器发送，再由整车控制器触发仪表。未来的发展方向是诊断仪可与电池管理系统直接通信，不经整车控制器。

（3）动力电池过热警告灯　说明动力电池过热，此时最好不要继续行驶，应该靠边停车，等待蓄电池冷却，故障灯熄灭后再行驶。电池管理系统正常情况下此灯不会点亮。

（4）动力电池绝缘电阻低警告灯　表示动力电池绝缘性能降低。此情况多为长时间淋雨造成的，静放几天等车辆干燥了或许能好，如不能，应及时检修。原因是正极或负极母线有裸露与车身相连，应及时排除这类故障。

（5）动力电池电量不足指示灯　当动力电池电量低于30%时，该指示灯亮起，表示动力电池电量不足，可能不能满足驾驶里程的需求。这个时候，就需要及时充电，当动力电池电量高于35%时，该指示灯就会熄灭，相当于传统汽车的燃油存量不足指示灯。

（6）整车控制器系统（VCU）故障灯　说明整车控制器（Vehicle Control Unit，VCU）内部有故障码，该故障灯点亮频率较高，大多数时候会与其他故障灯一同亮起，表示动力系统故障。如果该故障灯单独亮起，则代表系统总线通信出现故障，需及时维修。

（7）动力电池断开指示灯　表示动力电池不能提供动力，蓄电池动力已切断，需及时维修。

（8）READY上电就绪指示灯　绿色的READY指示灯亮，表示上电就绪，有的车采用OK灯表示。含义为电池箱内的高压电经过高压配电箱的上电继电器加到变频器上，电机处于可驱动状态。

（9）ECO经济模式指示灯　相同加速踏板位置或变化速率下，电机动力性变弱，但耗电量明显减小。

（10）SPORT运动模式指示灯　相同加速踏板位置或变化速率下，电机动力性更强，但耗电量明显增加。

一些电动汽车的仪表可能有下列功能。

（1）动力电池电压　多采用数字显示，用来指示蓄电池电压。

<mark>建议</mark>　在仪表的标度盘上应标示出恰当的工作电压范围。为增加指示值的准确性，在工作范围内宜使用扩展标度。

（2）动力电池电流　多采用指针表或条状指示表，用来测量流过动力电池的电流。在仪表的标度盘上应规定准确的0位置，对于具有再生制动功能的车辆，在标度盘0位置的两个方向上都应标示出正常工作电流的范围。

（3）电机转速表　多采用指针表或条状指示表，当转速超过某一规定值，应特别明显地标示出来。

4. 电动汽车中央信息显示

仪表的中央信息显示屏一般有如下故障信息提醒。

（1）电机超速提醒信息　当电机超速时，用声音信号连同光信号向驾驶人发出警告。

（2）蓄电池剩余容量下限提醒信息　当动力电池剩余容量低于某个百分数（如25%）时，通过信号装置提醒驾驶人。

（3）高压绝缘性能下降提醒信息　当绝缘电阻和爬电距离低于规定值时通过信号装置提醒驾驶人。

绝缘电阻包括动力电池绝缘电阻、动力系统和车辆电底盘之间绝缘电阻、动力系统和辅助电路之间绝缘电阻，爬电距离包括蓄电池连接端子间的爬电距离、带电部件与电底盘之间的爬电距离。

（4）驾驶人不安全停车提醒信息　当驾驶人离开车辆，如果驱动系统仍处于可行驶状态，通过信号装置提醒驾驶人。

🔧 技能点　电动汽车保养

一、更换冷却液的注意事项

应按厂家的使用手册提供的冷却液更换周期来更换冷却液，图1-4所示为断开散热器下水管放出冷却液。冷却液储液罐加注位置如图1-5所示，液位应位于最低液位MIN和最高液位MAX之间。注意：这里更换的是电机、变频器、DC/DC变换器、车载充电机等共用的冷却系统的冷却液。电动汽车的锂离子电池采用冷却液进行制冷和制热时也要定期更换。这种电动汽车一般有两个储液罐，一个是上面提到的电机、变频器、DC/DC变换器、车载充电机等共用的冷却系统的储液罐，另一个是电池制冷和制热用的储液罐。

图1-4　放出电机冷却系统的冷却液

图1-5　冷却液储液罐加注位置

二、更换减速器的齿轮油

两级减速器的齿轮油要按厂家的使用手册提供的更换周期更换，减速器装有放油螺塞（图 1-6）和加油螺塞（图 1-7）。

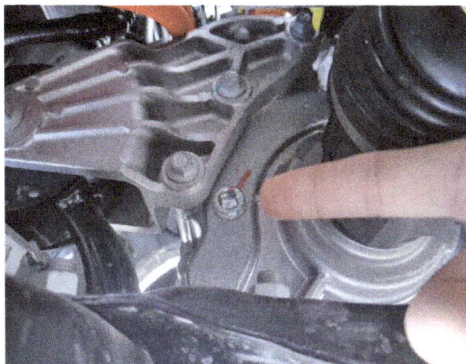

图 1-6 两级减速器的放油螺塞

图 1-7 两级减速器的加油螺塞

学习任务单

一、填空题

1. 单电机轿车动力系统由_____、_____、_____三部分组成。
2. 电动汽车传动系统由_____和_____组成。
3. 变频器将直流电换流为_____给电机。
4. 电子变速杆位于 D 位时电机_____转，位于 R 位时电机_____转，位于 N 位时电机_____转。
5. 电子变速杆位于 P 位（或按下 P 位开关）时驻车电机经减速机构制动驻车棘轮，阻止_____转动。

二、判断题

1. 在客车上增加变速器，可降低动力电池的电压、变频器的容量和电机的功率。　　　　　　　　　　　　　　　　　　　　　　　　（　　　）
2. 仪表指示灯通常用绿色。　　　　　　　　　　　　　　　　　（　　　）
3. 仪表警告灯通常用红色。　　　　　　　　　　　　　　　　　（　　　）
4. 仪表故障灯通常用琥珀色（棕黄色）或红色。　　　　　　　　（　　　）
5. 动力电池切断警告灯表示动力电池不能提供动力，蓄电池动力已切断。（　　　）

三、单选或多选题

1. 仪表的三灯指（　　　）。
   A. 指示灯　　　　　　　　B. 警告灯　　　　C. 故障灯　　　　　D. 照明灯
2. 表示上电就绪的指示灯是（　　　）。
   A. READY 指示灯　　B. OK 灯　　　C. IG-ON 灯　　　D. START 灯
3. 电动汽车驾驶模式指示灯有（　　　）。
   A.ECO 经济模式指示灯　　　　　　　B.SPORT 运动模式指示灯
   C.MANUAL 手动模式指示灯　　　　　D.NORMAL 标准模式指示灯
4. 当动力电池剩余容量低于（　　　）时，通过信号装置提醒驾驶人。
   A. 15%　　　　　　　B. 25%　　　　C. 30%　　　　　D. 35%
5. 绝缘电阻和爬电距离可包括（　　　）。
   A. 动力电池绝缘电阻
   B. 动力系统和车辆电底盘之间的绝缘电阻
   C. 动力系统和辅助电路之间的绝缘电阻
   D. 蓄电池连接端子间的爬电距离
   E. 带电部件与电底盘之间的爬电距离

实践任务
电动汽车使用与保养

一、工作任务分配

按照前面所了解的知识内容，落实各项工作负责人（表1-2），如任务实施前的准备工作、实施中主要操作及协助支持工作、实施过程中相关要点及数据的记录工作等。

表1-2　工作任务分配

班级		组号		指导老师	
组长		学号			
组员角色分配					
操作员 1		学号			
操作员 2		学号			
记录员		学号			
安全员		学号			
任务分工					

（就组织讨论、工具准备、数据采集、数据记录、安全监督、成果展示等工作内容进行任务分工）

二、操作步骤合理性评估和纠正

教学提示　教师提供资料或相类似的视频进行提示，以帮助学生完成主要工作步骤的填写（表1-3）。教师评估通过后，方可进行具体操作实施。学生可先行在草纸上进行，任务实施中若有改变需经教师再次评估，以确认安全和可行。

表 1-3　主要工作步骤填写用表

内容	序号	为解决问题的主要操作步骤（不含准备及 5S）	通过 / 不通过
学生完成	1		
	2		
	3		
	4		
	5		
	6		
	7		
	8		
	9		
	10		
教师完成	1	安全可行	
	2	步骤可行	
	3	时间可行	
	4	成本可行	

三、任务实施前的设备准备

小组完成设备、工具和资料准备自检（表 1-4）。

表 1-4　设备、工具和资料准备自检表

序号	设备、工具、资料名称	数量	设备及工具是否完好
1			□是□否
2			□是□否
3			□是□否
4			□是□否
5			□是□否
6			□是□否
7			□是□否
8			□是□否

四、操作性的任务实施

小组在表 1-5 中完成电动汽车使用与保养工单。

表 1-5 电动汽车使用与保养工单

序号	汽车驾驶操作	是否给车主演示
1		□是□否
2		□是□否
3		□是□否
4		□是□否
5		□是□否
电动汽车仪表关键灯的意义		
1		□是□否
2		□是□否
3		□是□否
4		□是□否
5		□是□否
电动汽车冷却系统保养		
1		□是□否
2		□是□否
3		□是□否
4		□是□否
5		□是□否
电动汽车齿轮油保养		
1		□是□否
2		□是□否
3		□是□否
4		□是□否
5		□是□否

五、评价反馈

以小组为单位对本小组的操作过程与操作结果进行自评，并将结果填入表 1-6 中。

注：小组自评要能承受小组间互评的考验，互评阶段被其他小组找出扣分项，扣分加倍。

表 1-6　小组自评表

班级	
组别	
日期	
全体组员姓名	
评价名称	

评价项目		评价标准	分值	得分
考勤（10%）		小组少1人，扣5分	10	
工作过程（60%）	计划制订合理	工作方案合理可行，一次通过不扣分，每多1次评估通过扣5分	20	
	任务实施	汽车仪表的使用，错误1次扣10分	20	
		更换冷却液，错误1次扣5分	10	
		更换齿轮油，错误1次扣5分	10	
	工作态度	认真严谨，积极主动，安全生产，文明施工，违反1项1次扣1分	5	
	工作质量	能按照工作方案操作，按计划完成工作任务，未完成扣3分	5	
	团队合作	与小组成员、同学之间能合作交流，协调工作，违反1项1次扣1分	5	
项目成果（30%）	工作完整	不能按时完成工作任务的所有环节，扣5分	5	
	工作规范	在整个操作过程中出现不规范操作，违反1项1次扣1分	5	
	汇报展示	能准确表达、汇报工作成果，差一级扣1分	5	
合计			100	

总结与反思

（如：学习过程中遇到什么问题→如何解决的/解决不了的原因→心得体会）

Module 02

能力模块二
车辆控制单元认知与故障诊断

情境引入

高压无法上电就绪（无法 READY），汽车仪表中整车控制器的故障灯点亮，用诊断仪读取故障码，提示高压互锁故障。

如果你是接车的技术人员，应如何解决本故障，修理方案应如何制定。

学习目标

能力目标

- 说出纯电动轿车整车控制器（VCU）的输入信号有哪些？
- 说出纯电动轿车整车控制器（VCU）的输出信号有哪些？
- 说出纯电动轿车的生热部件有哪些？
- 说出高压互锁电路的作用是什么？如何进行诊断？

素养目标

- 能通过沟通协作完成任务，具有团队合作意识。
- 培养认真分析、自行探索解决问题的能力。

知识点 01 车辆控制单元认知

一、车辆控制单元功能

1. 概述

汽车的行为是人和微控制计算机共同控制的结果。在汽车上，人（驾驶人）的驾驶意图，如加速踏板位置信号、制动踏板位置信号、变速杆位置信号被输入一个控制器，这个控制器是汽车中众多微控制计算机中权限最高、管理最宽的计算机。因为汽车的行驶是人的输入、微计算机执行的结果，没有人对控制装置微控制计算机的输入，微控制计算机系统也没法实现自己主动输出（无人驾驶汽车除外）。

车辆控制单元（VCU），也称为整车控制单元或整车控制器。一个容易出现理解错误的地方就是整车控制单元（VCU）对汽车的各个系统进行控制。根据车辆控制单元最主要的功能可以发现，车辆控制单元更准确的名称应为"车辆动力管理控制器"或"电力驱动系统的总控制单元"。

在纯电动汽车上这个控制单元被称为整车控制器（VCU），在混合动力汽车上这个控制单元被称为动力管理控制单元、混合动力控制单元或控制器（HV-ECU）。

那为什么不直接采用"车辆动力管理控制器"或"电力驱动系统的总控制单元"呢？这是由于车辆控制单元（VCU）的名称是早期电动汽车开发者命名的，那个时候的电动汽车也没有其他电控系统，所以一直沿用至今天。现在开发一辆纯电动汽车，要包括电池和电池管理系统、电机和电机控制系统、整车控制系统（包括汽车电气、汽车底盘等）。

2. 整车控制器

图 2-1 所示为吉利 EV300 纯电动汽车车辆控制单元（VCU）。

3. 车辆控制单元功能

（1）动力管理功能 驾驶人踩下加速踏板后，加速踏板位置传感器将驾驶人的转矩需求输入车辆控制单元，车辆控制单元根据动力电池状态输出一个电机转矩控制目标数值，并把这个控制目标数值发给电机控制器（Motor Control Unit，MCU）。

图 2-1 吉利 EV300 纯电动汽车车辆控制单元

电机控制器位于电机变频器内部，电机控制器控制变频器内部的逆变器实现供给电机的电流产生的电机转矩与控制目标数值相等。

（2）冷却控制功能　电动汽车的高压部件有动力电池、高压配电箱、变频器、电机、车载充电机、DC/DC变换器、空调PTC加热器等。

在这些高压部件中，变频器、电机、DC/DC变换器、车载充电机四个部件需要采用冷却液进行冷却。

为什么对电机进行冷却呢？这是因为汽车电机工作在非额定工况，定子线圈生热相对较多，温度过高会导致定子线圈的绝缘性下降，损坏电机。

为什么要对变频器、DC/DC变换器和车载充电机进行冷却呢？这是因为这三个高压部件在进行电力电子变换过程中会产生大量的热量，热量积累会导致高压电子器件温度上升损坏。

冷却控制包括对电动水泵继电器控制（图2-2）和对散热器风扇继电器（图2-3）控制。

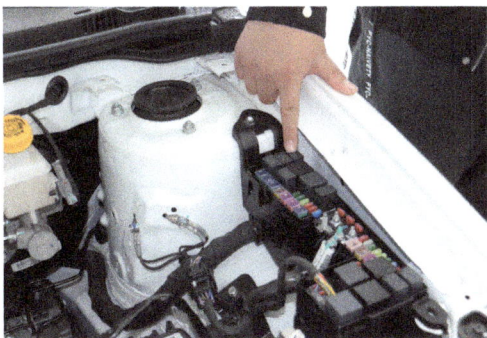

图 2-2　吉利 EV300 纯电动汽车水泵继电器位置

图 2-3　吉利 EV300 纯电动汽车散热器风扇继电器位置

（3）电动真空泵控制功能　纯电动汽车的制动系统仍采用真空助力器对双腔串联制动主缸进行助力，真空助力器的真空源来自于车辆控制单元（VCU）对真空泵继电器的控制，有的电动汽车的电动真空泵受ABS控制单元控制（图2-4），继电器位置如图2-5所示。

（4）网关控制功能　在纯电动汽车上，一般采用车辆控制单元（VCU）实现低速网段控制单元（B-CAN）和高速网段控制单元（P-CAN）的通信。

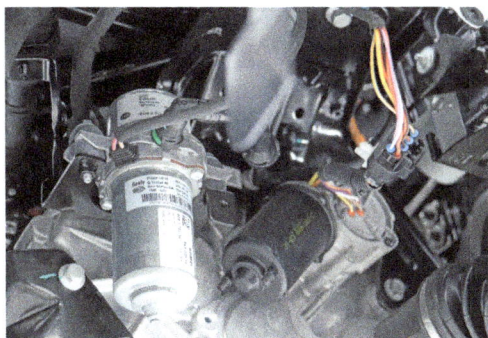

图 2-4　吉利 EV300 电动真空泵位置

图 2-5　吉利 EV300 电动真空泵继电器位置

其工作原理如图 2-6 所示，为了说明网关的功能，我们假定高速网（P-CAN）速度为低速网（B-CAN）的五倍。P-CAN 的电子换档控制单元（也称线控变速杆单元）将代表变速杆位置（如 D 位）的数字数据以总线脉冲形式 0（3.5V 和 1.5V 的 2V 脉冲差）、1（2.5V 和 2.5V 的 0V 脉冲差）向右发过来，车辆控制单元（VCU）将总线脉冲差进行解析后变换为数字信号，将 3.5V 和 1.5V 的 2V 脉冲差转换为 0，将 2.5V 和 2.5V 的 0V 脉冲差转换为 1，数字信号 0、1 代表的内容仍为变速杆位置的数字数据。这个数字数据 0、1 被车辆控制单元（VCU）向右侧通过 B-CAN 变为总线脉冲，仪表控制单元将总线脉冲电压差进行解析后变为数字数据 0、1。仪表查得这个数字数据为字母 D，仪表驱动显示器显示 D 位。

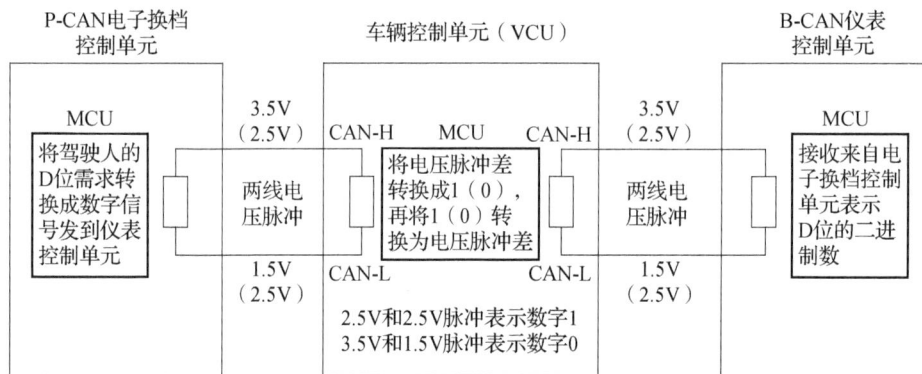

图 2-6 高速网（P-CAN）为低速网（B-CAN）速度的五倍

（5）自诊断功能　在纯电动汽车上，诊断仪连接在车辆控制单元（VCU）上，实现对汽车所有电控单元的诊断。

其工作原理如图 2-7 所示。右侧汽车诊断仪向车辆控制单元（VCU）申请要读取电池管理系统的故障码，车辆控制单元（VCU）接收到通过诊断仪以总线脉冲形式发过来的申请后，将总线脉冲差进行解析变为数字信号 0、1，数字信号 0、1 代表的内容为电池管理系统的故障码，这个数字信号 0、1 被车辆控制单元（VCU）向左变为总线脉冲，电池管理系统将总线脉冲差进行解析后变为数字信号 0、1。

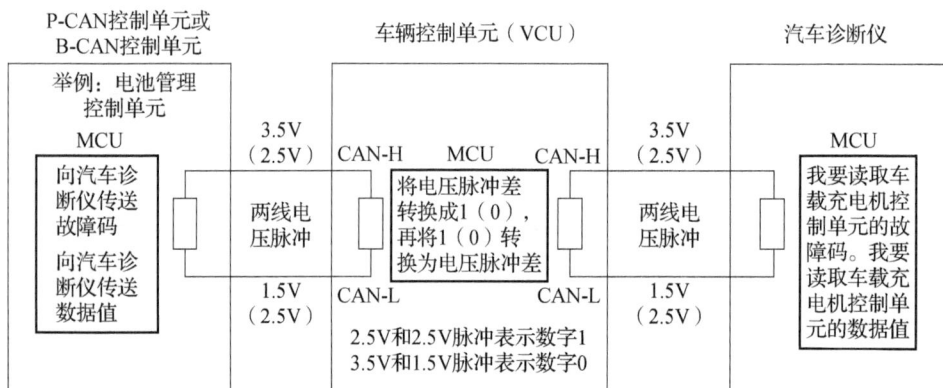

图 2-7 VCU 外接诊断仪功能

电池管理系统将自身数字化的故障码向右变换为总线脉冲，车辆控制单元（VCU）将总线脉冲差进行解析后变为数字信号 0、1。车辆控制单元（VCU）将代表故障码的数字信号 0、1 向右转换成总线脉冲，诊断仪将总线脉冲差进行解析后变为数字信号 0、1，并从诊断仪自身的数据库查得这个故障码的具体内容，将这个查得的具体内容以解析后的故障码形式显示在诊断仪的屏幕上。

二、电动汽车转矩控制

电动汽车在驱动和制动时的控制目标是转矩。在驱动时的转矩称为"驱动转矩"，即电磁力矩 $T=BIL$，由于电机结构固定，力臂 L 固定，所以电机转矩可理解为电机被控制后的电流 I 大小。在制动时的转矩称为"制动转矩"，在制动时，总制动转矩等于制动能量回收控制转矩和 ABS 制动控制转矩两部分产生的制动转矩之和。

1. 驱动控制转矩

（1）驱动控制转矩的产生　如图 2-8 所示，反映驾驶人转矩需求的加速踏板位置传感器采用冗余设计，主信号电压输出和副信号电压输出不同，但在车辆控制单元（VCU）内部经微控制器（MCU）处理后反映的是同一个加速踏板的位置。在微控制器（MCU）内部查得横轴某加速踏板位置百分数时（如 50%）对应的纵轴电机转矩（300N·m）。

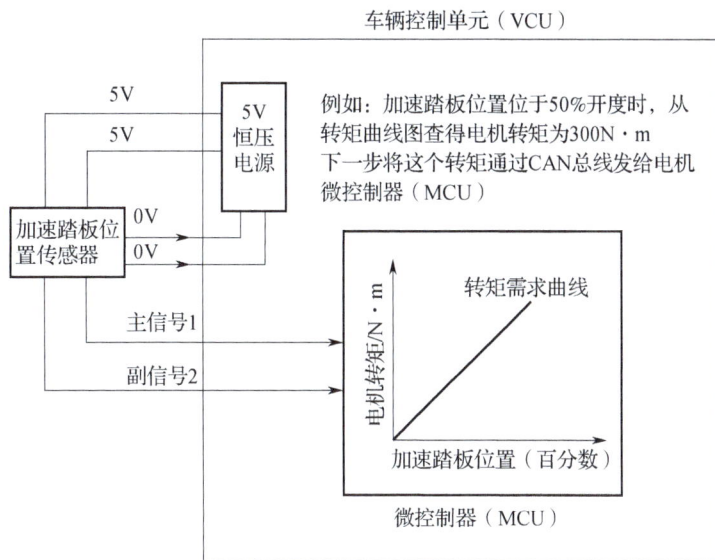

图 2-8　驱动控制转矩的产生

特别指出　有的汽车将加速踏板位置传感器电路直接接入变频器内部的电机控制器（MCU），加速踏板位置传感器位置信息要经 CAN 到车辆控制单元（VCU）。

（2）驱动控制转矩的发送　如图 2-9 所示，车辆控制单元（VCU）内部的微控制器（MCU）将查得的驾驶人转矩需求的 300N·m 数据经总线传递给变频器内部的电机控制器（MCU），电机控制器（MCU）收到后决策如何完成这个任务。

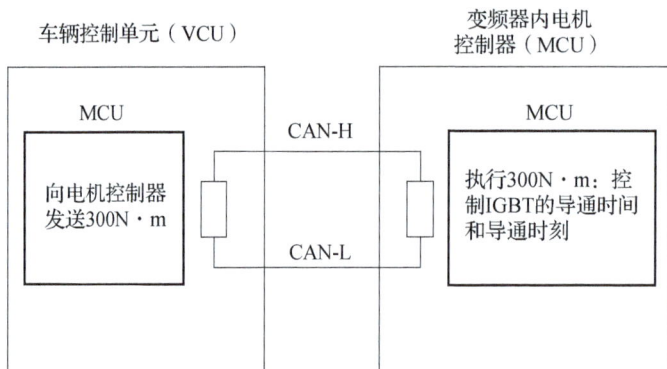

图 2-9　驱动控制转矩的发送

（3）驱动控制转矩的实现　如图 2-10 所示，电机控制器（MCU）收到 300N·m 这个任务后，开始计算电机对应的电流是多少，进而计算对应这个电流的 IGBT 导通时间和时刻。电机控制器（MCU）控制 IGBT 驱动电路，IGBT 驱动电路驱动 IGBT 逆变桥的六个 IGBT 实现汽车电机定子电流的控制。电机的相电流传感器将电流反馈给电机控制器（MCU），从而进行微小的 IGBT 导通时间修正，实现电机精确的电流反馈控制。

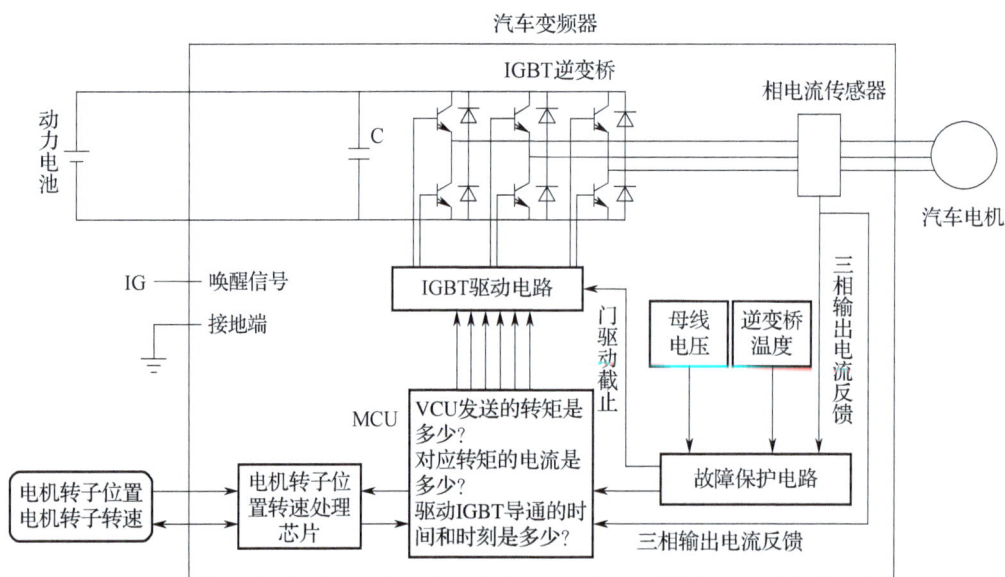

图 2-10　驱动控制转矩的实现

2. 制动控制转矩

（1）制动控制转矩的产生　如图 2-11 所示，反映驾驶人制动转矩需求的制动踏板位置传感器采用冗余设计，主信号电压输出和副信号电压输出不同，但在车辆控制单元（VCU）内部经微控制器（MCU）处理后反映的是同一个制动踏板的位置。在微控制器（MCU）内部查得横轴某制动踏板位置百分数时（如 80%）对应的纵轴制动转矩需求为 800N·m。

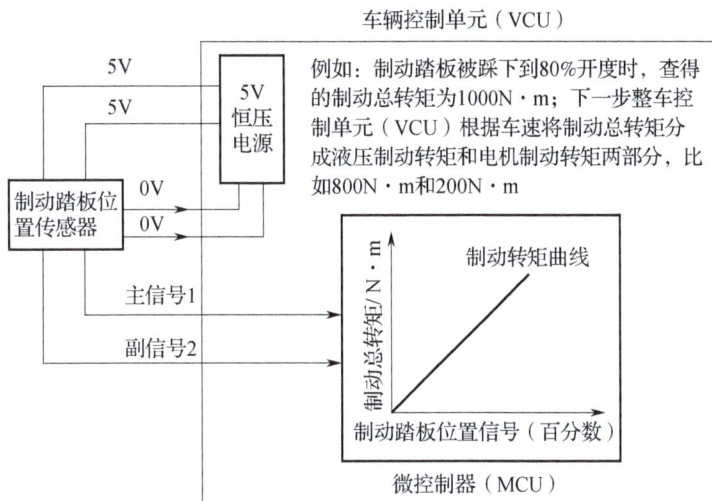

图 2-11 制动控制转矩的产生

特别指出 有的汽车将制动踏板位置传感器直接接入变频器内部的电机控制器（MCU），制动踏板位置传感器信号要经 CAN 到车辆控制单元（VCU）。

另外，制动踏板位置传感器信号也可输入 ABS 控制单元，ABS 控制单元执行计算制动总转矩，并分配自己要产生的液压制动转矩和电机要产生的制动转矩。

（2）制动控制转矩的发送 如图 2-12 所示，车辆控制单元（VCU）内部的微控制器（MCU）将查得的驾驶人需求的制动转矩 1000N·m 分解为 ABS 液压制动转矩 800N·m、电机能量回馈制动转矩 200N·m，并将两个数据分别经总线传递给 ABS/ESC 控制单元和变频器内部的电机控制器（MCU）。然后，ABS/ESC 控制单元和电机控制器（MCU）决策如何完成这个任务。

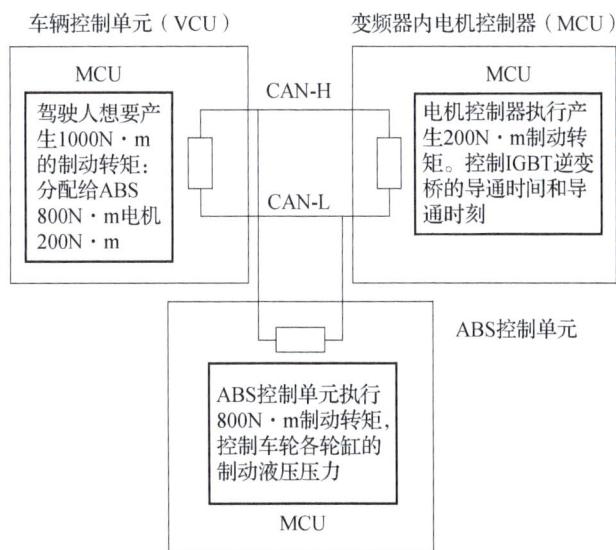

图 2-12 制动控制转矩的发送

（3）制动系统控制转矩实现　如图 2-13 所示。ABS/ESC 控制单元查得要产生 800N·m 的转矩需要这个车轮（假如为左前轮）的制动压强为 8MPa，ABS 液压泵电机工作，制动液通过打开的进液电磁阀进入车轮，实现压强增大。

左前车轮液压通道内的压力传感器监测液压压强，当压强大于 8MPa 时（如 8.1MPa），ABS/ESC 控制单元控制进液阀关闭，阻止高压液体进入车轮的液压通道内，并将出液阀打开回液，降低液压通道内压强。通过对进液阀和出液阀的控制实现车轮的压强趋于 8MPa。

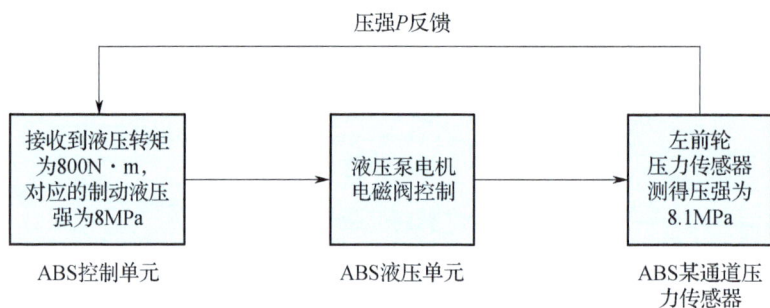

图 2-13　制动系统控制转矩实现

（4）电机制动控制转矩实现　如图 2-14 所示，电机控制器（MCU）收到 200N·m 这个任务后，开始计算电机对应的电流是多少，进而计算对应这个电流的 IGBT 导通时间和时刻。电机控制器（MCU）控制 IGBT 驱动电路，IGBT 驱动电路驱动 IGBT 逆变桥下桥臂的三个 IGBT 实现汽车电机定子电流的控制。电机的相电流传感器将电流反馈给电机控制器（MCU）进而进行微小的 IGBT 导通时间修正，实现电机精确的电流反馈控制。

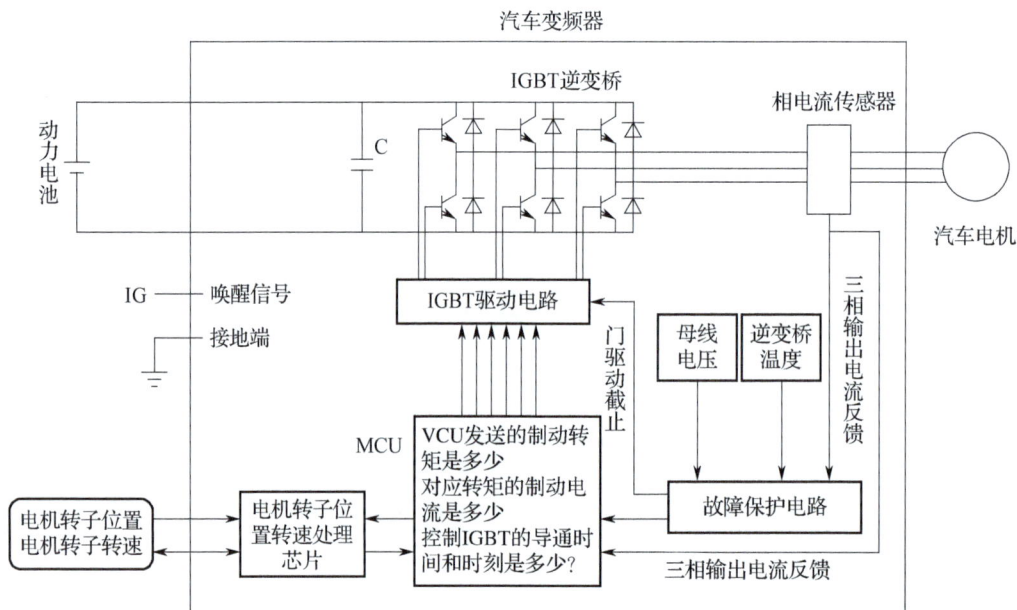

图 2-14　电机制动控制转矩实现

三、整车控制信号诊断

1. 加速踏板位置信号

作用：反映驾驶人的驾驶意图，踏板踩下越深，驾驶人的加速要求越强，对应汽车动力输出越强。

如图 2-15 所示，加速踏板位置传感器通常采用双冗余设计来实现自诊断，因为是同一个加速踏板位置，两个不同电压信号输出到整车控制器（VCU）经数字化后仍代表同一加速踏板位置，加速踏板位置信号通常用百分数表示。

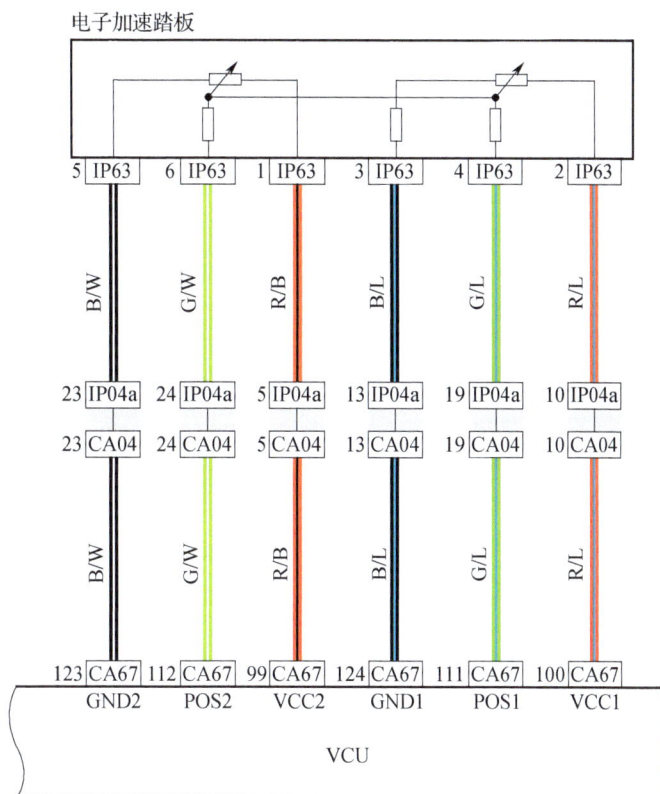

图 2-15　2017 款吉利 EV300 纯电动汽车加速踏板电路图

VCC—电源 5V　GND—接地　POS—信号输出

2. 制动开关信号

作用：识别驾驶人的制动动作，用于启动 READY 档控制，停止电机动力输出，点亮制动灯，并取消巡航。

如图 2-16 所示，制动开关信号采用双冗余设计。制动开关电源为 12V，一个称为制动灯开关（制动开关 1），为常开开关，信号用于制动灯控制；另一个称为制动踏板开关（制动开关 2），为常闭开关，信号用于取消巡航控制。在驾驶人踩下制动踏板时，制动灯开关常开变常闭，制动踏板开关常闭变常开。

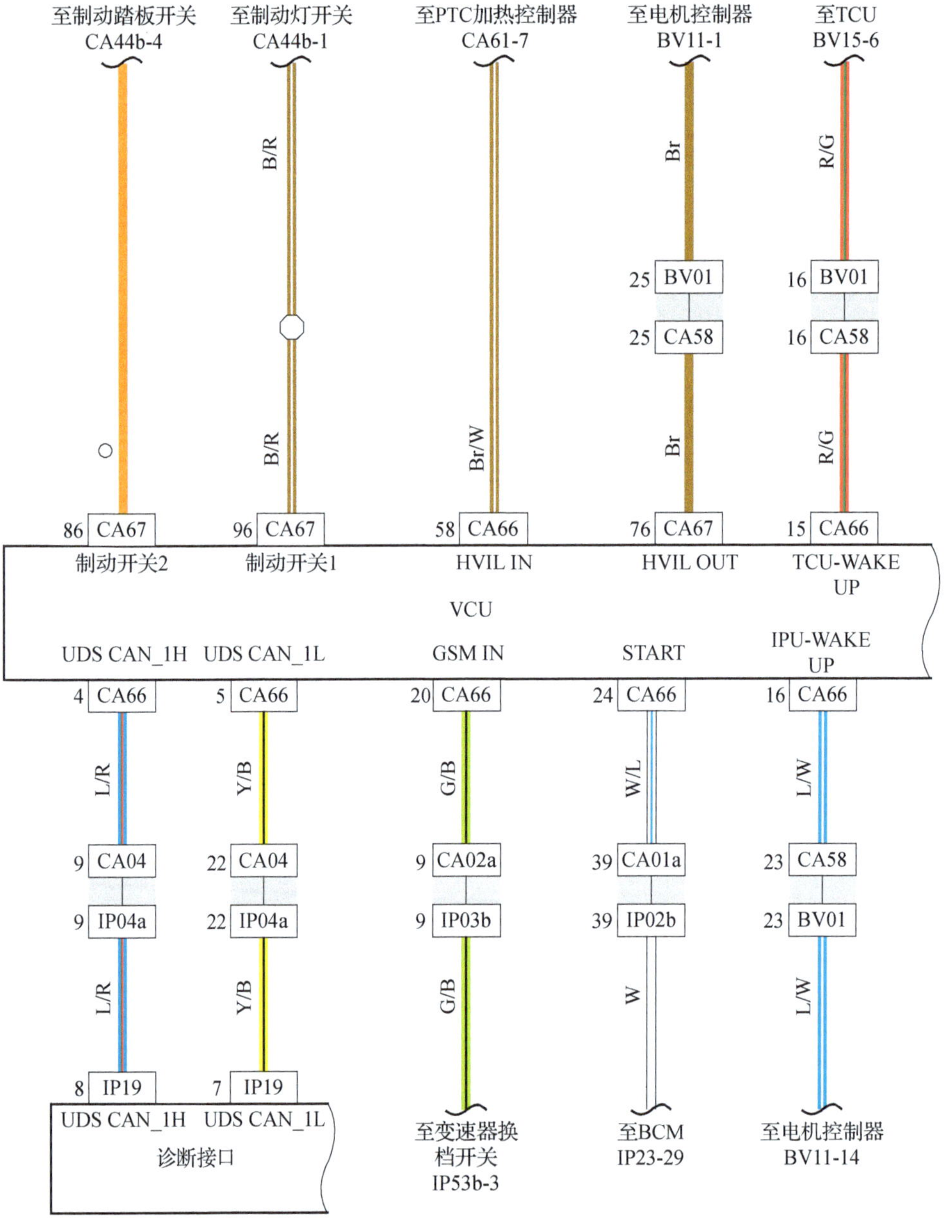

图 2-16 2017 款吉利 EV300 纯电动汽车制动开关电路图

3. 变速杆位置信号

作用：识别驾驶人对 R、N、D、P 位的控制，R 位为倒车档，控制电机反转输出；N 位为空档，停止电机动力输出；D 位为前进档，控制电机正转输出；P 位为驻车档，停止电机输出，并控制锁止驱动轮。

如图 2-17 所示，变速杆位置信号为开关信号，一般采用双冗余设计，有开关式、光电开关式、电阻编码式、霍尔式等。信号有单线串行输出型（如图 2-16 中的 GSM IN 信号）、双线串行输出型（也称 CAN 型）、多线输出型（也称并行输出型）。

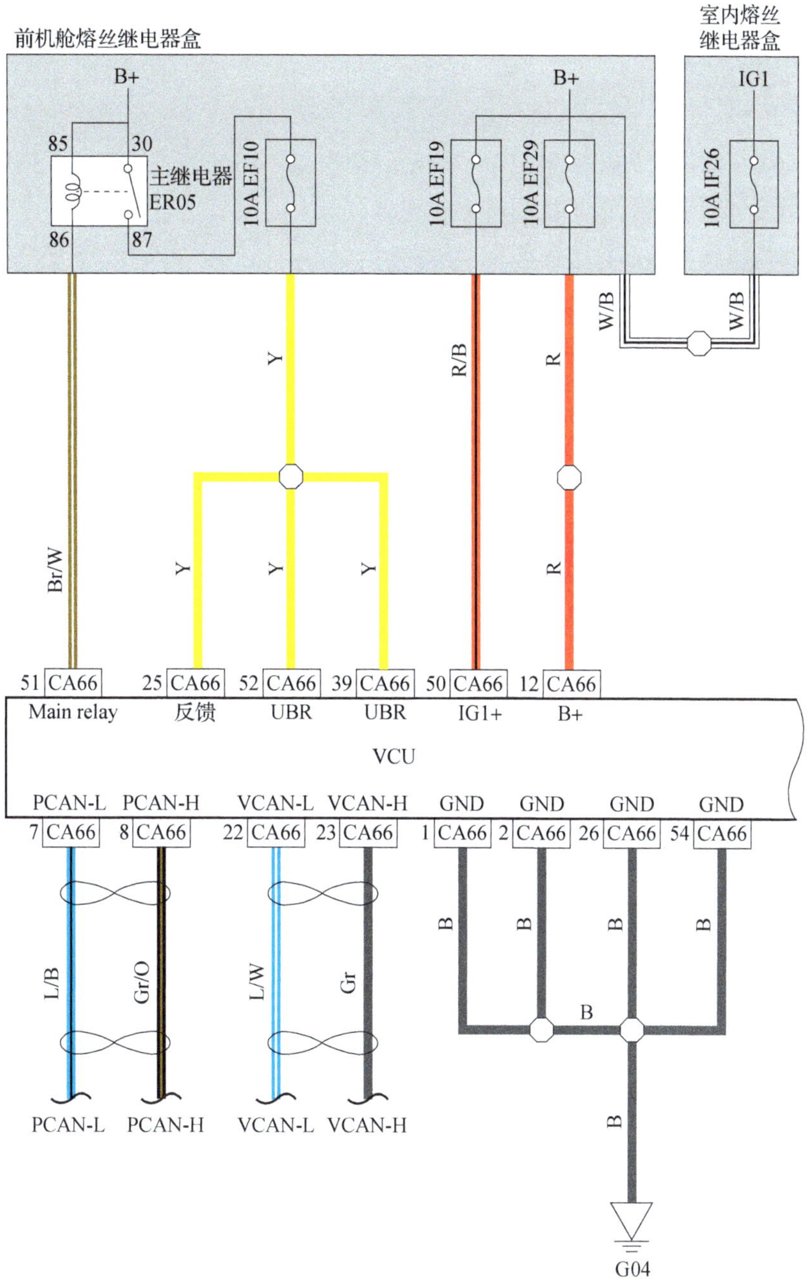

图 2-17　2017 款吉利 EV300 纯电动汽车换档电路图

4. 总线信号

作用：通常起网关的作用，诊断仪通过网关与车上其他控制单元通信。

如图 2-17 所示，PCAN 和 VCAN 分别是动力总线 CAN 网络与车辆电气 CAN 网络。

5. 互锁信号

作用：在高压产品被开盖、高压产品的低压控制插接器或高压供电插接器断开时，能及时断开高压供电，保证人员和汽车设备安全。具体见本模块知识点 02 互锁开关电路。

四、纯电动汽车冷却控制

1. 热量的产生

（1）电动汽车的电机生热　电机定子线圈的铜损生热和电机涡流损耗生热的大小与电机的定子线圈流过的电流有关，也与电流的频率有关，电流与频率越大，产生热损功率越大，最大时可达到几千瓦，是全车的主要热源。

电动汽车电机的温度测量点设计在电机的定子线圈内部，通常采用一个或两个温度传感器进行测量，两个温度传感器可以实现冗余控制。

（2）电动汽车的电力电子元件生热

1）变频器生热。在进行直流－交流变换过程中，变频器的三相全桥逆变器会产生热功率，热功率在几十瓦到几百瓦之间，是电力电子元件生热功率最大的元件。

2）DC/DC 变换器生热。在进行直流－直流变换过程中，DC/DC 变换器的 H 型逆变桥电力电子开关元件及变压器元件等有热量产生，热功率在几十瓦到一二百瓦之间。

3）车载充电机内部的电力电子变换元件生热。车载充电机内部的电力电子变换元件在进行交流－直流变换中有一定的热功率产生，热功率在几十瓦到一二百瓦之间。

4）PTC 加热器内部的电力电子变换元件生热。PTC 加热器并不是需要散热的热源，但 PTC 加热器在加热时电力电子元件也会生热，产生的热功率最大几十瓦。

变频器、DC/DC 变换器、车载充电机及 PTC 加热器的温度测量点通常设计在电力电子开关模块内部或直接测量散热器的散热板，通常采用多个温度传感器对不同位置进行测量，即可实现传感器冗余控制功能，并具有局部异常损坏的监测功能。

专家指导　电机是电动汽车的主要热源，但电机本身允许的工作温度比电力电子元件高，所以在进行温度控制时，以电力电子元件产品中测量的温度和允许的温度作为冷却控制的主要依据。

电动压缩机内部的三相全桥逆变器也是热源之一，但可以通过流过电动压缩机的制冷剂冷却，所以不需要额外制定冷却措施，即不用水泵和风扇参与工作。

2. 开关软关断

电动汽车的电力电子元件在打开和关闭时有较大的热损耗，若通过电容和电感谐振技术，使电力电子开关无电压导通，二极管在整流时无电流截止，则可大大减小电力电子元件生热。

技师指导　在实际工作中，由于冷却液不足、冷却液泵（俗称水泵）不工作、风扇不工作、电力电子元件和散热板之间传热不良等导致软关断的情况较多，这种情况只需进行散热能力处理即可解决。

3. 电动水泵控制

在点火开关打到 READY 后，全车的高压元件处于电力电子变换的等待状态，这时虽没有大量的热量产生，但通常电动水泵已开始工作，使冷却液在冷却水道中循环。

水泵电机的控制有开关控制和 PWM 脉冲控制两种。

4. 电动冷却风扇转速等级

冷却系统的作用是实现汽车电机、变频器、DC/DC 变换器、车载充电机和 PTC 加热器等的冷却，冷却系统的执行器有电动冷却水泵和电动冷却风扇。

专家指导　电动冷却风扇的转动受冷却系统和空调系统共同控制，电动冷却风扇电机转速等级按两者所确定输出的最高等级进行控制。电动冷却风扇转速等级有低速和高速两级式以及多级转速式两种。

知识点　　高压互锁控制

为保证维修人员在操作电动汽车的高压元件时的安全，同时为避免非专业修理人员的错误操作而产生电击，电动汽车在高压元件上设计有互锁开关。

一、互锁开关分类

1）按互锁线路经过的插头种类进行分类，分为高压互锁开关（插头）和低压互锁开关（插头）。

专家指导　互锁开关是为高压元件设计的，都应称为高压互锁开关，但从修理角度，人们习惯将其分为低压互锁开关和高压互锁开关。

①高压互锁开关。高压互锁开关也称高压互锁插头，分为两种类型。第一种类型是指高压元件外部高压电缆插头上的 U 形线，当脱开高压电缆或拆下高压元件壳体时，高压元件壳体上高压插座的互锁线路被断开。第二种类型是指高压元件外壳体为防止非专业人员在未下高压电的情况下进行强拆造成触电危险，在高压元件的内部增加的微动开关或 U 形线，当高压元件壳体盖子被拆下时，微动开关或 U 形线断开，高压互锁线路断开。

②低压互锁开关。低压互锁开关也称低压互锁插头，是指为实现高压元件外部高压电缆插头上的 U 形连接或从高压元件的外部壳体低压插头处接入的互锁线，低压互锁插头脱开，高压互锁线路断开。

2）按高压互锁线路是否全部经过所有高压部件，分为一套互锁线路和多套互锁线路。

①一套互锁线路。一套互锁线路是指全车所有的高压元件，如 VCU、车载充电机、电池箱、变频器、电机、空调压缩机、PTC 加热器、DC/DC 变换器等高压元件全部串入这套互锁线路中。通常采用 VCU 作为互锁线路的监控单元。

②多套互锁线路。多套互锁线路是指全车所有的高压元件，如 VCU、车载充电机、电池箱、变频器、电机、空调压缩机、PTC 加热器、DC/DC 变换器等高压元件全部串入多套互锁线路中。通常采用 VCU、车载充电机、电池管理系统作为各套互锁线路的监测。

3）按高压互锁线路是否能精确判定高压断开位置，分为只判定高压互锁电路断开、不判定哪个元件断开和能精确判定元件断开位置。

①不能精确判定元件断开位置。目前，大多数高压互锁线路是这样的结构。

②能精确判定元件断开位置。通过电阻编码可实现元件位置断开的精确监测，甚至能在诊断仪中用图形显示元件的断开位置。

4）根据互锁检查线路信号源的信号形式，可分为直流电压型和脉冲电压型。如果互锁开关电路的信号源是一个稳定的直流电压源，则称为直流电压型；如果互锁开关电路的信号源是一个脉冲电压源，则称为脉冲电压型。

二、典型互锁开关电路

图 2-18 所示为典型电动汽车的互锁电路，其工作原理如下：车辆控制单元（VCU）内的恒压源或脉冲源经上拉电阻流出电流，电流经低压插座进入变频器（功率电子单元）内部，经变频器内部一个开盖检测开关后再经低压插座流出进入车载充电机的低压插件，经高压插座内的 U 形线和开盖检测开关流出进入电动空调压缩机的低压插件，经高压插座内的 U 形线流出，再经低压插件流出进入空调 PTC 加热控制单元的低压插件，经高压插座内的 U 形线流出，再经低压插件流出，流出的电流可直接接地，也可接回车辆控制单元（VCU）。

技师指导　有的电动汽车将充电机（OBC）的开盖互锁开关作为车载充电机的一个独立互锁电路，由车载充电机控制单元进行管理。电池和检修塞通常也采用一个独立的互锁系统，由电池管理系统进行管理。

三、互锁开关的诊断

1. 确定互锁开关是否上码

有些电动汽车在高压元件被开盖、断开高压线束和低压线束时车辆控制单元（VCU）会生成故障码并点亮车辆控制单元（VCU）故障灯（红色带有叹号的车辆形灯）。

但是也有一些车型在高压互锁电路断开时，并不点亮车辆控制单元（VCU）故障灯。

2. 互锁开关的测量

（1）优选电压法　断开高压元件的低压线束，用万用表电压档测量每个高压元件低压插座的输入线，如图 2-19a 点、b 点、c 点、d 点，这样测量的原因是断开高压元件的插头后，下游电路无电压，只需测量高压元件的流入电压。

测量分析：测量点 b 对地电压和车辆控制单元（VCU）的电源电压相等时，即可判定之前的互锁电路没有断开，可向后查找 c、d 点。

（2）次选电阻法　测量时需要断开蓄电池负极，对互锁线路进行逐段测量，较麻烦，同时有些点受空间限制无法测量。

专家指导　上述是理论的检修方法，实际操作仍要结合具体车型测量是否方便确定实际方案。

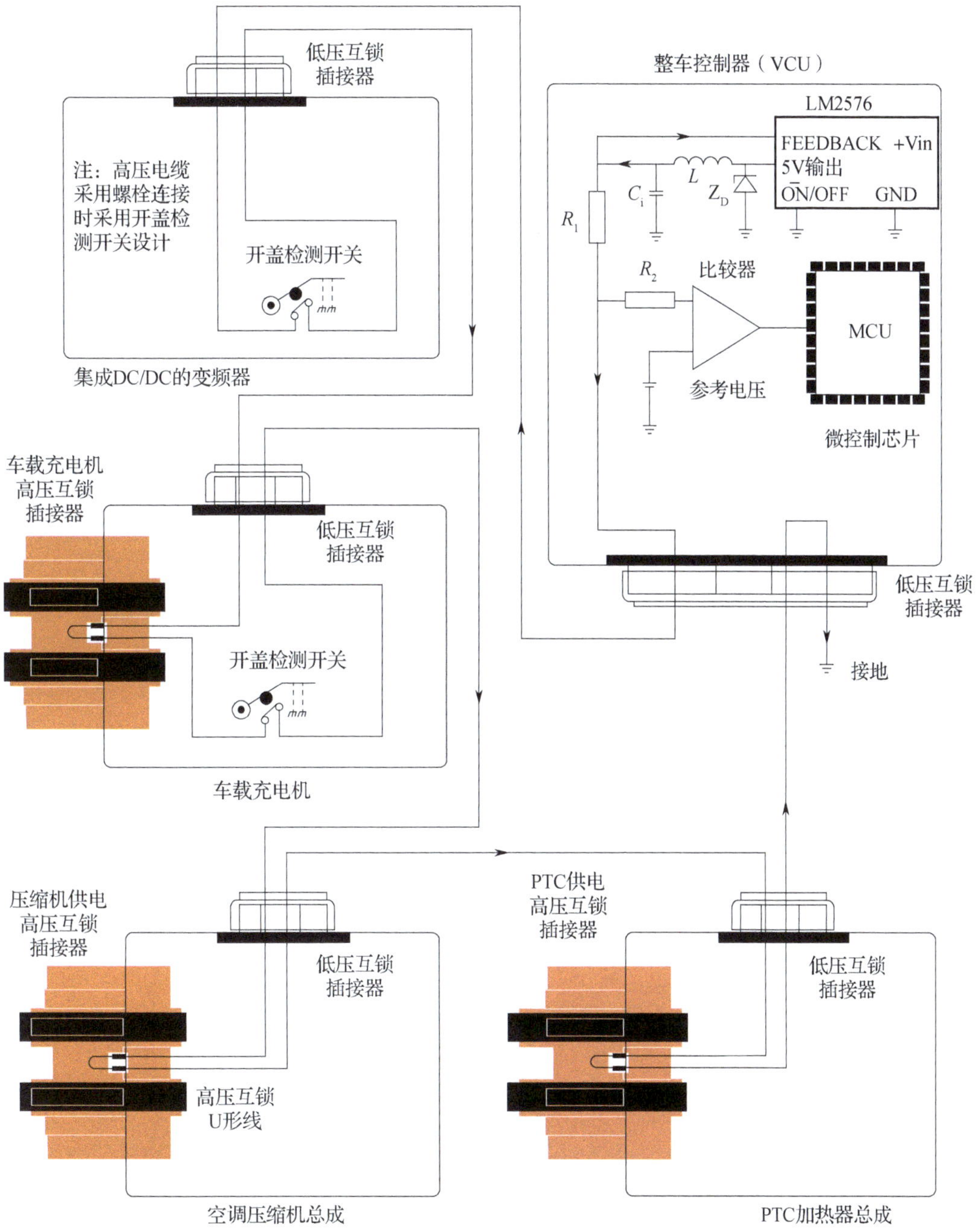

图 2-18 典型互锁开关电路

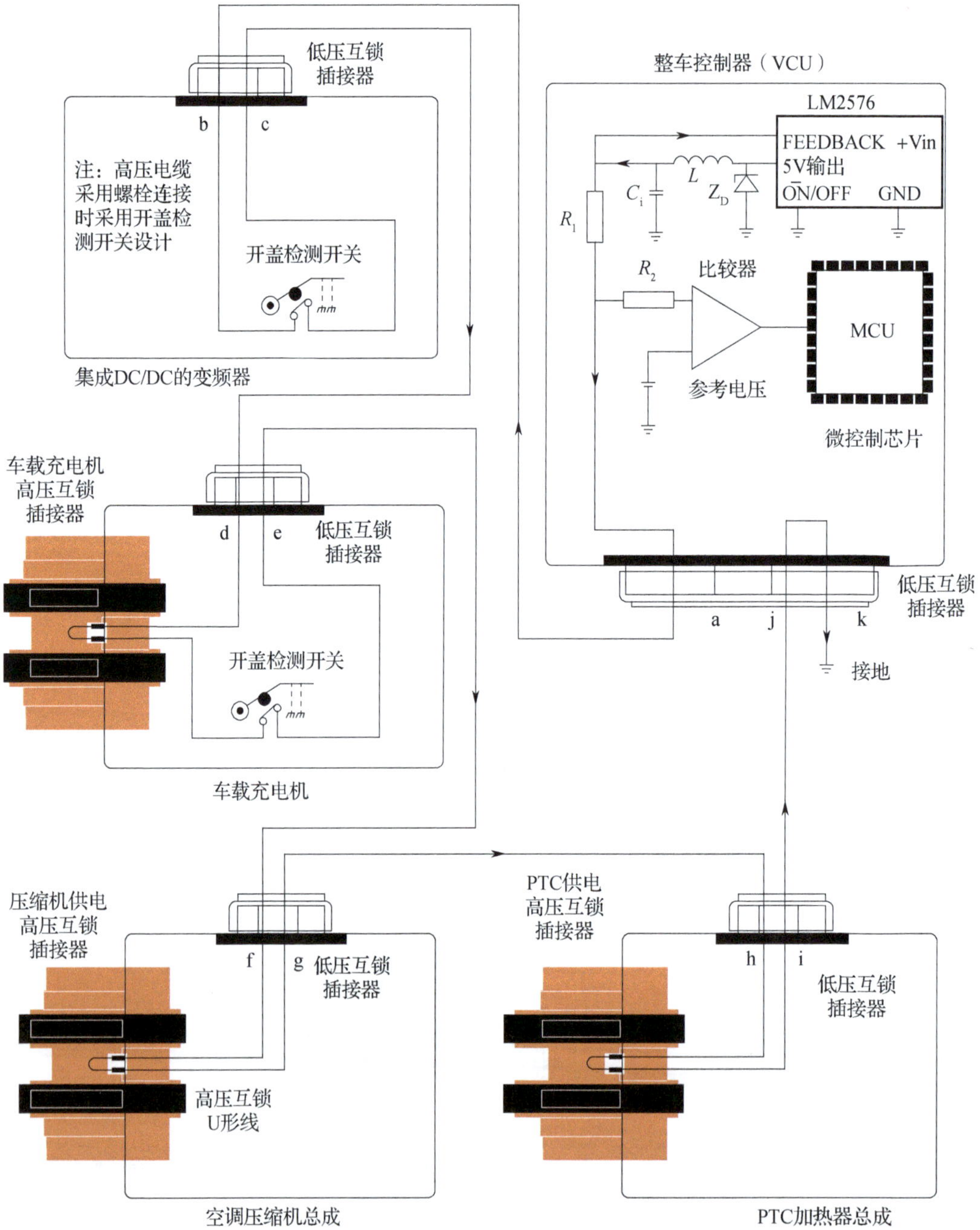

整车控制器（VCU）

LM2576

FEEDBACK +Vin
5V输出
ON/OFF GND

低压互锁
插接器

注：高压电缆
采用螺栓连接
时采用开盖检
测开关设计

开盖检测开关

集成DC/DC的变频器

R_1

C_i L Z_D

R_2 比较器

MCU

参考电压

微控制芯片

低压互锁
插接器

a j k

接地

车载充电机
高压互锁
插接器

d e 低压互锁
插接器

开盖检测开关

车载充电机

压缩机供电
高压互锁
插接器

f g 低压互锁
插接器

PTC供电
高压互锁
插接器

h i 低压互锁
插接器

高压互锁
U形线

空调压缩机总成

PTC加热器总成

图 2-19 电压法测量互锁电路（请按图处理）

学习任务单

一、填空题

1. 汽车的行为是_____和_____共同控制的结果。
2. 驾驶人将_____、_____、_____信号输入整车控制器。
3. Vehicle Control Unit（VCU）译为_____或_____。
4. MCU 是_____的英文缩写。

二、判断题

1. 电机控制器位于电机变频器内部。　　　　　　　　　　　　　　　　（　　）
2. 电动汽车的高压部件有动力电池、高压配电箱、变频器、电机、车载
充电机、DC/DC 变换器、空调 PTC 加热器等。　　　　　　　　　（　　）
3. 高压部件中变频器、电机、DC/DC 变换器、车载充电机四个部件需要
采用冷却液进行冷却。　　　　　　　　　　　　　　　　　　　　（　　）
4. 纯电动汽车仍采用真空助力器对双腔串联制动主缸进行助力。　　　（　　）
5. 电动汽车的电动真空泵受 ABS 控制单元控制。　　　　　　　　　（　　）

三、单选或多选题

1. 整车控制器（VCU）的功能有（　　　）。
   A. 向总线发送转矩信号　　　　　B. 网关功能
   C. 控制冷却　　　　　　　　　　D. 对制动力进行分配
2. CAN 总线两条线的名称是（　　　）。
   A.CAN-L　　　B.CAN-H　　　C. BP　　　D. BM
3. 电动汽车互锁电路诊断法包括（　　　）。
   A. 电压诊断法　　　　　　　　　B. 电阻诊断法
   C. 电流诊断法　　　　　　　　　D. 电容诊断法
4. 电动汽车冷却风扇转速控制有（　　　）。
   A. 两档转速控制　　　　　　　　B. 多档转速控制
   C. 变频变速控制　　　　　　　　D. 液压马达流速控制
5. 一套互锁线路是指全车所有的高压元件，包括（　　　）等高压元件全部串入这套
   互锁线路中。
   A. VCU　　　B. 车载充电机　　　C. 电池箱　　　D. 变频器
   E. 电机　　　F. 空调压缩机　　　G. PTC 加热器　　　H. DC/DC 变换器

实践任务

高压互锁引起的高压无法上电的故障排除

一、工作任务分配

按照前面所了解的知识内容，落实各项工作负责人（表 2-1），如任务实施前的准备工作、实施中主要操作及协助支持工作、实施过程中相关要点及数据的记录工作等。

表 2-1　工作任务分配

班级		组号		指导老师	
组长		学号			
组员角色分配					
操作员 1		学号			
操作员 2		学号			
记录员		学号			
安全员		学号			
任务分工					

（就组织讨论、工具准备、数据采集、数据记录、安全监督、成果展示等工作内容进行任务分工）

二、操作步骤合理性评估和纠正

教学提示　教师提供资料或相类似的视频进行提示，以帮助学生完成主要工作步骤的填写（表 2-2）。教师评估通过后，方可进行具体操作实施。学生可先行在草纸上进行，任务实施中若有改变需经教师再次评估，以确认安全和可行。

表 2-2　主要工作步骤填写用表

内容	序号	为解决问题的主要操作步骤（不含准备及 5S）	通过 / 不通过
学生完成	1		
	2		
	3		
	4		
	5		
	6		
	7		
	8		
	9		
	10		
教师完成	1	安全可行	
	2	步骤可行	
	3	时间可行	
	4	成本可行	

三、任务实施前的设备准备

小组完成设备、工具和资料准备自检（表 2-3）。

表 2-3　设备、工具和资料准备自检表

序号	设备、工具、资料名称	数量	设备及工具是否完好
1			□是□否
2			□是□否
3			□是□否
4			□是□否
5			□是□否
6			□是□否
7			□是□否
8			□是□否

四、操作性的任务实施

小组在表 2-4 中完成高压互锁引起的高压无法上电的故障排除工单。

表 2-4　高压互锁引起的高压无法上电的故障排除工单

序号	检查、操作或测量项目名称	测量数值（单位）	是否正常
1			□是□否
2			□是□否
3			□是□否
4			□是□否
5			□是□否
6			□是□否
7			□是□否
8			□是□否
9			□是□否
10			□是□否
11			□是□否
12			□是□否
13			□是□否
14			□是□否
15			□是□否
16			□是□否
17			□是□否
18			□是□否
19			□是□否
20			□是□否
21			□是□否
22			□是□否
23			□是□否

五、评价反馈

以小组为单位对本小组的操作过程与操作结果进行自评，并将结果填入表 2-5 中。

注：小组自评要能承受小组间互评的考验，互评阶段被其他小组找出扣分项，扣分加倍。

表 2-5 小组自评表

班级				
组别				
日期				
全体组员姓名				
评价名称				

评价项目		评价标准	分值	得分
考勤（10%）		小组少 1 人，扣 5 分	10	
工作过程 （60%）	计划制订合理	工作方案合理可行，一次通过不扣分，每多 1 次评估通过扣 5 分	20	
	任务实施	现象描述，错误 1 次扣 10 分	20	
		检查或判断，错误 1 次扣 5 分	10	
		测量或判断，错误 1 次扣 5 分	10	
	工作态度	认真严谨，积极主动，安全生产，文明施工，违反 1 项 1 次扣 1 分	5	
	工作质量	能按照工作方案操作，按计划完成工作任务，未完成扣 3 分	5	
	团队合作	与小组成员、同学之间能合作交流，协调工作，违反 1 项 1 次扣 1 分	5	
项目成果 （30%）	工作完整	不能按时完成工作任务的所有环节，扣 5 分	5	
	工作规范	在整个操作过程中出现不规范操作，违反 1 项 1 次扣 1 分	5	
	汇报展示	能准确表达、汇报工作成果，差一级扣 1 分	5	
合计			100	

总结与反思

（如：学习过程中遇到什么问题→如何解决的 / 解决不了的原因→心得体会）

Module 03

能力模块三
锂离子电池认知与故障诊断

情境引入

电动汽车仪表上出现红色蓄电池符号，蓄电池符号侧面带有一个感叹号，经查为动力电池故障灯点亮。经诊断仪读取故障码为电池电芯严重损坏。

如果你是接车的技术人员，应如何解决本故障，修理方案应如何制定。

学习目标

能力目标

- 能说出三元锂离子电池的特点。
- 能说出磷酸铁锂电池的特点。
- 能说出全固态锂离子电池的特点。
- 能说出吉利电池箱内电池的特点。
- 能画出电池箱的内部结构示意图。
- 能说出电池箱的制冷和制热原理。
- 能更换纯电动汽车电池箱。
- 能更换纯电动汽车电池箱内的一组电池。

素养目标

- 能通过沟通协作完成任务，具有团队合作意识。
- 培养认真分析、自行探索解决问题的能力。

表 2-5 小组自评表

班级				
组别				
日期				
全体组员姓名				
评价名称				

评价项目		评价标准	分值	得分
考勤（10%）		小组少1人，扣5分	10	
工作过程 （60%）	计划制订合理	工作方案合理可行，一次通过不扣分，每多1次评估通过扣5分	20	
	任务实施	现象描述，错误1次扣10分	20	
		检查或判断，错误1次扣5分	10	
		测量或判断，错误1次扣5分	10	
	工作态度	认真严谨，积极主动，安全生产，文明施工，违反1项1次扣1分	5	
	工作质量	能按照工作方案操作，按计划完成工作任务，未完成扣3分	5	
	团队合作	与小组成员、同学之间能合作交流，协调工作，违反1项1次扣1分	5	
项目成果 （30%）	工作完整	不能按时完成工作任务的所有环节，扣5分	5	
	工作规范	在整个操作过程中出现不规范操作，违反1项1次扣1分	5	
	汇报展示	能准确表达、汇报工作成果，差一级扣1分	5	
合计			100	

总结与反思

（如：学习过程中遇到什么问题→如何解决的/解决不了的原因→心得体会）

Module 03

能力模块三
锂离子电池认知与故障诊断

情境引入

电动汽车仪表上出现红色蓄电池符号，蓄电池符号侧面带有一个感叹号，经查为动力电池故障灯点亮。经诊断仪读取故障码为电池电芯严重损坏。

如果你是接车的技术人员，应如何解决本故障，修理方案应如何制定。

学习目标

能力目标

- 能说出三元锂离子电池的特点。
- 能说出磷酸铁锂电池的特点。
- 能说出全固态锂离子电池的特点。
- 能说出吉利电池箱内电池的特点。
- 能画出电池箱的内部结构示意图。
- 能说出电池箱的制冷和制热原理。
- 能更换纯电动汽车电池箱。
- 能更换纯电动汽车电池箱内的一组电池。

素养目标

- 能通过沟通协作完成任务，具有团队合作意识。
- 培养认真分析、自行探索解决问题的能力。

知识储备

知识点　锂离子电池认知

一、锂离子电池组成及原理

目前实用商品化的纯电动汽车基本都采用锂离子电池，而且未来很长一段时间仍将采用锂离子电池。

1. 锂离子电池组成

锂离子电池主要由电极、隔膜、电解质和外壳组成。正极主要为含锂的化合物，常见的正极材料包括钴酸锂（LCO）、锰酸锂（LMO）、三元材料（NCM）、磷酸铁锂（LFP）等。负极大多采用石墨。隔膜是一层具有电绝缘特性的物质，它可以把正负极分隔开，具有使电解质中离子通过的能力。常用的电解液通常为有机物。外壳有钢壳、铝塑膜等，其中铝塑膜大多由耐磨层、铝层、防腐蚀层、黏结层几部分组成，其中耐磨层是电池的外表面，可以防止汽车长期运行中电池位置错动引起的磨损，铝层可以起到防止水分进入的作用。

下面重点介绍普通锂离子电池、磷酸铁锂（$LiFePO_4$）电池和全固态锂离子电池三种。

2. 不同锂离子电池特点

目前市场上的锂离子电池正极材料主要是氧化钴锂（$LiCoO_2$）、氧化锰锂（$LiMn_2O_4$）、氧化镍锂（$LiNiO_2$）以及三元材料（$LiNiCoO_2$），不同正极材料锂离子电池放电曲线如图 3-1 所示。

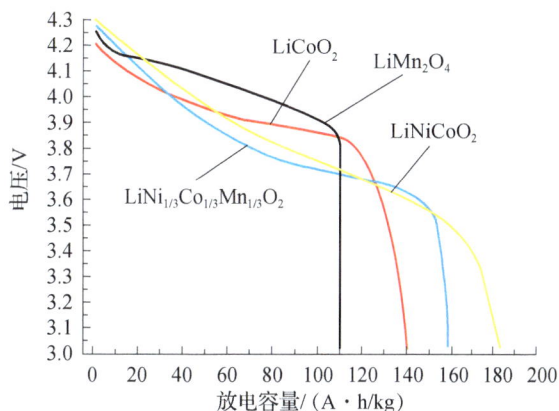

图 3-1　不同正极材料锂离子电池放电曲线对比

普通锂离子电池具有如下优点。

1）单体电池工作电压高达 3.7V，是镍氢电池的 3 倍，是铅酸电池的近 2 倍。

2）重量轻，比能量大，高达 150W·h/kg，是镍氢电池的 2 倍，铅酸电池的 4 倍，因此重量是相同能量的铅酸电池的 1/4~1/3。

3）体积能量密度达 400W·h/L，因此体积是相同能量的铅酸电池的 1/3~1/2。

4）提供了更合理结构和更美观外形的设计条件、设计空间和可能性。

5）循环寿命长，循环次数可达 1000 次。以容量保持 60% 计，电池组 100% 充放电循环次数可以达到 600 次以上，使用年限可达 3~5 年，寿命约为铅酸电池的 2~3 倍。

6）自放电率低，每月不到 5%。

7）允许工作温度范围宽，低温性能好，锂离子电池可在 –20~+55℃ 之间工作。

8）无记忆效应，每次充电前不必像镍镉电池、镍氢电池一样需要放电，可以随时随地进行充电。

9）电池充放电深度对电池的寿命影响不大，可以全充全放。

10）无污染，锂离子电池中不存在有毒物质，因此被称为"绿色电池"。

钴酸锂电池和三元材料锂电池具有重量更轻、体积更小等优点，但是这两种电池不是特别适合作为动力电池。另外，钴酸锂电池的主要原材料金属钴元素在我国储量极少，目前 80% 的金属钴元素靠进口，在我国难以大规模使用。此外，由于这种锂电池比能量高，材料稳定性差，容易出现安全问题，如果单体容量过大，一旦发生爆炸将十分危险。随着电动汽车电池生产技术的提高，采用三元材料锂电池的电动汽车越来越多。

3. 磷酸铁锂电池

1997 年，美国人发现磷酸铁锂（$LiFePO_4$）适合作为动力电池的一种材料，从下面磷酸铁锂（$LiFePO_4$）电池的优点可以看出，它是目前适合用于电动汽车的锂离子电池。

磷酸铁锂电池具有以下优点。

1）高效率输出。标准放电为（2~5）C、连续高电流放电可达 10C，瞬间脉冲放电（10s）可达 20C。

2）高温时性能良好。外部温度 65℃ 时电池内部温度为 95℃，电池放电结束时温度可达 160℃，但电池的结构安全、完好。

3）安全性好。即使电池内部或外部受到损害，电池也不燃烧、不爆炸。

4）循环容量大。经 500 次循环，其放电容量仍大于 95%。

4. 全固态锂离子电池

所谓全固态锂离子电池简单来说就是指电池结构中所有组件都是以固态形式存在。目前商业化的锂离子电池则是液态锂离子电池，即电解液呈液态溶液状。全固态锂离子电池把传统锂离子电池的液态电解液和隔膜替换为固态电解质，一般以锂金属为负极，或者石墨类及其他复合材料，其结构如图 3-2 所示。

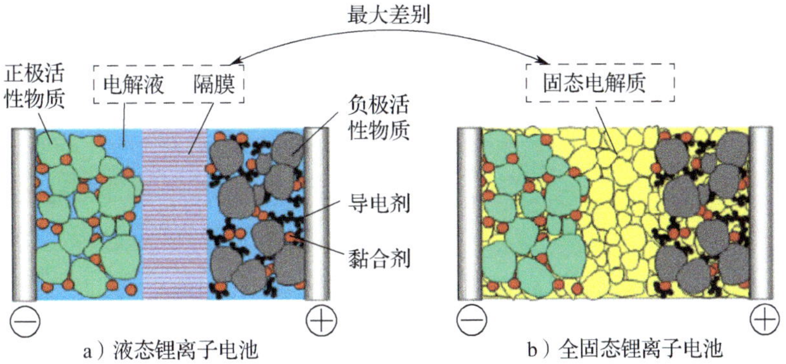

图 3-2　液态和全固态锂离子电池

液态电解质和全固态电解质的优缺点如下：

液态电解质优点：工业自动化程度高、较好的界面接触、充放电循环电极膨胀相对可控、单位面积的电导率高。

缺点：易挥发易燃烧的电解质，导致其安全／热稳定性较差；依赖于形成 SEI 膜；锂离子和电子可能同时传导。

全固态电解质优点：高安全／热稳定性（针刺和高温稳定性极好，可长期正常工作在 60～120℃条件下）；可达 5V 以上的电化学窗口，可匹配高电压材料；只传导锂离子不传导电子；可以在电池内串联组成高电压的单体电池；可简化冷却系统，提高能量密度；可应用在超薄柔性电池领域。

缺点：充放电过程中界面应力受影响；单位面积离子电导率较低，常温下比功率差；成本昂贵；工业化生产大容量电池有很大困难。

5. 锂类电池通用原理

无论是高压（3.7V）锂离子电池还是低压（3.2V）锂离子电池，其基本原理都是相同的。各种锂离子电池内部主要由正极、负极、电解质及隔膜组成，正负极和电解质材料以及不同工艺上的差异使电池有不同的性能，尤其是正极材料对电池的性能影响最大。

下面以磷酸铁锂（$LiFePO_4$）电池为例说明其工作原理：磷酸铁锂（$LiFePO_4$）电池的结构与工作原理如图 3-3 所示。磷酸铁锂（$LiFePO_4$）作为电池的正极材料，由铝箔与电池正极连接，中间是聚合物隔膜，它把正极与负极隔开，锂离子（Li^+）可以通过而电子（e^-）不能通过；右边是由碳（石墨）组成的电池负极，由铜箔与电池的负极连接。电池的上下端之间是电池的电解质，电池由金属外壳密闭封装。磷酸铁锂（$LiFePO_4$）电池在充电时，正极中的锂离子（Li^+）通过聚合物隔膜向负极迁移。在放电过程中，负极中的锂离子（Li^+）通过隔膜向正极迁移。锂离子电池就是因锂离子在充放电时来回迁移而得名的。

技术指导　锂离子电池正极由含有锂离子的金属氧化物组成，负极一般是石墨构成的晶格，充电时锂离子由正极向负极一端移动，最终嵌入由石墨构成的稳定的晶格中。可以容纳锂离子的晶格越多，可以移动的锂离子越多，电池容量越大。

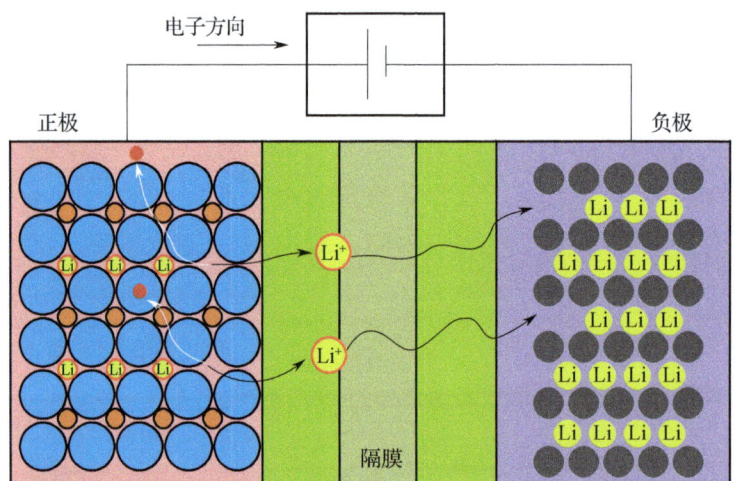

过渡金属（元素周期表中B族元素）氧化物（金属型酸根）：钴酸锂（$LiCoO_2$）、锰酸锂（$LiMn_2O_4$）、镍酸锂（$LiNiO_2$）、钴镍酸锂（$LiNiCoO_2$）、三元材料（NCM：$LiNi_{1/3}Co_{1/3}Mn_{1/3}O_2$）、磷酸铁锂（$LiFePO_4$）等

a）锂离子电池充电工作原理

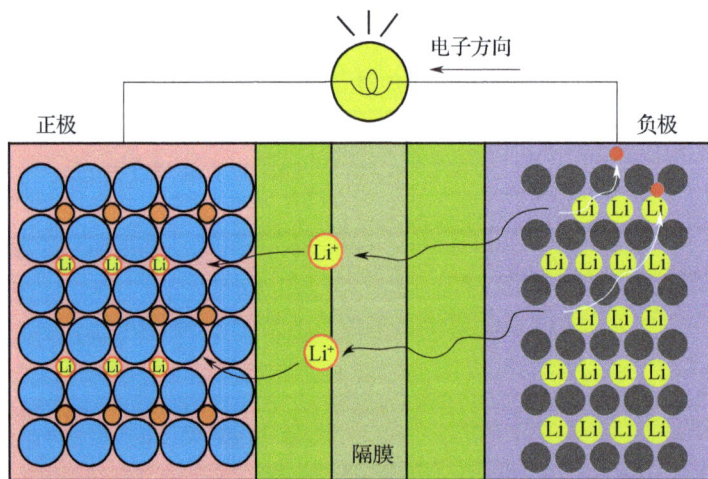

过渡金属（元素周期表中B族元素）氧化物（金属型酸根）：钴酸锂（$LiCoO_2$）、锰酸锂（$LiMn_2O_4$）、镍酸锂（$LiNiO_2$）、钴镍酸锂（$LiNiCoO_2$）、三元材料（NCM：$LiNi_{1/3}Co_{1/3}Mn_{1/3}O_2$）、磷酸铁锂（$LiFePO_4$）等

b）锂离子电池放电工作原理

图 3-3　磷酸铁锂（$LiFePO_4$）电池结构与工作原理示意图

二、锂离子电池箱

1. 锂离子电池箱组成

动力系统（电力驱动系统）的锂离子电池部分包括锂离子电池箱、锂离子电池本身、高压配电箱、锂离子电池管理系统等。电池管理系统的主要监测内容为：一是每一块锂离

子电池的电压；二是电池的充电电流或放电电流；三是电池箱内的温度；四是高压配电箱中各继电器开关闭合或断开的反馈信号。有时高压绝缘检测也由电池管理系统完成，所以输入信号增加漏电电流检测功能。

2. 锂离子电池箱铭牌

图 3-4 所示为吉利（GEELY）帝豪 EV300 纯电动汽车的电池箱标牌。电池采用三元锂离子电池，电池供应厂家为宁德时代（CATL）。

电池的标称电压为 346V，电池容量为 120A·h，电池的重量为 416kg。用标称电压（V）× 容量（A·h）=346×120=41.52kW·h，即可充入 41.52kW·h（度）的电能。

3. 锂离子电池箱盖

为了在汽车车身下侧布置电池箱，电动汽车电池箱一般设计成如图 3-5 所示，这样最大限度地增加了电池的数目，不会影响底盘的通过性。

电池箱的上盖一般采用玻璃钢材料制作，重量轻，电绝缘和热绝缘效果好。

电池箱下部底拖板采用金属制作，在底拖板的外缘设计有与车身底部连接的螺栓孔，通过大量的螺栓将电池箱连接在车身底侧上。

电池箱从车上抬下或抬上要采用电池箱举升机（图 3-5）来辅助完成，没有电池箱举升机完成该项工作是十分困难和相当危险的。

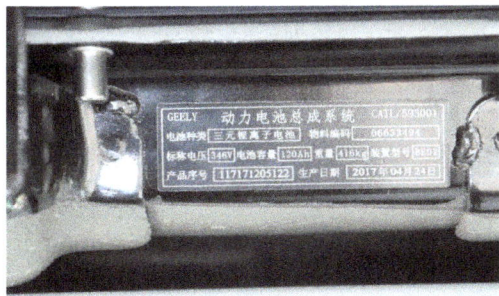

图 3-4　三元锂离子电池

图 3-5　电动汽车电池箱及电池箱举升机的外观

4. 电池箱分解

在分解电池箱前，为了安全起见，一定要取下检修塞（图 3-6），并妥善保存，以防被误插回。拆下锂离子电池上盖的沉头螺栓，再拆下上盖和下拖板间的大量螺栓即可取下上盖。

在检修车辆高压系统时，只有拔下电池箱上的检修塞插头，才能安全地作业。检修塞内装有银质直流熔丝，检修塞和检修塞座之间的插拔是有次数限制的。

在拆开电池箱时，也必须将检修塞从检修塞座取下（图 3-7），并妥善保管。

在拆卸电池箱上盖时，首先，取下电池箱检修塞位置的 4 个沉头螺栓（图 3-8），在电池箱后侧抬起，并向前推上盖，保证前部高压电缆引出座从电池上盖中让出，取下上盖，可见到图 3-9 所示的电池箱内部结构。

图 3-6　内置熔丝的检修塞插头位置

图 3-7　拔下内置熔丝的检修塞插头

图 3-8　取下电池箱检修塞位置的 4 个沉头螺栓

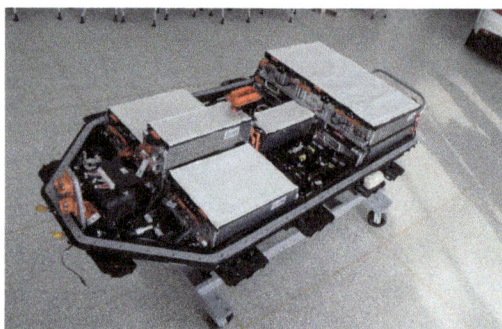

图 3-9　取下上盖的电动汽车锂离子电池箱

5. 锂离子电池的成组化

锂离子电池箱内通常采用多个电池并联以增大容量，这些并联的电池再串联成为一组（图 3-10），多组电池再串联组成电池箱内的动力电池。

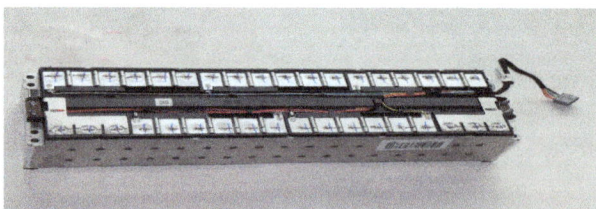

图 3-10　三并六串的一个电池组

例如，吉利汽车的电池组分成两种，一种是 3P5S，另一种是 3P6S。3P 的意思是 3 个 40A·h 的锂离子电池并联成为 120A·h，P 即并联（Parallel）；5 个这样的 120A·h 电池串联成为一组，S 即串联（Serial）。同理，3P6S 是 6 个这样的 120A·h 电池串联成为一组（图 3-11）。采用 3P5S 或 3P6S 分组须依据底盘所能允许的空间，由于空间限制，设计成两组样式更适合电池箱的布置。

图 3-11　电池的串并联

不同电池组之间通过橙色扁电缆连接形成组与组的串联。为了区别不同组，要在电池的侧面标出电池是如何串联的，同时电池组之间也要有编号，比如 M1~M17，如图 3-12 所示。

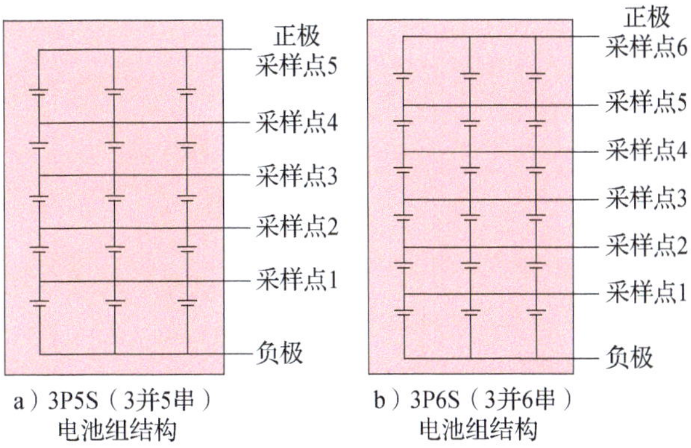

a）3P5S（3并5串）
电池组结构　　　　b）3P6S（3并6串）
电池组结构

图 3-12　吉利 EV300 电动汽车电池的两种串并联结构

表 3-1 列出了吉利电动汽车 EV300 的电池箱说明。

表 3-1　吉利电池箱说明

采集盒型	电池并串形式 3P5S	电池并串形式 3P6S	CAN 总线端电电阻	电池故障编号查询
CSC1（尾号 37）	M1、M2		27kΩ	1~10
CSC2（尾号 45）		M3、M4	27kΩ	11~22
CSC3（尾号 45）		M5、M6	27kΩ	23~44
CSC4（尾号 45）		M7、M8	27kΩ	45~56
CSC5（尾号 45）		M9、M10	27kΩ	57~68
CSC6（尾号 45）		M11、M12	27kΩ	69~80
CSC7（尾号 37）	M13、M14		27kΩ	81~90
CSC8（尾号 38）	M15		27kΩ	91~95
CSC9（尾号 46）	M16、M17		27kΩ	96~115

知识点　电池管理系统功能及故障诊断

一、电池管理系统功能

1. 电池管理系统简称

电池管理系统简称 BMS，是 Battery Management System 的缩写。

2. 电池管理系统自诊断

图 3-13 所示为吉利 EV300 电池箱，上侧写有 CATL 的黑盒为电池管理系统，下侧盒内为高压配电箱。

（1）温度控制功能　通过对热的电池箱制冷或对冷的电池箱加热，以控制电池箱温度在一定范围内，保持电池箱内电池具有良好的充电和放电能力。

在一定时间内，若电池箱温度仍不能被控制到正常温度范围，电池管理系统则通过变频器对电机进行限流，生成故障码存储在电池管理系统，并点亮仪表故障灯。

图 3-13　吉利 EV300 电池箱

（2）高压配电箱继电器控制和诊断功能　电池箱内通常设计有高压配电箱，配电箱内有控制电池直流输出的继电器、直流充电隔离继电器等，这些继电器要由电池管理系统控制，同时这些继电器的诊断也由电池管理系统完成。

图 3-14 所示为电池管理系统 ECU（宁德时代供货），其上两端口为继电器开关监测端口。

电池管理系统对供电继电器组和充电继电器组进行控制和故障监测（图 3-15），包括主正继电器、主预充继电器、主负继电器、直流充电预充继电器、直流充电继电器，如图 3-16 所示。

图 3-14　电池管理系统 ECU

图 3-15　继电器组控制和故障监测

（3）电池 SOC 计算　电池串联充电，各串联电池充电电流相同；电池串联放电，各串联电池放电电流也相同。电池管理系统通过电池总电压确定一个初始容量值，以后的容量根据充电和放电的电流积分来确定容量是下降还是上升。

（4）电池电压和温度测量功能　利用电池组的电压采集模块采集电池电压和电池温度。图 3-17 所示为车身右侧电池组温度和电池单体电压监测模块，共 CSC1、CSC5、CSC6、CSC9 四个模块。图 3-18 所示为车身左侧电池组温度和电池单体电压监测模块，共 CSC2、CSC3、CSC4、CSC7、CSC8 五个模块。

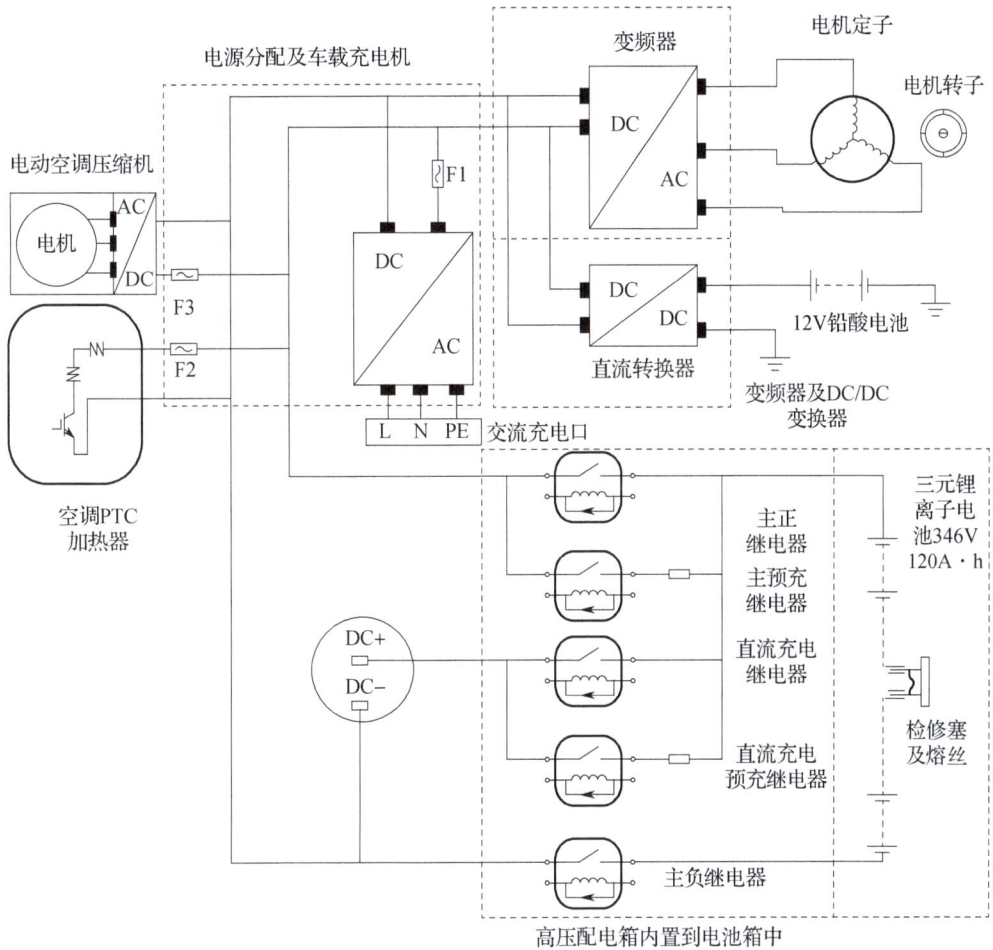

图 3-16　吉利 EV300、EV350 和 EV450 高压网络

图 3-17　右侧电池组温度和电池单体电压
监测模块

图 3-18　左侧电池组温度和电池单体电压
监测模块

（5）电池故障诊断功能　电池管理系统根据电池组监测模块传递过来的相应电池组的电池单体电压、电池组温度、通过电池电缆的电流计算电池是否处于故障状态。若单体电池或单组电压过高或过低，超过偏差上下限，则生成故障码存储在电池管理系统，并点亮

仪表的故障灯。

电池管理系统还可以检查电池的正极和负极与车身的绝缘电阻是否正常。

图 3-19 所示为电池组单体电压和温度监测模块，其左端黑色口为控制和通信线，右侧黄色端口为两个电池组的电压和温度信号线。

（6）信息共享功能 将电池的电量（SOC）、电池电压、电池电流、诊断数据等加载到总线上。

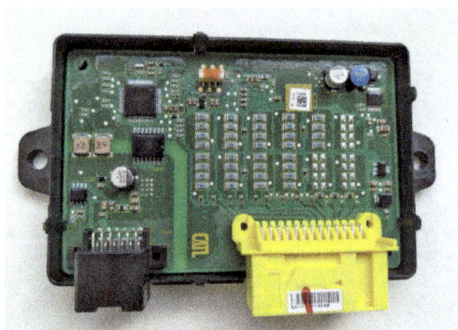

图 3-19 电池组单体电压和温度
监测模块

二、电池箱温度管理系统诊断

锂离子电池在低于零下 10℃或高于零上 60℃时较难工作，为此电动汽车有一套电池温度管理系统，以保证锂离子电池在充电和放电时能正常工作。

1. 锂离子电池冷却

图 3-20 所示为吉利 EV300 纯电动汽车的水冷式温度控制系统，可见的两根硬塑管是冷却液进出管。电池的制冷和制热通过图 3-21 所示的两个热交换器来完成，左侧为电池加热，右侧为电池冷却。

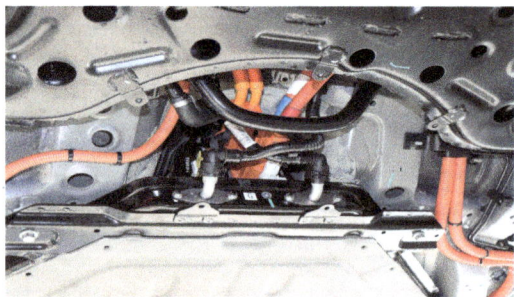

图 3-20 吉利 EV300（2017 款）电动汽车电池
箱冷却液管（左进右出）

图 3-21 两个热交换器

电池箱中的电池冷却路径如图 3-22 所示。电池的加热过程如下：电池储液罐内装有冷却液，冷却液经车底下侧的电池温控冷却液泵加压工作，冷却液经电池热交换器，由于 PTC 加热器没有向电池热交换器提供热的冷却液，所以冷却液温度不变。冷却液继续流动过程中经电池冷交换器，自动空调的制冷剂流经电池冷交换器，冷却液热量传递给制冷剂，冷却液温度降低，冷却液流经装有进液温度传感器的电池进管，经 M16、M17 电池组加热器进入，经 M1、M14、M13 电池组回流到电池温控冷却液泵入口处，形成一个循环。M1~M17 为锂离子电池组，包括 3P5S 或 3P6S 两种。

当冷却液中有气体时，将气体从电池温控冷却液泵的出口向上导入电池储液罐上部。

2. 锂离子电池加热

电池的加热过程如图 3-22 所示：电池储液罐内装有冷却液，冷却液经车底下侧的电池温控冷却液泵加压工作，冷却液经电池热交换器，PTC 加热器工作向电池热交换器提供热的冷却液，热交换后，升高温度的冷却液继续流动经电池冷交换器，自动空调的制冷剂不流经电池冷交换器，没有冷热交换过程。热的冷却液流经装有进液温度传感器的电池进管，经 M16、M17 电池组加热器进入，经 M1、M14、M13 电池组回流到电池温控冷却液泵入口处，形成一个循环。

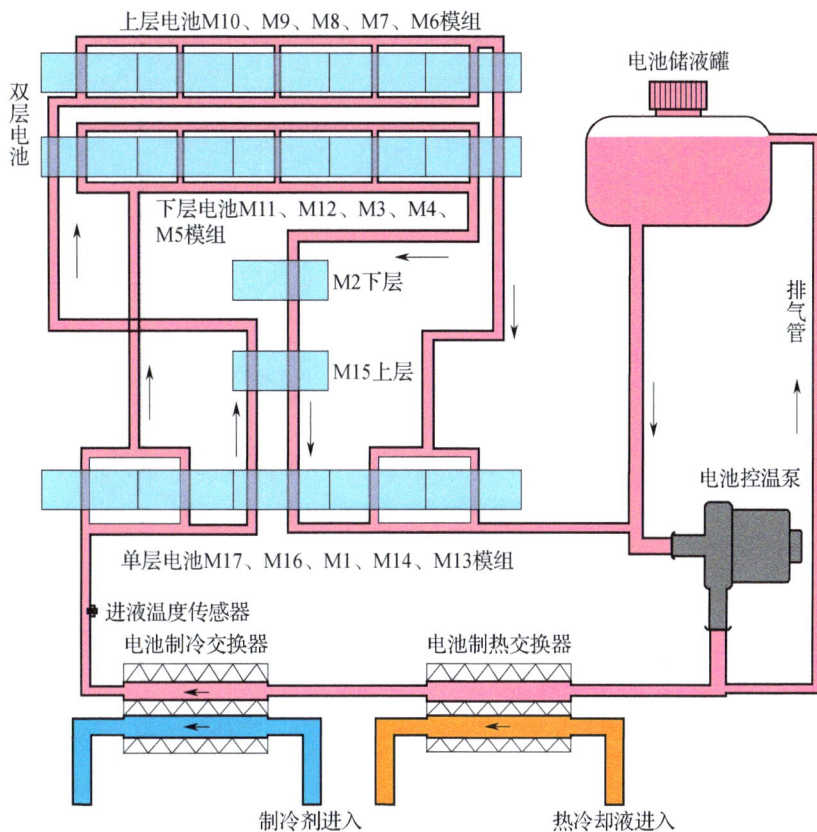

图 3-22　吉利 EV300 电池温度控制系统

当液中有气体时，将气体从电池温控冷却液泵的出口向上导入电池储液罐上部。

3. 电池温度管理系统诊断

电池温度管理系统根据电池箱电池组上安装的温度传感器、电池箱进口温度传感器识别电池箱温度是否正常。不正常时通知启动制冷空调或制热 PTC 加热器工作，即电池的温度控制执行器有三类：一是制冷的空调压缩机和制冷剂切换阀；二是 PTC 加热器；三是电池温控冷却液泵。

可通过诊断仪读取温度传感器数值，若不正常，比如温度过低时，PTC 加热器是否启动了加热，同时电池温控冷却液泵是否实现了循环，应根据具体情况修复。

4. 电池组均衡方法

对于纯电动汽车，单体电池之间的性能差异在其整个生命周期里不可避免都会存在，组合成多节串联电池组后如不采取技术措施，单体电池在充放电过程中的不一致会导致单体电池由于过充、过放而提前失效。要想避免单体电池由于过充、过放导致提前失效，使电池组的性能指标达到或者接近单体电池的水平，必须对电池组中单体电池进行均衡控制，即将多节串联后的电池组内部各电池单体充放电性能恶化减到最小或使其消失。

避免电池组内部各电池单体放电时产生性能恶化，采用简单的控制电路就可做到，但充电时避免电池组内部各电池单体产生性能恶化却有较大难度，这使得充电均衡成为电池组均衡的一个主要问题。

多节电池组的均衡控制方法有三种，分别是单体充电均衡、充放电联合均衡和动态均衡。

1）单体充电均衡。对电压低的单体电池进行充电以达到平衡。一个容量及放电功率平衡设计良好的系统中，只要充电均衡控制到位，最差单体电池的性能也能达到出厂指标。

2）充放电联合均衡。如果充电均衡控制不能到位，充放电联合均衡就变得非常重要。在这一情况下，总均衡量是充放电均衡量相加之和，但这种方式对电池非常不利，因为充电时，仍有可能出现过充。

放电均衡是使电池包放电时，其放出能量为所有电池能量的平均和。放电均衡不能解决单体电池组合成电池包后性能恶化的问题。

3）动态均衡。动态均衡即是在电池的使用和闲置全程中进行充放电均衡。它可以通过延长均衡的时间来解决充放电均衡量不够所产生的问题。在动态均衡下，因为电池每时每刻都在细微均衡，故在充电和放电时所需要的均衡量大幅下降。

5. 电池均衡技术

为了克服电池不一致带来的严重影响，在电池使用中，人们提出了对电池进行均衡的要求。为此，十几年来，许多电池管理系统（BMS）的研发者，采用了各种各样的方法来进行电池的均衡，归纳起来有以下几种方法：分流法（旁路法）、切断法和并联法。

（1）分流法（旁路法）　在充电时，当某一电池的充电电压超过设定值时，通过并联在该电池的电阻分流该电池的一部分电流，从而达到降低该电池充电电压的目的。这种方案结构复杂、体积大，分流时发热量大，通用性差。此种分流方法，未必非要在电池过电压后才开始分流，可以在电压比平均电压高时就开始分流平衡。

（2）切断法　在充电时，当某一电池的充电电压超过设定值时，通过自动控制开关切断该电池的电路，同时闭合旁路开关，电流绕过这块电池，继续向下一块电池充电。切断法开关个数是电池数目的2倍。切断法需要充电器配合，要求充电器能够动态适应1个单体电池到全部单体电池充电的能力，且在切换电池后能够动态地调整充电电压、充电电流，实现恒流、恒压充电以及浮充等，对充电器的要求比较高。

（3）并联法　并联法就是把电池按先并后串的连接方式使用。这也是一些电池生产厂家利用一些小容量电池组成大容量、高电压电池组所采用的方法。电池并联后，无法测量各单体电池的电压，因而就无法实施对电池组中各单体电池的监控。

6. 电池管理系统的故障诊断

故障诊断功能是 BMS 的重要组成部分，故障诊断可以在动力电池组工作过程中实时掌握电池的各种状态，甚至在停机状态下也能诊断动力电池系统的各个部分（包括电池模块）。

故障级别分为一般故障、警告故障和严重故障。

BMS 根据故障的级别将电池状态归纳成尽快维修、立即维修和电池寿命警告三类信息传递到仪表板以警示驾驶者，从而保护电池不被过分使用。

（1）启动过程的 BMS 硬件故障诊断

1）传感器信号的合理性诊断。

2）电池组电压信号的合理性诊断。

3）启动过程电流信号的合理性诊断。

4）启动过程温度信号的合理性诊断。

（2）行车过程的 BMS 诊断

1）对电压、电流和温度传感器进行诊断。

2）电池组电压一致性故障诊断。

3）电池组充电过程的过电流、过充、充电电压变化率过大的故障诊断。

4）电池组放电过程的过电流、过放、放电电压变化率过大的故障诊断。

5）通信系统故障诊断。

6）鼓风机故障诊断。

7）高压电控制故障诊断。

（3）故障诊断的处理

1）分三种不同级别进行（一般、警告与严重）。

2）通过 CAN 总线发送至仪表和汽车管理系统。

3）故障诊断结果参与电池实际工作电流的控制。

4）进行高压上下电控制。

🔧 技能点　更换电池的作业过程

一、拆装电池箱

典型的电池箱拆卸步骤如下：

关闭点火开关（图 3-23），车辆上的控制单元处于对执行器的断电状态，高压配电箱的继电器组线圈断电，继电器触点开关断开。但从安全角度，也从控制单元严禁带电插拔的角度要断开 12V 铅酸蓄电池（图 3-24），此时全车的执行器全部断电，高压配电箱中的供电继电器组也断电，所以在这种情况下操作高

图 3-23　关闭点火开关

压配电箱输出的高压网络是绝对安全的，特别是对于无检修塞的某些电动汽车。

为了更安全起见，防止高压继电器组出现触点粘连，可在高压蓄电池中间串联带有熔丝的检修塞，在通过关闭点火开关或断开蓄电池仍不能使高压配电箱中的继电器组断电时，可人工取下检修塞断电（图3-25）。

图 3-24　断开蓄电池

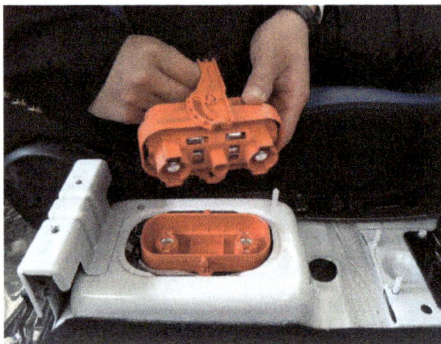

图 3-25　拆下检修塞

在实际高压检查中要带电检查，检修塞是不能取下的，此时要穿戴手套、电工鞋和护目镜进行高压防护。但在拆开高压部件或从高压网络上拆下某高压部件时一定要先拆下检修塞，等待变频器中的高压电容放电后方可进行高压作业，取下检修塞后的电池箱外部高压网络无高压，因此此时作业不需要进行高压防护。

放掉冷却系统的冷却液（图3-26）。在放掉冷却系统的冷却液前，要确认冷却系统是否带有

图 3-26　放掉冷却系统冷却液

热交换器。吉利EV300电动汽车的冷却系统有热交换器，放掉冷却液时要确认是否是流经电池的冷却液，不要把流经空调暖风的冷却液放掉，以免造成不必要的液体损失。

断开前后电池箱外部的水管、高压线束、控制线束如图3-27、图3-28所示。通常这些连接是不会装错的，但要有一定的安放层次，安放层次可在断开前用手机照相作为恢复的依据。

图 3-27　断开前电池箱的水管、高压线束和控制线束

图 3-28　断开后电池箱的水管、高压线束和控制线束

拆下电池箱和车身的连接，用电池举升车拖住电池箱（图 3-29），小心降下举升车。注意拆下电池的车身是否会重心移动（见图 3-30），避免车辆翻倒。

图 3-29　放好动力电池举升车

图 3-30　拆下电池的车身

二、拆装过程

电池箱内部的拆装过程如图 3-31～图 3-36 所示。

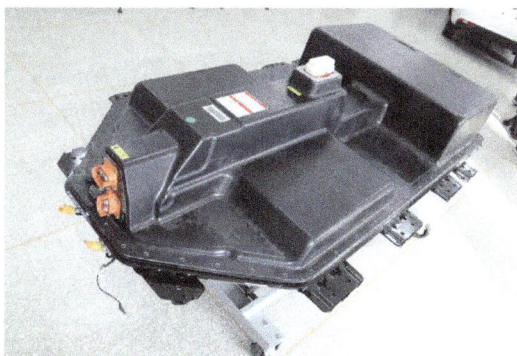

图 3-31　装上检修塞防护罩盖（白色）

图 3-32　拆下上盖沉头螺栓

图 3-33　拆下上盖螺栓，抬起上盖后部向前推

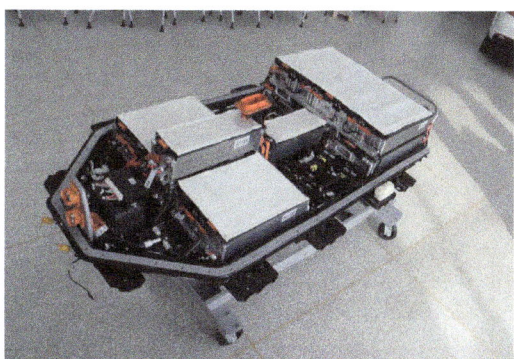

图 3-34　拆下上盖的电池箱

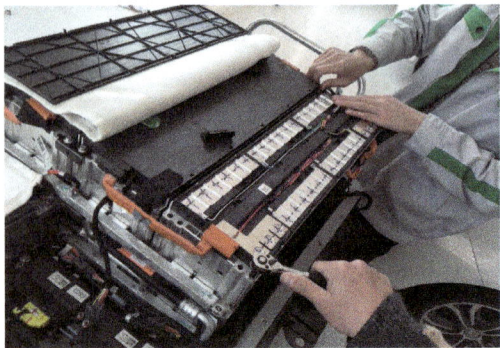

图 3-35 取下有故障的电池组

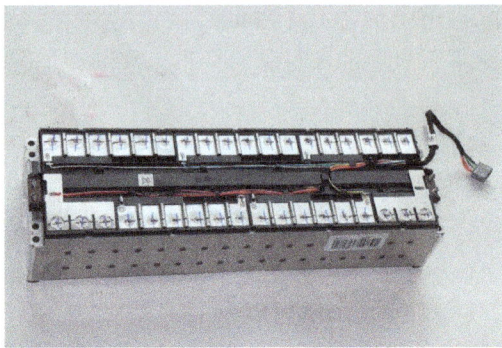

图 3-36 更换有故障的电池组

三、电池箱组装要点

电池箱内电池组装在电池箱装配时完成，由于电池箱处在振动、涉水、沙尘、泥水及冷热环境中，所以密封、力矩、原位捆绑、防接触隔离等是非常重要的组装关键点。

1）力矩：高压电缆经过的连接点必须按厂家要求拧紧（图 3-37），不得有丝毫马虎。高压电缆经过的连接点包括高压配电箱上的继电器与电缆之间、电池组与电池组之间、检修塞座与电缆之间等。

2）原位捆绑：电池与信号采集模块之间的线束连接必须牢固，每个采集模块的固定情况都要分别检查，可用手拉一拉模块看是否有很大的运动量，当运动量大时需重新固定。在电池周围与电池箱壳体可能发生碰触或磨损的地方有专门的绝缘胶布来固定线束和防止磨损，这些胶布的位置要用手机照相，在安装后按原位粘回胶布。固定线束的锁紧器位置原车在哪，就应在哪固定。

电池上盖的内衬布应与上盖内表面贴合，有脱离时（图 3-38），在盖上盖时会与控制线束或高压电缆碰触。上盖与电池下拖板间的密封条不能有损坏，一旦发现有损坏应及时换新后再安装。

图 3-37 关键点的螺栓力矩

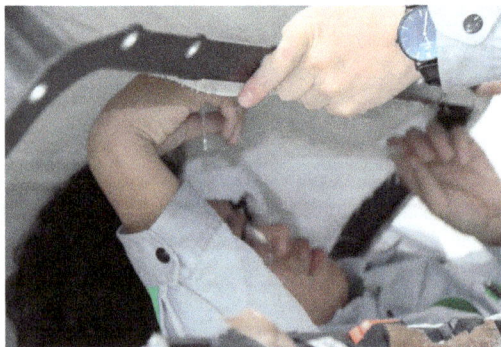

图 3-38 上盖内衬布从上盖上剥离处理

学习任务单

一、填空题

1. 锂离子电池主要由_____、_____、_____和外壳组成。
2. 常见锂离子电池的正极材料包括_____、_____、_____和_____等。
3. 普通锂离子单体电池标称电压为_____V。
4. 磷酸铁锂（LiFePO$_4$）电池标称电压为_____V。
5. 磷酸铁锂（LiFePO$_4$）电池经 500 次循环，其放电容量仍大于_____。

二、判断题

1. 磷酸铁锂电池高温时性能良好。　　　　　　　　　　　　　　　　　（　　　）
2. 磷酸铁锂电池即使电池内部或外部受到损害，电池也不燃烧、不爆炸。（　　　）
3. 磷酸铁锂电池标准放电为（2~5）C，连续高电流放电可达 10C，瞬间脉冲放电（10s）可达 20C。（　　　）
4. 锂离子电池可在 −20~+55℃之间工作。　　　　　　　　　　　　　　（　　　）
5. 电池管理系统简称 BMS，是 Battery Management System 的缩写。（　　　）

三、单选或多选题

1. 国产电池厂家有（　　　　）。
   A. 宁德时代（CATL）　　　　B. 比亚迪（BYD）　　　　C. LG　　　　D. 松下
2. 电池组 3P5S 意思正确的是（　　　　）。
   A. P 为串联　　　　B. S 为串联　　　　C. P 为并联　　　　D. S 为并联
3. 电池管理系统的故障级别分为（　　　　）
   A. 一般故障　　　　B. 警告故障　　　　C. 严重故障　　　　D. 超严重故障
4. 启动过程的 BMS 硬件故障诊断包括（　　　　）。
   A. 传感器信号的合理性诊断　　　　B. 电池组电压信号的合理性诊断
   C. 启动过程电流信号的合理性诊断　　D. 启动过程温度信号的合理性诊断
5. 行车过程的 BMS 诊断包括（　　　　）。
   A. 对电压、电流和温度传感器进行诊断
   B. 电池组电压一致性故障诊断
   C. 电池组充电过程的过电流、过充、充电电压变化率过大的故障诊断
   D. 电池组放电过程的过电流、过放、放电电压变化率过大的故障诊断
   E. 通信系统故障诊断　　　　　　　　F. 鼓风机故障诊断
   G. 高压电控制故障诊断

实践任务
动力电池故障引起无法上电的故障排除

一、工作任务分配

按照前面所了解的知识内容，落实各项工作负责人（表3-2），如任务实施前的准备工作、实施中主要操作及协助支持工作、实施过程中相关要点及数据的记录工作等。

表3-2　工作任务分配

班级		组号		指导老师	
组长		学号			
组员角色分配					
操作员 1		学号			
操作员 2		学号			
记录员		学号			
安全员		学号			
任务分工					

（就组织讨论、工具准备、数据采集、数据记录、安全监督、成果展示等工作内容进行任务分工）

二、操作步骤合理性评估和纠正

教师提供资料或相类似的视频进行提示，以帮助学生完成主要工作步骤的填写（表3-3）。教师评估通过后，方可进行具体操作实施。学生可先行在草纸上进行，任务实施中若有改变需经教师再次评估，以确认安全和可行。

教学提示

表 3-3　主要工作步骤填写用表

内容	序号	为解决问题的主要操作步骤（不含准备及 5S）	通过 / 不通过
学生完成	1		
	2		
	3		
	4		
	5		
	6		
	7		
	8		
	9		
	10		
教师完成	1	安全可行	
	2	步骤可行	
	3	时间可行	
	4	成本可行	

三、任务实施前的设备准备

小组完成设备、工具和资料准备自检（表 3-4）。

表 3-4　设备、工具和资料准备自检表

序号	设备、工具、资料名称	数量	设备及工具是否完好
1			□是□否
2			□是□否
3			□是□否
4			□是□否
5			□是□否
6			□是□否
7			□是□否
8			□是□否

四、操作性的任务实施

小组在表 3-5 中完成动力电池故障引起无法上电的故障排除工单。

表 3-5　动力电池故障引起无法上电的故障排除工单

序号	检查、操作或测量项目名称	测量数值（单位）	是否正常
1			□是□否
2			□是□否
3			□是□否
4			□是□否
5			□是□否
6			□是□否
7			□是□否
8			□是□否
9			□是□否
10			□是□否
11			□是□否
12			□是□否
13			□是□否
14			□是□否
15			□是□否
16			□是□否
17			□是□否
18			□是□否
19			□是□否
20			□是□否
21			□是□否
22			□是□否
23			□是□否

五、评价反馈

以小组为单位对本小组的操作过程与操作结果进行自评，并将结果填入表 3-6 中。
注：小组自评要能承受小组间互评的考验，互评阶段被其他小组找出扣分项，扣分加倍。

表 3-6　小组自评表

班级	
组别	
日期	
全体组员姓名	
评价名称	

评价项目		评价标准	分值	得分
考勤（10%）		小组少 1 人，扣 5 分	10	
工作过程（60%）	计划制订合理	工作方案合理可行，一次通过不扣分，每多 1 次评估通过扣 5 分	20	
	任务实施	现象描述，错误 1 次扣 10 分	20	
		检查或判断，错误 1 次扣 5 分	10	
		测量或判断，错误 1 次扣 5 分	10	
	工作态度	认真严谨、积极主动，安全生产，文明施工，违反 1 项 1 次扣 1 分	5	
	工作质量	能按照工作方案操作，按计划完成工作任务，未完成扣 3 分	5	
	团队合作	与小组成员、同学之间能合作交流，协调工作，违反 1 项 1 次扣 1 分	5	
项目成果（30%）	工作完整	不能按时完成工作任务的所有环节，扣 5 分	5	
	工作规范	在整个操作过程中出现不规范操作，违反 1 项 1 次扣 1 分	5	
	汇报展示	能准确表达、汇报工作成果，差一级扣 1 分	5	
合计			100	

总结与反思

（如：学习过程中遇到什么问题→如何解决的 / 解决不了的原因→心得体会）

Module
04

能力模块四
电机认知与故障诊断

情境引入

电动汽车行驶时，电机发出嗡嗡声。如果你是修理人员，维修方案应如何制定。

学习目标

能力目标

- 能举出日常生活中控制电机和非控制电机的区别。
- 能说出电动汽车电机和工业电机的区别。
- 能画出有刷永磁电机的简单原理图。
- 能画出无刷永磁电机的简单原理图。
- 能说出电机铭牌的表示内容。
- 能诊断汽车电机的定子绕组和机壳之间短路或绝缘下降故障。
- 能诊断汽车电机的定子三相电感不平衡故障。
- 能诊断汽车电机的异响故障。

素养目标

- 培养良好的职业道德，严格遵守本岗位操作规程。
- 培养安全意识。

知识储备

知识点　　汽车电机认知

一、电动汽车电机简介

1. 电机种类

电机按供电电源电压的幅值和频率是否被控制分为非控制电机和控制电机两类。

2. 非控制电机

非控制电机是供电电源的特征（电压幅值和频率）不发生变化的电机，其工作机械特性只取决于负载阻力的大小。

例如：电机的端电压 $u=A\sin(\omega t+\varphi)$，在我国有三相电机和单相电机两种，我国工频电频率为 50Hz、ω 为 100π、线电压为 380V、相电压为 220V。

由于电压幅值 A 不变，工频的角频率 ω 不变，初始角 φ 不确定，取决于电机接入网络的时间，整个电机的机械特性取决于电机的负载大小。

3. 控制电机

控制电机是直流电电源经变频器控制后输出幅值和频率发生变化的电机，其工作机械特性不仅取决于负载阻力的大小，还取决于控制输出。

控制电机的端电压 u 仍为 $A\sin(\omega t+\varphi)$，电动汽车为三相电机，电机端电压随以下参数变化而变化。

电压幅值 A：幅值 A 是变值。

角频率 ω：ω 可以从零赫兹调节到几百赫兹。

初始角 φ：φ 为确定值，都从零开始。

整个电机的机械特性取决于电机控制目标的大小。

典型汽车上应用的控制电机有 3 种：一种是电动汽车或传统汽车采用的电动转向电机，另两种是电动汽车驱动电机和空调驱动电机。

4. 电动汽车对电机的要求

用于电动汽车的驱动电机与常规的工业驱动电机有所不同。电动汽车的驱动电机通常要求频繁的启动 / 停车、加速 / 减速，低速或爬坡时要求高转矩，高速行驶时要求低转矩，并要求变速范围大。而工业电机通常优化在额定的工作点。

因此，电动汽车驱动电机比较独特，应单独归为一类。它们在负载要求、技术性能和工作环境等方面有特殊的要求。

（1）过载能力要强　电动汽车驱动电机需要有 4~5 倍的过载能力，以满足短时加速或爬坡的要求。而工业电机只要求有 2 倍左右的过载能力就可以了。

（2）基速比要大　基速比是电机的最高转速和电机在恒转矩控制时能达到的最高转速之比。例如电机在最高电压时的最高转速为 12500r/min，电机在最高电压时变频器控制最大输出电流能保持的最高电机转速为 2500r/min，则基速比为 5。

电动汽车的最高转速要求达到在公路上巡航时基本转速的 4~5 倍。而工业电机只需要达到额定转速的 1.2 倍即可。

（3）设计目标要求高　电动汽车驱动电机需要根据车型和驾驶人的驾驶习惯设计，而工业电机只需根据典型的工作模式设计。

（4）功率密度要高　电动汽车驱动电机要求有高功率密度（一般要求达到 1kg/kW 以内）和好的效率图（在较宽的转速范围和转矩范围内都有较高的效率），从而能够降低车重、延长续驶里程。而工业电机通常对功率密度、效率和成本进行综合考虑，在额定工作点附近对效率进行优化。

（5）可控性要好　电动汽车驱动电机要求工作可控性高、稳态精度高（转速误差小）、动态性能好（加减速响应快）。而工业电机只有某一种特定的性能要求。

（6）工作环境差　电动汽车驱动电机装在机动车中，空间小、生热量多，要有专门的水冷却循环；由于工作在外界环境，防尘和防水等级要高，一般为 IP55；因为工作在频繁振动等恶劣环境下，所以可靠性要高。而工业电机通常在某一个固定环境和固定位置工作。

二、汽车永磁同步直流无刷电机

永磁同步直流无刷电机因其效率高（在 95% 以上），优于感应电机，是电动轿车优先采用的电机。

1. 永磁无刷电机优点

1）电机转子上的永磁体由高磁能永磁材料制造，对于给定的输出功率，电机的质量和体积能够大大减小，使得功率密度提高。

2）转子为永磁体，其铁损小于感应电机的转子，效率远高于感应电机。

3）电机发热主要集中在定子上，易于采取散热措施。

4）永磁体没有其他励磁制造缺陷、过热或机械损坏的限制，因而可靠性较高。

汽车永磁电机按有无换向电刷可分为两种：有刷永磁直流电机和无刷永磁直流电机。根据输入电机接线端的交流波形，永磁无刷电机可分为永磁同步电机（正弦波）和永磁无刷直流电机（矩形波）。正弦波产生的转矩基本是恒转矩，这与绕线转子同步电机相同。输入的是交流方波，采用离散转子位置反馈信号控制换向。由于方波磁场与方波电流之间相互作用而产生的转矩比正弦波大，所以，永磁无刷直流电机的功率密度大，但是由功率器件的换向电流引起的转矩脉动也大。

2. 直流电机模型

有刷直流电机的工作原理如图 4-1 所示。若在 A、B 之间外加一个直流电源，A 接电源正极、B 接电源负极，则线圈中有电流流过。当线圈处于图 4-1 所示位置时，有效边 ab 在 N 极下，cd 在 S 极上，两边中的电流方向为 a→b、c→d。由安培定律可知，ab 边和 cd 边所受的电磁力为 F = BLI。式中 I 为导线中的电流，单位为安（A）。根据左手定则可知，两个 F 的方向相反，如图 4-1 所示，形成的电磁转矩驱使线圈逆时针方向旋转。当线圈转过 180° 时，cd 边处于 N 极下，ab 边处于 S 极上。由于换向器的作用，使两有效边中电流的方向与原来相反，变为 d→c、b→a。这就使得两磁极对应的有效边电流的方向保持不变，因受力方向和电磁转矩方向都不变，电机转子得以顺利转动。但线圈中的电流方向是变化的，电流是矢量，所以通过线圈的是交变电流。

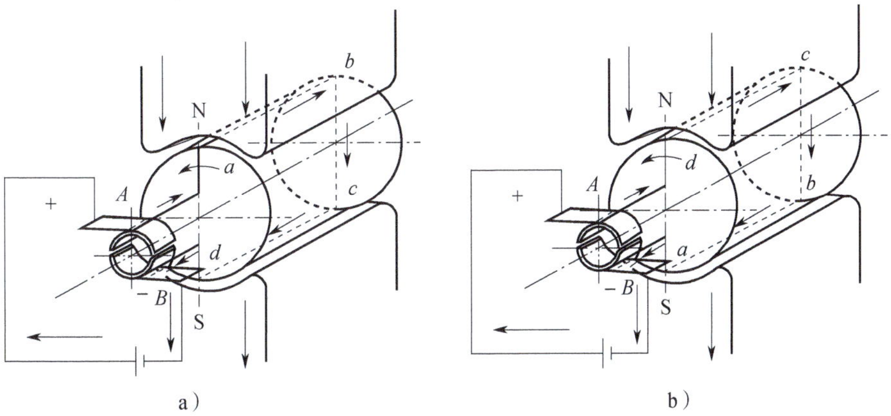

图 4-1　直流电机工作原理图

a）　　　　　　　　　　　　b）

由于换向器和电刷的存在，换向时由于换流容量过大，会在换向器和电刷之间产生电火花，严重时会在换向器上出现环火。换向器引起转矩波动，并限制了电机的转速，而电刷带来摩擦与射频干扰（RFI）。并且，由于磨损和断裂，换向器和电刷需定期维护。这些缺点使其可靠性低且不适合于免维护工作，从而限制了它们在电动汽车驱动领域的广泛应用。

对于电动汽车，功率需求从几十千瓦到几百千瓦，只能采用电力电子换向的永磁直流无刷电机或永磁直流同步无刷电机，由于永磁同步无刷电机的转矩输出更平稳，所以被轿车广泛使用。

直流电机之所以被称为直流电机，是因为电源是直流电，交流电机之所以被称为交流电机，是因为电源是交流电。无论是直流电机还是交流电机，其电枢绕组内部电流方向都是变化的。可见有刷电机工作的条件是，绕组能在换向点处把电流换向，电机就能顺利转动下去。现在电机转子采用永磁体，定子绕组采用电子换向，在转子上增加位置传感器，电机变频器根据转子位置，通过控制开关管的导通与截止，实现对绕组的电子换向，这个传感器通常称为电机解角传感器。

3. 三相直流无刷电机

（1）三相电机基本结构　如图 4-2 和图 4-3 所示，三相直流无刷电机是在单相电机基础上定子和转子同步加倍制成的，这类似于多缸发动机与单缸发动机的关系。这里极数 p 相当于活塞个数，而一个活塞的配气机构是 3 个定子磁极。

新能源汽车故障诊断技术

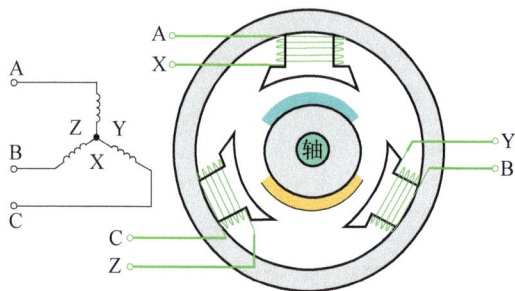

图 4-2 最简单的原始三相直流无刷电机（Z = 3，极数 2p = 2），相当于单缸发动机

图 4-3 定子极数和转子极数量加倍，相当于 2 缸发动机（线槽数 Z = 6，极数 2p = 4）

（2）加倍降波动 为了降低电机转子的转矩波动，通常将定子相数和转子磁极数加倍，在 2 倍（相当于两缸发动机）原始电机 A 相中，A_1X_1 和 A_2X_2 串在一起构成 A 相，通电时会同时产生磁通。

4. 电机铭牌

图 4-4 所示为永磁同步直流无刷电机铭牌，额定功率是电机工作在正常的负载阻力情况下出现的。而峰值功率是由变频器控制出来的，变频器对逆变桥的输出做了一个功率限制，也就是电流输出限制，一般汽车电机变频器限制输出为额定功率的 1.8~2.0 倍，少数汽车电机为 2.5 倍，这个与变频器的能力有关。关于绝缘等级 H、防护等级 IP67 和工作制 S9 可参见感应电机的铭牌解释。

图 4-4 永磁同步直流无刷电机铭牌

三、电动汽车感应电机

1. 感应电机种类

交流感应电机有两种类型，即绕线转子感应电机和笼型转子感应电机。

绕线转子感应电机成本高、需要维护、缺乏坚固性，因而没有笼型转子感应电机应用广泛，或者说在电动汽车的电力驱动系统中根本无法应用。

笼型转子感应电机简称感应电机。感应电机驱动除了具有无换向器电机驱动的共同优点外，还具有成本低、坚固等优点。这些优点超过了其控制复杂的缺点，推动了感应电机在电汽车驱动中的广泛应用。

2. 感应电机结构

用于电动汽车的感应电机在原理上与工业中用的变频调速感应电机结构基本相同。然而，这种电机结构需要专门设计，不能直接使用工业电机应用于电动汽车。

交流感应电机的结构分为定子、转子两大部分。

（1）定子　如图 4-5 所示，定子铁心采用薄的硅钢片叠成，定子绕组的绝缘耐热等级要高，电压等级需合理地采用高电压和低电流的设计，以减少功率逆变器的成本和体积。铸铝或铸铁机壳内部采用水套，制成水冷电机。采用铸铝机壳来减小电机总质量，定子壳体密封性要好，防止进水。

（2）转子　图 4-6 所示为汽车交流感应电机转子实物，其结构可用图 4-7 示意表示。

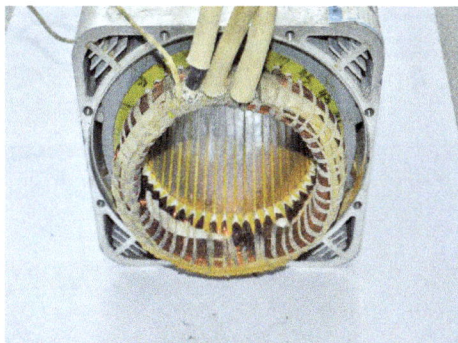

图4-5　交流异步感应电机定子

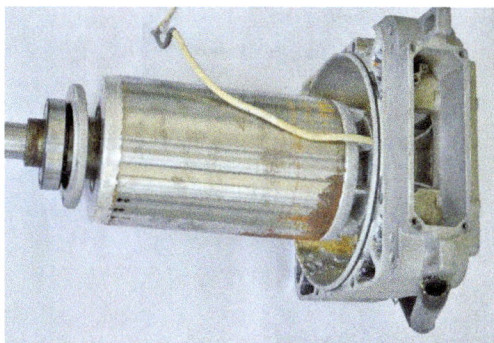

图4-6　交流异步感应电机转子

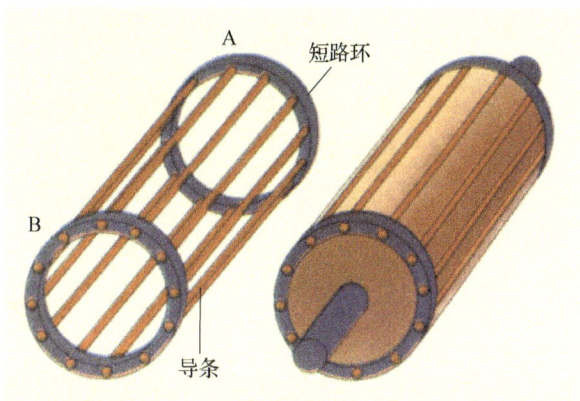

图4-7　感应电机转子

1）转子铁心也由薄硅钢片叠压而成，以减少铁损。

2）由于汽车用电机转速较工业电机高，所以要求转子的动平衡度要高，同时轴承质量要好。

电动汽车电机在爬坡时要求低转速高转矩，巡航时要求高转速低转矩，车辆超车时，要求具有瞬时超负载能力。

（3）感应电机定子接线端子　感应电机三相绕组的连接方式有星形（Y）和三角形（△）两种，接线盒内无传统工业电机的壳体接地保护。电机壳体与车身间为等电位，即两者的金属导通，电机定子绕组和车身间用绝缘材料隔开。一旦出现三相定子绕组和壳体间漏电，监测仪表绝缘会报警，同时电池上电继电器断开。

感应电机作为电动汽车驱动电机时，定子三相绕组接线引出端子仅有 U、V、W 3 个，没有保护地线。

3. 汽车变频调速电机铭牌

图 4-8 所示为电动汽车用三相笼型感应电机铭牌，解释如下：

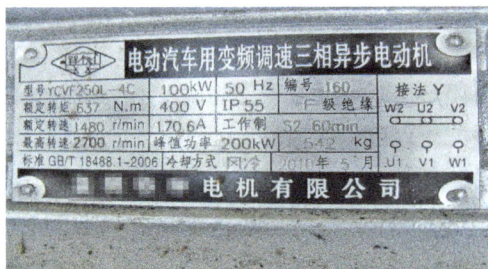

图 4-8 电动汽车三相笼型感应电机铭牌

（1）型号　表示产品性能、结构和用途的代号，例如 YCVF250L-4C 中"Y"表示 Y系列笼型异步电机（YR 表示绕线转子异步电机）；"VF"为变频电机；"250"表示电机的中心高为 250mm；"L"表示长机座（M 表示中机座、S 表示短机座）；"4"表示 4 极电机。

（2）额定功率　在额定运行（指电压、频率和电流都为额定值）情况下，电机轴上输出的机械功率为电机的额定功率。

（3）额定电压　电机在额定运行情况下的线电压为电机的额定电压。一般规定电机的供电电压不应高于或低于额定值的 5%。

如三相定子绕组有两种连接方法，就标有两种相应的额定电压值。假如电压高于额定值，励磁电流将增大，铁损增加，绕组有过热现象。电压低于额定值时，在电机满载的情况下，会引起转速下降、电流增加，也会使绕组过热。电压低时，电机最大转矩也会显著降低。

（4）额定电流　指电机在额定电压、额定频率和额定负载下运行时，三相定子绕组中通过的线电流，单位为 A。由于定子绕组的连接方式不同，额定电压不同，电机的额定电流也不同。

例如，一台额定功率为 10kW 的三相异步电机，其三相绕组为三角形联结时，额定电压为 220V、额定电流为 68A。其绕组为星形联结时，额定电压为 380V、额定电流为 39A。也就是说，铭牌上标明接法三角形 / 星形，额定电压为 220/380V，额定电流为 68/39A。

（5）额定频率　指电机所接交流电源的频率，我国发电厂所生产的交流电，频率为 50Hz，频率降低时，转速降低，定子电流增大。

（6）额定转速　指电机在额定电压、额定频率和额定负载下运行时，转子每分钟的转数，单位为 r/min。其值略低于同步转速。

（7）接法　指电机在额定电压下定子三相绕组的接线方式。一般有星形（Y）和三角形（△）两种接法，在电动汽车用的感应电机中只有星形接法，并没有保护地，这是应用到电动汽车上的区别。

（8）绝缘等级　根据绕组所用的绝缘材料，按照它允许耐热程度规定的等级。中小型感应电机的绝缘等级有 B、F 和 H 级，各级耐温如下：B：130℃；F：155℃；H：180℃。

电机的工作温度主要受绝缘材料的限制。若工作温度超出绝缘材料所允许的温度，绝缘材料就会迅速老化，其使用寿命将大大缩短。修理电机时，所选用的绝缘材料应符合铭牌规定的绝缘等级。

（9）温升　指电机长期连续运行时的工作温度比周围环境温度高出的数值。我国规定周围环境的最高温度为 40℃。电机的允许温升与所用绝缘材料等级有关。电机运行中的温度对绝缘材料的使用寿命影响很大，理论分析表明，电机运行中绝缘材料的温度比极限温度每升高 8℃，其使用寿命将缩短一半。

（10）工作定额　电机工作定额也称电机的工作制，表明电机在不同负载下的允许循环时间。工作制中，允许的循环包括起动、电制动、空载、断能停转以及这些阶段的持续时间和先后顺序，工作制分以下 10 类，分别用 S1~S10 表示。

1）S1 连续工作制：在恒定负载下的运行时间足以达到热稳定。按铭牌上规定的功率长期运行，如水泵、通风机和机床设备上电机的使用方式都是连续运行方式。

2）S2 短时工作制：在恒定负载下按给定的时间运行，该时间不足以达到热稳定，随之即断能停转足够时间，使电机再度冷却到与冷却介质温度之差在 2K 以内。

3）S3 断续周期工作制：按一系列相同的工作周期运行，每一周期包括一段恒定负载运行时间和一段断能停转时间。这种工作制中每一周期的起动电流不会对温升产生显著影响。如吊车和起重机等设备上用的电机就是断续运行方式。

4）S4 包括起动的断续周期工作制：按一系列相同的工作周期运行，每一周期包括一段对温升有显著影响的起动时间、一段恒定负载运行时间和一段断能停转时间。

5）S5 包括电制动的断续周期工作制：按一系列相同的工作周期运行，每一周期包括一段起动时间、一段恒定负载运行时间、一段快速电制动时间和一段断能停转时间。

6）S6 连续周期工作制：按一系列相同的工作周期运行，每一周期包括一段恒定负载运行时间和一段空载运行时间，但无断能停转时间。

7）S7 包括电制动的连续周期工作制：按一系列相同的工作周期运行，每一周期包括一段起动时间、一段恒定负载运行时间和一段快速电制动时间，但无断能停转时间。

8）S8 包括变速变负载的连续周期工作制：按一系列相同的工作周期运行，每一周期包括一段在预定转速下恒定负载运行时间，和一段或几段在不同转速下的其他恒定负载运行时间，但无断能停转时间。

9）S9 负载和转速非周期性变化工作制：负载和转速在允许的范围内变化的非周期工作制。这种工作制包括经常过载，其值可远远超过满载。这是电动汽车的工作制。

10）S10 离散恒定负载工作制：包括不少于 4 种离散负载值（或等效负载）的工作制，每一种负载的运行时间应足以使电机达到热稳定，在一个工作周期中的最小负载值可为零。

（11）额定功率因数　指电机在额定输出功率下，定子绕组相电压与相电流之间相位角的余弦，约为 0.70~0.90。电机空载运行时，功率因数约为 0.2。功率因数越高的电机，发配电设备的利用率越高。

（12）额定效率　电机的输入功率与输出功率不等，其差值等于电机本身损耗功率，包括铜损、铁损和机械损耗等。效率是指输出功率与输入功率的比值，通常约为 75%~92%。

（13）起动电流　是指电机在起动瞬间的稳态电流，常用它与额定电流之比的倍数来表示。感应电机的起动电流一般是额定电流的 4~7 倍。

（14）起动转矩　起动转矩是指电机起动时的输出转矩，常用它与额定转矩之比的倍数来表示，一般是额定转矩的 1.6~2.2 倍。

（15）质量　指电机本身的总质量，以供起重搬运时参考。

🔧 技能点　汽车电机故障诊断方法

一、系统自诊断数据

利用诊断仪读取信息，目前需要通过整车控制器才能读出变频器的故障码和数据流，未来汽车设计的思路是诊断仪直接连接变频器电控单元，读出故障码（图4-9）。

电机限矩数据流（图4-10）是电机在输出动力不足时才读取的数据，用来确认是否是控制造成的，比如由于温度造成变频器的输出电流受到限制。当电动汽车的冷却系统出现故障，使高压元件如变频器、电机等出现高温时，电机会进入限矩工作状态。

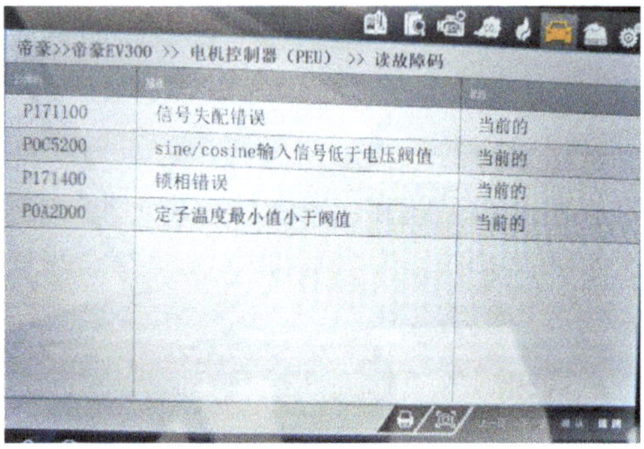

图 4-9　故障码读取

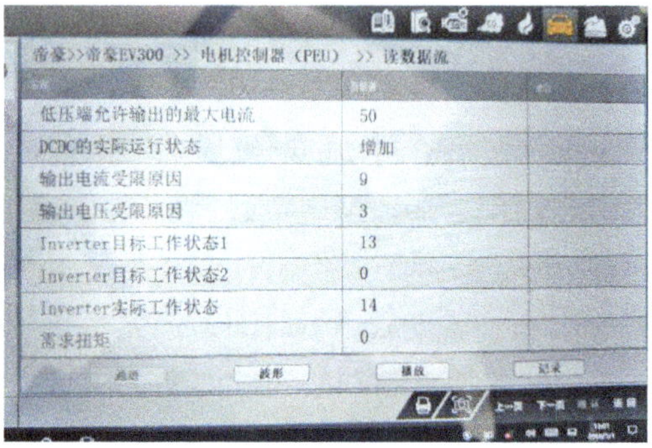

图 4-10　电机限矩数据流读取

二、汽车电机异响

确定电机异响故障的方法是将电动汽车在举升机上升起，起动电动汽车并挂前进档，用听诊器或穿心螺钉旋具在电机外壳的轴承处（图4-11）听诊。电机轴承一般损坏较少，更多为电机后部减速器轴承产生的异响，所以为确认准确的故障部位，听诊实际要在电机侧和减速器侧分别进行（图4-12），以防造成误诊。

图 4-11　电机轴承侧异响听诊

图 4-12　电机后侧减速器轴承异响听诊

对于凸极转子，可能会有磁条脱落产生的异响，这时可将汽车分别挂入前进档和倒档听诊异响声音是否相同，若不相同，则可能有磁条脱落。磁条脱落可能会使电机一个方向转动正常，而另一个方向转动困难。

三、电机故障确认

汽车电机的转子是永磁体或笼型，故障较少。电机检查主要集中在定子检查上，包括电机的定子绕组与电机壳体的绝缘检查和定子三相电流平衡性检查。

电机定子绕组绝缘检查采用绝缘电阻表（图4-13），利用数字绝缘电阻表内部电池产生的1000V电压来测量电机的定子绕组绝缘是否合格，也可采用价格低廉的手摇式绝缘表，但要注意操作要领并按说明书操作。

定子绕组绝缘的测量位置选择在变频器的3根输出电缆上。

测量时，先要等变频器母线电容放电结束，然后将变频器与3根电缆间的螺栓断开，在变频器上垫一绝缘物，比如图4-13中用塑料袋垫在变频器的3个输出端子上，这样做的目的是防止绝缘电阻表的高电压进入变频器，造成变频器的逆变桥损坏。要佩戴0级（直流耐电压1000V）绝缘手套作为防护，以防来自绝缘电阻表的1000V脉冲电压对操作人员产生惊吓（实际来自绝缘电阻表的1000V脉冲电压对人体是无害的，所以这里只能用"惊吓"一词）。本例中绝缘电阻为11GΩ，如图4-14所示。

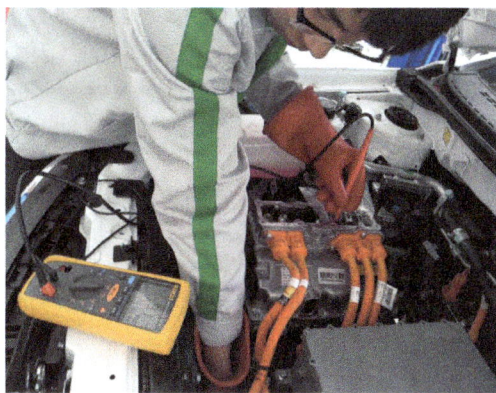

图4-13　电机定子绕组绝缘检查用绝缘电阻表

电机定子电流平衡性检查目的是检查电机定子电阻匝间是否有短路故障。由于电机定子绕组电阻非常小，即使使用高精度的数字万用表，由于接触误差，实际测量也很难确认是否存在匝间短路故障。定子电流平衡性检查是利用数字电感表，也就是LCR表。数字电感表输出一定频率的交流电通入电机的定子绕组，由于汽车电机定子绕组采用星形联结，并不引出中性线，所以在外部测量定子绕组时，取任意两根电机供电电缆测量电感，共分3次测量，对比测量结果，如果一致性好，说明没有匝间短路。

图4-14　本例电机定子绕组和壳体之间的绝缘电阻为11GΩ

学习任务单

一、填空题

1. 电机按供电电源的电压幅值和频率是否被控制分为_____和_____两类。
2. 基速比是电机的最高转速和_____之比。
3. 永磁同步直流无刷电机效率高达_____以上。
4. 永磁无刷电机根据输入电机接线端的交流波形可分为_____和_____。
5. 一般电动汽车电机变频器功率限制输出为电机额定功率的_____~_____倍。

二、判断题

1. 非控制电机是供电电源的特征（电压幅值和频率）不发生变化的电机，其工作机械特性只取决于负载阻力的大小。　　　　　　　　　　　　　（　　）
2. 控制电机是电源一定是直流电、经变频器控制后输出幅值和频率发生变化的电机，其工作机械特性不仅取决于负载阻力的大小，还取决于控制输出。　　　　　　　　　　　　　　　　　　　　　　　（　　）
3. 电动汽车驱动电机需要有 4~5 倍的过载能力，以满足短时加速或爬坡的要求。　　　　　　　　　　　　　　　　　　　　　　　　　（　　）
4. 有刷电机功率一般在 10kW 以内。　　　　　　　　　　　　（　　）
5. 在电动汽车接线的星形接法中，不设保护地线。　　　　　　（　　）

三、单选或多选题

1. IP67（　　　）。
   A. I 是绝缘等级　　　　B. P 是防水、防尘等级
   C. 6 是防水 6 级　　　　D. 7 是防尘 7 级
2. 电机三相绕组连接的两种接法是（　　　）。
   A. 星形　　　　　　B. 三角形　　　　　C. 分布式　　　　　D. 集中式
3. 电机运行中绝缘材料的温度比极限温度每升高 8℃，其使用寿命将缩短（　　　）。
   A. 1/5　　　　　　B. 1/4　　　　　　C. 1/3　　　　　　D. 1/2
4. 进行电机定子电流平衡性检查的目的是检查（　　　）。
   A. 电机定子绕组匝间是否有短路　　　B. 电机转子绕组匝间是否有短路
   C. 电机定子绕组匝间是否有断路　　　D. 电机转子绕组匝间是否有断路
5. 对 LCR 表解释正确的是（　　　）。
   A. L 为电感测量　　　　　　　　　　B. C 为电容测量
   C. R 为电阻测量　　　　　　　　　　D. C 为电流测量

实践任务
电机故障引起无法
充电的故障排除

一、工作任务分配

按照前面所了解的知识内容，落实各项工作负责人（表4-1），如任务实施前的准备工作、实施中主要操作及协助支持工作、实施过程中相关要点及数据的记录工作等。

表 4-1　工作任务分配

班级		组号		指导老师	
组长		学号			
组员角色分配					
操作员 1		学号			
操作员 2		学号			
记录员		学号			
安全员		学号			
任务分工					

（就组织讨论、工具准备、数据采集、数据记录、安全监督、成果展示等工作内容进行任务分工）

二、操作步骤合理性评估和纠正

教学提示　教师提供资料或相类似的视频进行提示，以帮助学生完成主要工作步骤的填写（表4-2）。教师评估通过后，方可进行具体操作实施。学生可先行在草纸上进行，任务实施中若有改变需经教师再次评估，以确认安全和可行。

表 4-2 主要工作步骤填写用表

内容	序号	为解决问题的主要操作步骤（不含准备及 5S）	通过 / 不通过
学生 完成	1		
	2		
	3		
	4		
	5		
	6		
	7		
	8		
	9		
	10		
教师 完成	1	安全可行	
	2	步骤可行	
	3	时间可行	
	4	成本可行	

三、任务实施前的设备准备

小组完成设备、工具和资料准备自检（表 4-3）。

表 4-3 设备、工具和资料准备自检表

序号	设备、工具、资料名称	数量	设备及工具是否完好
1			□是□否
2			□是□否
3			□是□否
4			□是□否
5			□是□否
6			□是□否
7			□是□否
8			□是□否

四、操作性的任务实施

小组在表 4-4 中完成电机故障引起无法充电的故障排除工单。

表 4-4　电机故障引起无法充电的故障排除工单

序号	检查、操作或测量项目名称	测量数值（单位）	是否正常
1			□是□否
2			□是□否
3			□是□否
4			□是□否
5			□是□否
6			□是□否
7			□是□否
8			□是□否
9			□是□否
10			□是□否
11			□是□否
12			□是□否
13			□是□否
14			□是□否
15			□是□否
16			□是□否
17			□是□否
18			□是□否
19			□是□否
20			□是□否
21			□是□否
22			□是□否
23			□是□否

五、评价反馈

以小组为单位对本小组的操作过程与操作结果进行自评，并将结果填入表 4-5 中。

注：小组自评要能承受小组间互评的考验，互评阶段被其他小组找出扣分项，扣分加倍。

表 4-5 小组自评表

班级				
组别				
日期				
全体组员姓名				
评价名称				

评价项目		评价标准	分值	得分
考勤（10%）		小组少 1 人，扣 5 分	10	
工作过程（60%）	计划制订合理	工作方案合理可行，一次通过不扣分，每多 1 次评估通过扣 5 分	20	
	任务实施	现象描述，错误 1 次扣 10 分	20	
		检查或判断，错误 1 次扣 5 分	10	
		测量或判断，错误 1 次扣 5 分	10	
	工作态度	认真严谨、积极主动，安全生产，文明施工，违反 1 项 1 次扣 1 分	5	
	工作质量	能按照工作方案操作，按计划完成工作任务，未完成扣 3 分	5	
	团队合作	与小组成员、同学之间能合作交流，协调工作，违反 1 项 1 次扣 1 分	5	
项目成果（30%）	工作完整	不能按时完成工作任务的所有环节，扣 5 分	5	
	工作规范	在整个操作过程中出现不规范操作，违反 1 项 1 次扣 1 分	5	
	汇报展示	能准确表达、汇报工作成果，差一级扣 1 分	5	
合计			100	

总结与反思

（如：学习过程中遇到什么问题→如何解决的 / 解决不了的原因→心得体会）

能力模块五
高压电路认知与故障诊断

情境引入

　　一辆 2017 年生产的吉利纯电动汽车，上电时，电工修理师傅听到了高压配电箱中继电器闭合工作的声音，但车辆挂档后无法加速。经诊断仪检查，上电后变频器没有真正被供电。

　　如果你是接车的技术人员，应如何解决本故障，修理方案应如何制定。

学习目标

能力目标

- 能画出吉利纯电动汽车电池箱中继电器组的工作原理图。
- 能画出比亚迪纯电动汽车高压配电箱中的继电器工作原理图。
- 能画出上汽荣威纯电动汽车高压配电箱中的继电器工作原理图。
- 能在带电测量高压配电箱前进行正确的防护。
- 能带电测量高压配电箱诊断高压配电箱中的配电故障。
- 能更换纯电动汽车高压配电箱中的继电器、熔丝或电流传感器。

素养目标

- 培养良好的团体精神和沟通协调能力。
- 培养认真分析、仔细计算、自行探索解决问题的能力。

知识储备

知识点 吉利电动汽车高压电路认知

一、高压电路的组成及功能

图 5-1 所示为吉利车系高压电路（EV300/EV350/EV450 相同）元件示意图，高压电路元件的组成及功能如下。

1. 动力电池箱

动力电池位于车身外部的车底下部，电池箱整体密封。电池箱内的电池组模块之间采用串联方式，一些车型会在电池组的中间安装一个检修塞，作用是在检修作业时能实现高压可靠断电。检修塞内置有一个熔丝作为最后一道过电流防护。

电池箱高压配电箱内有 5 个高压继电器（J1~J5）。动力电池对外放电时通过正极主继电器 J1、预充继电器 J2 和负极主继电器 J3 构成回路。具体工作过程是预充继电器 J2 和负极主继电器 J3 完成高压元件中电容的预充电过程，几十毫秒后，正极主继电器 J1 闭合工作，预充继电器 J2 退出工作，这样设计的原因是电容在通直流电的瞬间实质上是一个短路状态，造成线路电流过大，继电器触点易损坏，同时线路也存在损坏的可能。通过将一个几十欧的电阻（比如 20Ω）串到电路中，其线路电流最高 20A，在这个电流下继电器触点闭合是安全的。

直流充电继电器 J4 和直流充电预充继电器 J5 外接直流充电桩，通过 DC+ 对电池进行充电，设计继电器的目的是实现充电口隔离。

2. 交流充电过程

交流电（220V）经 L、N 进入车载充电机（AC/DC）变换成动力电池的充电电压，经 F1 熔丝、正极主继电器 J1、预充继电器 J2、动力电池和负极主继电器 J3 构成回路。

汽车变频器总成内置一个带有 12V 电压输出功能的 DC/DC 变换器，输出 14V 电压给标称电压 12V 的铅酸蓄电池充电。PTC 暖风和电池共用的加热器由 F2 熔丝供电，暖风功率大小由其内部的电子开关进行控制。电动空调压缩机由 F3 熔丝供电，经压缩机内自带的变频器换流为三相交流电给电机供电。

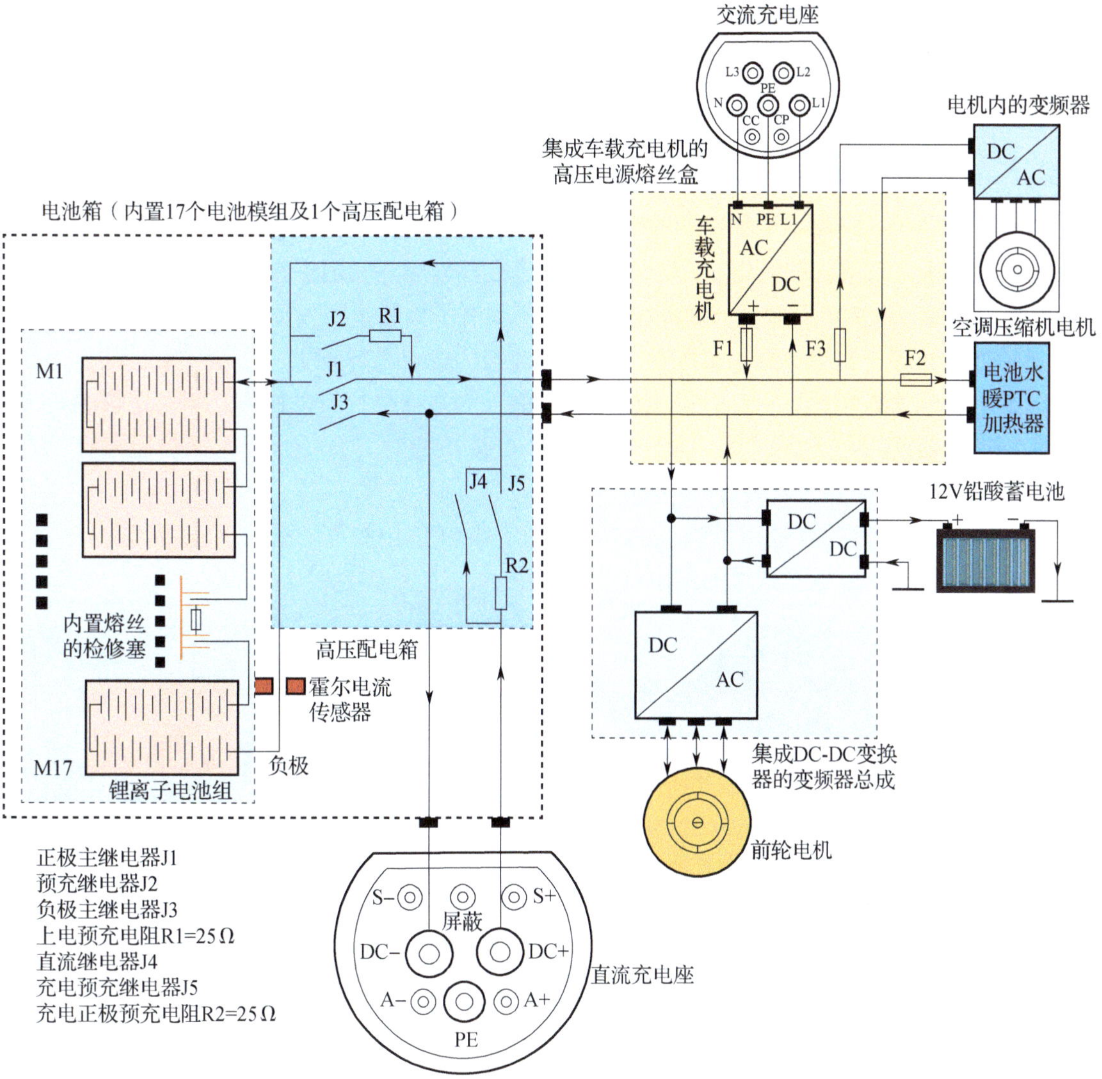

图 5-1 吉利车系高压配电箱电路原理图

二、高压上电工作原理

吉利车系高压配电箱的电路原理参考图 5-1。

主供电工作原理：踩下制动踏板，按下供电开关，可听见电池箱内继电器 J2 及 J3 开关闭合的"咔嗒"声音。此时负极主继电器和预充继电器同时闭合工作，几十毫秒后，汽车变频器内电容被预充继电器电阻充电完成。这时正极主继电器闭合工作，预充继电器断开退出工作。注意主供电电流是从左侧的锂离子电池到右侧的电子功率单元（PDU）。

"快充+、快充–"外接带有熔丝和车载充电机的电子功率单元。快充电流从右侧的电子功率单元向左侧的锂离子电池供电。由于动力电池本身也是一个大的电容，在充电时采用了负极主继电器 J3 和预充继电器 J2，目的是防止充电机开始工作时充电机未及时控制电流造成回路的电流过大。当充电电流被充电机控制后，直流继电器J4闭合工作，此时预充继电器J2退出工作。

当然，充电机控制若能在快速充电时及时起作用，预充继电器J2是可以取消的。

三、高压继电器触点监控

早期生产的电动汽车中加装的检修塞有两个功能：一是利用检修塞内置的一个白银做的直流熔丝来实现终极的过电流防护；二是为了在检修时能实现安全下电。

那为什么2017年以后生产的新款电动汽车取消了检修塞呢？原因就是上电继电器组增加了继电器触点监测功能。高压继电器触点监控的优点是节省了一个检修塞，缺点是在上电继电器开关虚接焊在一起时只能报警，不能人为强行执行下电操作。不过正极和负极两端同时虚接焊在一起的可能性很小，在一个虚接报警时，另一个继电器仍能执行下电动作。

图5-2所示为电池管理系统ECU上部的6条红色包线管，用于监测继电器开关，图5-3所示为接于继电器两端的继电器监测线束。

图 5-2　继电器触点开关监测

图 5-3　继电器两端的继电器监测线束

四、电池箱的输入／输出接口

图5-4所示为电池箱的输入／输出接口，其功能如下。

1）"总正＋"和"总负－"端口接变频器（厂家称为PDU）。

2）"快充＋"和"快充－"端口接快速充电口"DC+"和"DC-"。

3）整车通信12P-A（12P=12Pin，即12针的引脚）和整车通信12P-B外接低压供电电源、总线、整车控制器和车载充电机等。

图 5-4　电池箱的输入／输出接口

知识点二　比亚迪电动汽车高压电路认知

一、典型车型简介

比亚迪 E5 和 E6 是两款保有量较大的电动汽车，本节以 E5 为例介绍。比亚迪 E5 为前轮驱动汽车，其动力电池额定总电压为 653.4V、储电量为 42.47kW·h。电机在 0~4775r/min 之间的输出额定转矩为 160N·m；电机在 0~4929r/min 之间的最大输出转矩为 310N·m；电机在 4775~12000r/min 时的额定功率为 80kW；电机在 4929~12000r/min 之间的最大输入功率为 160kW；电机最大输出转速为 12000r/min。

电机动力总成质量为 103kg，采用固定速比的减速器，总减速比为 9.342。一级传动比为 3.158；主减速传动比为 2.958；变速器润滑油量为 1.8L；变速器润滑油类型为 SAE 80W-90（冬季环境温度低于 -15℃地区推荐换用 SAE75W-90）。

二、高压电路作用

图 5-5 所示为比亚迪 E5 高压元件的电路。

1. 高压配电箱

高压配电箱（High Voltage Distribution Assembly，HVDA）位于发动机舱内，作用是为电动汽车的驱动电机变频器供电，变频器将高压直流电逆变为三相交流电；为传统的电气元件供电。

2. 空调压缩机

变频空调压缩机内的变频器将高压直流电逆变为交流电供给电机的定子绕组，电机转子带动涡旋式空调压缩机吸入低温气态制冷剂，排出高温液压制冷剂。

3. PTC 加热器

PTC 加热器是电动汽车空调蒸发器内的高压电加热元件。高压电加热元件为正温度系数（PTC）元件，其电阻随温度升高而增大，这样电流得以自动限制，防止了过热。

4. 直流 / 直流转换器

直流 / 直流转换器简称 DC/DC，其作用是将动力电池电压降为 14V，为 12V 铅酸蓄电池充电。

5. 直流充电口继电器

直流充电口继电器的作用是在不充电时使直流充电口正极和负极继电器都断开，防止人员因意外接触直流充电口遭到电击伤害。

6. 交流充电继电器

交流充电继电器的作用是在交流充电过程中专门提供一个工作路径。单相交流电（L1、N）的电能经车载充电机给动力电池充电或三相交流电（L1、L2、L3）的电能经变频器内部的快速充电机给动力电池充电时经交流充电继电器连接动力电池的正极。

7. 分压继电器

在需要电池箱内的电池组与电池组之间断开时（比如，在打开电池箱后需要在较安全的电压下操作时），分压继电器提供了自动断开操作。

8. 熔丝

电池组内部的熔丝可在拆开电池箱出现电池组外部通过壳体短路时提供保护，同时在变频器控制失效或电池组外部正、负极线路间短路时起保护作用。

三、高压上电流程

驾驶人操作供电开关和制动踏板向电源管理控制 ECU 提供驾驶人意图信号。电源管理控制 ECU 控制 IG 继电器工作，同时向电池管理系统发送启动信号，电池管理系统控制负极继电器和预充继电器工作给变频器内的电容器充电，同时电机变频器检测电容两端的上升电压，当电压接近动力电池电压时，电机变频器控制 ECU 向电池管理系统发送预充满的信息，这时正极主继电器闭合工作，预充继电器断开退出工作。高压配电箱上电完成后，仪表点亮 "OK" 灯，向驾驶人指示上电完成。比亚迪 E5 高压元件的电路如图 5-5 所示。

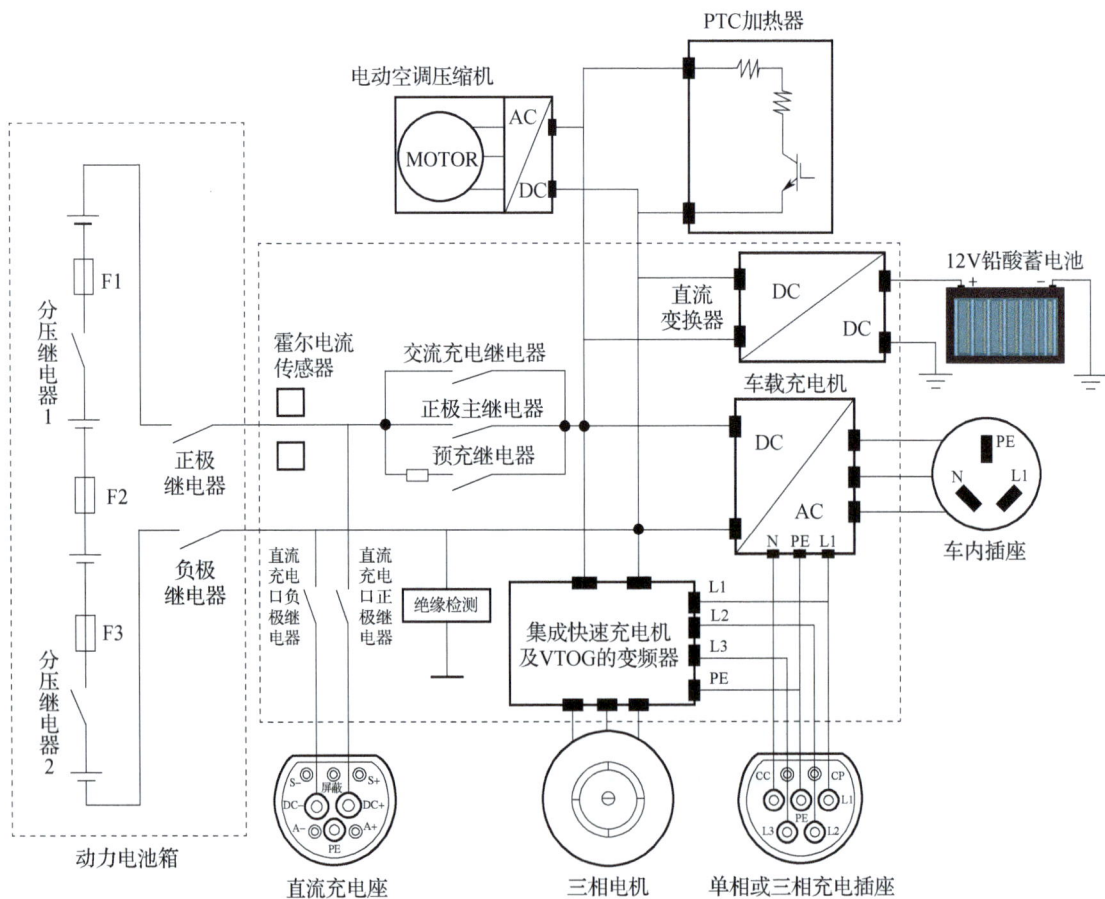

图 5-5　比亚迪 E5 高压元件的电路

🔧 技能点　电动汽车高压电路检修

一、带电测量高压配电箱

在高压配电箱上进行带电测量作业具有危险性，一定要遵守安全操作规程，两人中一人操作、一人看护，看护人有提醒错误操作、发生意外事故进行处理的责任。

高压配电箱相当于传统汽车的熔丝和继电器盒，传统汽车电路在熔丝和继电器盒上带电测量。在高压配电箱内部有上电继电器组、高压直流熔丝和电流传感器等，高压网络上的元件供电都可通过高压配电箱测量，这种测量只有带电测量才更有意义。因为带电测量不仅能测量元件，也能测量线束。

例如，系统检测到上电预充时间过长，即预充继电器给电容充电时间过长，经检查，确定其原因是电容漏电还是电池电压测量不准，就可以用示波器测量预充继电器工作给电容充电到供电主继电器闭合的时间间隔，从而发现故障的原因所在。这种故障用万用表电阻档在下电的情况下是做不到的。高压熔丝的测量，带电测量更方便，并且结果更准确。

二、高压配电箱组装要点注意

1）高压配电箱开盖后可能会有铁屑、尘土和水气等异物侵入，所以开盖前要清理好工作现场。

2）绝对禁止带电测量时工具掉落到高压配电箱内，这时可能会造成严重的短路。

3）绝对禁止无高压防护的人员在高压配电箱上带电测量。

4）绝对禁止无新能源汽车高压作业资格的人员在高压配电箱上带电测量。

5）有拆卸作业时，一定要在拆卸前进行拍照。注意：要拍到关键易错的点，也可用漆笔先做记号。

6）工作人员要有边工作边思考的思维模式，不可大量地随意拆卸，尽可能只进行有目的小范围的拆卸。

7）工作人员要有原位安装的意识，不可随意调换似乎相同的元器件。

8）严格按照厂家要求校准力矩，并用漆笔做记号，防止因螺栓未拧到位，导致力矩不足产生较大的接触电阻。

9）一定要防止某个螺栓的拧紧力矩过大，造成接线柱和元件内部断开或形成新的接触电阻。

10）通过闻、看、听初步观察配电箱的内部情况，形成一个初步判断。

三、高压带电作业注意事项

由于是在高压供电网络带电的情况下进行测量，一定要穿戴好图 5-6 和图 5-7 所示的安全防护用品。

图 5-6　护目镜

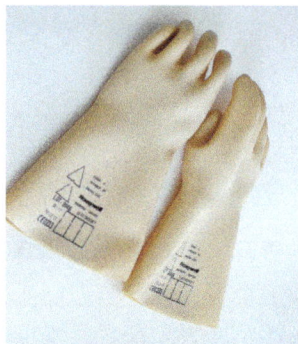

图 5-7　绝缘手套

护目镜（应急时也可用眼镜替代）可有效防止电火花飞溅伤到眼角膜；绝缘手套可在意外出现手与供电网络不同极性的两部分金属同时连通时防止构成回路，这种伤害是极大的，一定要避免。

四、低压参考点的选取

在低压 12V 铅酸蓄电池的供电网络上，通常取蓄电池负极（图 5-8）或车身（图5-9）作为测量的参考点。

图 5-8　以蓄电池负极为参考点

图 5-9　以车身金属为参考点

在动力电池的供电网络上，通常取动力电池负极（图 5-10）作为测量的参考点。注意：动力电池供电网络不再以车身作为参考点。如图 5-11 所示，以车身为参考点测量到的电压为绝缘检测用电压，与动力电池的直流供电网络没有实质性关系。

图 5-10　以动力电池负极为参考点

图 5-11　以车身金属为参考点时测得的是绝缘检测用电压

五、高压直流熔丝测量

将万用表黑表笔与动力电池的负极接触（图 5-12），万用表红表笔与熔丝的一端接触，读出动力电池电压；将万用表红表笔与熔丝的另一端接触（图 5-13），读出动力电池电压。两次测量值都为动力电池电压则说明熔丝正常，如果一次为动力电池电压，另一次不是，说明熔丝已断开。

如果熔丝断开说明其下游有短路或过载，通常这种情况下，应查找到故障点，更换元件后，再更换熔丝，不可直接更换熔丝。

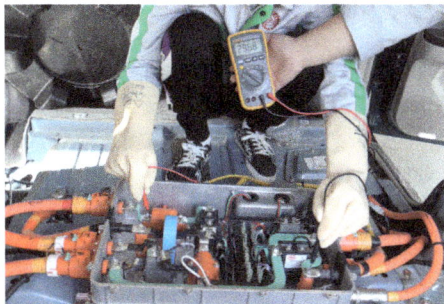

图 5-12　熔丝一端有动力电池电压

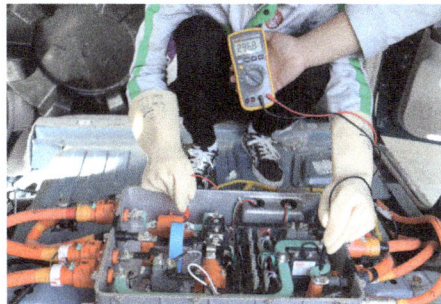

图 5-13　熔丝另一端有动力电池电压

六、高压直流继电器测量

将万用表的黑表笔搭铁，红表笔与继电器的线圈供电插头接触，测得为 12V 铅酸蓄电池电压时，证明线圈有电流流过。取动力电池负极为参考点，测量高压直流继电器两端的电压是否为动力电池电压（图 5-14、图 5-15），若有很大差异，说明继电器损坏，应更换。

图 5-14　继电器一端有动力电池电压

图 5-15　继电器另一端有动力电池电压

学习任务单

一、填空题

1. 检修塞内置的一个_____做的直流熔丝可实现终极的过电流防护。

2. 检修塞可在检修时实现_____。

3. "快充+"和"快充-"端口的英文缩写为_____和_____。

4. HVDB 是_____的英文缩写。

5. 电池组内部的熔丝可在拆开电池箱出现电池组正、负极同时与外部通过壳体_____时提供保护。

二、判断题

1. 吉利电动汽车电池箱内的高压配电箱有 5 个高压继电器。　　　　　(　　)

2. 吉利电动汽车电池箱内的高压配电箱有两个预充电阻。　　　　　　(　　)

3. 高压电加热元件为正温度系数（PTC）元件，其电阻随温度升高而增大，这样电流得以自动限制，防止了过热。　　　　　　　　　　(　　)

4. 直流/直流变换器简称 DC/DC，作用是将动力电池电压降为 14V，为 12V 铅酸蓄电池充电。　　　　　　　　　　　　　　　　　　(　　)

5. 直流充电口继电器的作用是在不充电时使直流充电口正极和负极继电器都断开，防止人员因意外接触直流充电口遭到电击伤害。　　　(　　)

三、单选或多选题

1. 关于电动汽车高压安全防护，正确的是（　　　）。
   A. 护目镜（应急时也可用眼镜替代）可有效防止电火花飞溅伤到眼角膜
   B. 绝缘手套可在意外出现手与供电网络不同极性的两部分金属同时连通时防止构成短路
   C. 穿绝缘衣　　　　　　D. 穿绝缘鞋

2. 电动汽车绝缘手套的等级是（　　　）。
   A. 0 级绝缘手套　　　B. 1 级绝缘手套　　　C. 2 级绝缘手套　　　D. 3 级绝缘手套

3. 比亚迪 E6 变频器集成的功能有（　　　）。
   A. 变频器功能　　　B. 充电机功能　　　C. VTOG　　　D. GTOV

4. 关于电动空调压缩机，正确的是（　　　）。
   A. 压缩机为涡旋式　　　　　　　　B. 变频器集成在空调压缩机的电机上
   C. 低压制冷剂流经电机定子绕组　　D. 高压制冷剂流经电机定子绕组

5. 关于 PDU，正确的是（　　　）。
   A. P=Power　　　B. D=Distribution　　　C. U=Unit　　　D. P=Positive

实践任务
电动汽车高压无法上电的故障排除

一、工作任务分配

按照前面所了解的知识内容，落实各项工作负责人（表 5-1），如任务实施前的准备工作、实施中主要操作及协助支持工作、实施过程中相关要点及数据的记录工作等。

表 5-1　工作任务分配

班级		组号		指导老师	
组长		学号			
组员角色分配					
操作员 1		学号			
操作员 2		学号			
记录员		学号			
安全员		学号			
任务分工					

（就组织讨论、工具准备、数据采集、数据记录、安全监督、成果展示等工作内容进行任务分工）

二、操作步骤合理性评估和纠正

教学提示　教师提供资料或相类似的视频进行提示，以帮助学生完成主要工作步骤的填写（表 5-2）。教师评估通过后，方可进行具体操作实施。学生可先行在草纸上进行，任务实施中若有改变需经教师再次评估，以确认安全和可行。

表 5-2 主要工作步骤填写用表

内容	序号	为解决问题的主要操作步骤（不含准备及 5S）	通过 / 不通过
学生完成	1		
	2		
	3		
	4		
	5		
	6		
	7		
	8		
	9		
	10		
教师完成	1	安全可行	
	2	步骤可行	
	3	时间可行	
	4	成本可行	

三、任务实施前的设备准备

小组完成设备、工具和资料准备自检（表 5-3）。

表 5-3 设备、工具和资料准备自检表

序号	设备、工具、资料名称	数量	设备及工具是否完好
1			□是□否
2			□是□否
3			□是□否
4			□是□否
5			□是□否
6			□是□否
7			□是□否
8			□是□否

四、操作性的任务实施

小组在表 5-4 中完成电动汽车高压无法上电的故障排除工单。

表 5-4　电动汽车高压无法上电的故障排除工单

序号	检查、操作或测量项目名称	测量数值（单位）	是否正常
1			□是□否
2			□是□否
3			□是□否
4			□是□否
5			□是□否
6			□是□否
7			□是□否
8			□是□否
9			□是□否
10			□是□否
11			□是□否
12			□是□否
13			□是□否
14			□是□否
15			□是□否
16			□是□否
17			□是□否
18			□是□否
19			□是□否
20			□是□否
21			□是□否
22			□是□否
23			□是□否

五、评价反馈

以小组为单位对本小组的操作过程与操作结果进行自评，并将结果填入表 5-5 中。

注：小组自评要能承受小组间互评的考验，互评阶段被其他小组找出扣分项，扣分加倍。

表 5-5　小组自评表

班级				
组别				
日期				
全体组员姓名				
评价名称				
评价项目		评价标准	分值	得分
考勤（10%）		小组少1人，扣5分	10	
工作过程（60%）	计划制订合理	工作方案合理可行，一次通过不扣分，每多1次评估通过扣5分	20	
	任务实施	现象描述，错误1次扣10分	20	
		检查或判断，错误1次扣5分	10	
		测量或判断，错误1次扣5分	10	
	工作态度	认真严谨，积极主动，安全生产，文明施工，违反1项1次扣1分	5	
	工作质量	能按照工作方案操作，按计划完成工作任务，未完成扣3分	5	
	团队合作	与小组成员、同学之间能合作交流，协调工作，违反1项1次扣1分	5	
项目成果（30%）	工作完整	不能按时完成工作任务的所有环节，扣5分	5	
	工作规范	在整个操作过程中出现不规范操作，违反1项1次扣1分	5	
	汇报展示	能准确表达、汇报工作成果，差一级扣1分	5	
合计			100	
总结与反思				

（如：学习过程中遇到什么问题→如何解决的 / 解决不了的原因→心得体会）

Module 06

能力模块六
变频器原理认知与故障诊断

情境引入

车间里一辆吉利 EV300 纯电动汽车上电 READY，但就是无法行驶，维修人员说各控制器的供电、搭铁都已检查过，变频器控制器内部没有故障码存在，但直觉是变频器损坏。对变频器进行绝缘检测后，发现三相输出中的一个输出对变频器壳体的电阻为 0.48MΩ，与其他两相的接近无穷大相比有很大差距。

如果你是接车的技术人员，应如何解决本故障，修理方案应如何制定？

学习目标

能力目标

- 能说出汽车变频器内部的 5 个组成部分。
- 能说出汽车变频器三相全控桥逆变器的逆变过程。
- 能进行汽车变频器的总线信号说明。
- 能说出旋转变压器的材料、结构，并说明位置及转速检测如何实现。
- 能说出直流电流传感器的结构，并说明电流检测是如何实现的。
- 能按黑盒子方法进行变频器故障判断。
- 能按模块更换方法进行变频器的维修。

素养目标

- 培养良好的团体精神和沟通协调能力。
- 培养认真分析、仔细计算、自行探索解决问题的能力。

知识储备

知识点 01　汽车电机变频器工作原理与故障诊断

一、电机转子位置传感器工作原理与诊断

（一）电机转子磁极定位及位置识别

1. 电机转子磁极定位

（1）为什么要对转子进行初始磁极定位　电动汽车的电机转动方向由驾驶人控制的变速杆控制，当档位位于 D 位时，电机正转车辆前进；当档位位于 R 位时，电机反转车辆后退；当档位位于 N 档时，电机停转。

永磁电机转子的转动方向与转子在定子中的位置有关。即使变频器的功率晶体管的换相信号每次输出的三相电压的相位相同，电机也会出现与驾驶人要求不同的情况。比如，当变速杆位于 D 位时，电机仍会出现反转，使车辆后退。

（2）如何对转子进行初始磁极定位　为防止上述情况的发生，需要在定子中通入一个瞬间电流，让电机的定子产生一个固定的空间磁场，这时永磁转子会受定子磁场力的作用，找到一个与定子绕组相对固定的位置，在这个固定的相对位置上，变频器再根据变速杆是 D 位还是 R 位进行控制。

电机每次停转之后到起动过程，都要进行一次转子定位。转子定位是否成功，可从电机转子位置传感器的状态得出。

2. 电机转子位置识别

电机起动时的初始定位需要电机转子位置传感器识别，电机的运行也需要对电机转子位置进行识别，因为电机转子在运动过程中将转子磁极的位置信号转换成电信号，为逻辑开关电路提供正确的换相信息，以控制功率晶体管的导通与截止，使电机定子绕组中的电流随着转子位置的变化按次序换向，形成气隙中的旋转磁场，驱动永磁转子连续不断地旋转。

电机转子位置传感器分为有位置传感器型和无位置传感器型两种。

（1）有位置传感器型　通常位置和速度类传感器包括旋转变压器式传感器、霍尔式传感器、电磁式传感器、光电式传感器、磁敏式传感器共 5 种。但从抗温度影响、抗污染、抗振动方面，目前旋转变压器式传感器（图 6-1）和霍尔式传感器（见图 6-2）有着广泛的应用，特别是旋转变压器式传感器在电动汽车上应用最为广泛。

图 6-1　旋转变压器式传感器

图 6-2　霍尔式传感器

思考　电机变频器内的 IGBT 若存在不正确的导通角偏差，会引起电机额外的损耗。安装时，转子位置传感器有偏差，是否会造成不正确的导通角？

（2）无位置传感器型　电机静止时转子停留的位置决定了逆变器第一次应触发逆变器的哪两个功率晶体管，而在没有位置传感器时，判断转子初始位置很复杂。可以先让逆变器任意两相导通，并控制电机电流，通电一段时间后，转子就会转到与该导通状态相对应的一个预知位置，完成转子的定位。转子定位后，根据驾驶人变速杆的位置（D 位或 R 位），就可知道接下来应触发的逆变器功率器件。基于以上这种想法，人们提出了三段式起动法。信号发生器控制同步电机的运行状态从静止开始加速，直至转速足够大产生可识别的反电势信号，再切换至反电势法控制无刷电机运行状态，实现电机起动。这个过程包括转子定位、加速和运行状态切换 3 个阶段，所以称为"三段式起动法"。

无位置传感器型的其他测量方法有预定位起动法、升频升压同步起动法、短时检测脉冲转子定位起动法等，本书不再介绍。

（二）电机转子位置传感器

下面以应用最广的旋转变压器式电机位置传感器为例进行介绍。

1. 组成

如图 6-3 所示，旋转变压器式电机位置传感器为有源传感器，其本质是 3 个线圈，其中 A 线圈为励磁信号线圈、B 线圈为 S（$\sin\theta$）正弦波输出线圈，C 线圈为（$\cos\theta$）余弦波输出线圈。

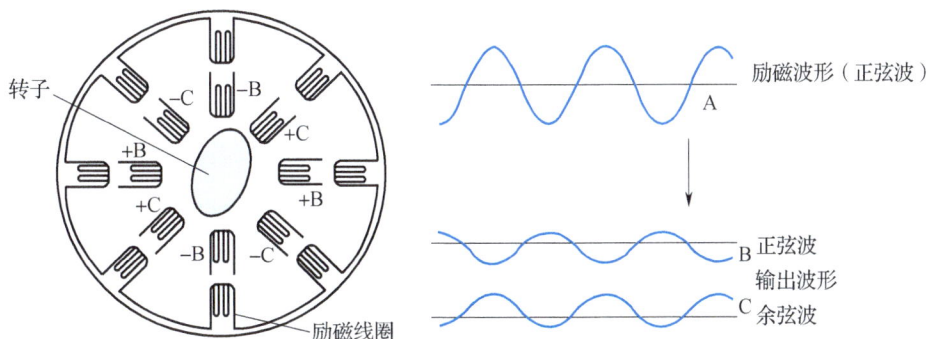

图 6-3　旋转变压器原理示意图

2. 电机位置传感器信号

电机位置传感器检测电机转子的转速和位置，波形如图 6-4 所示。

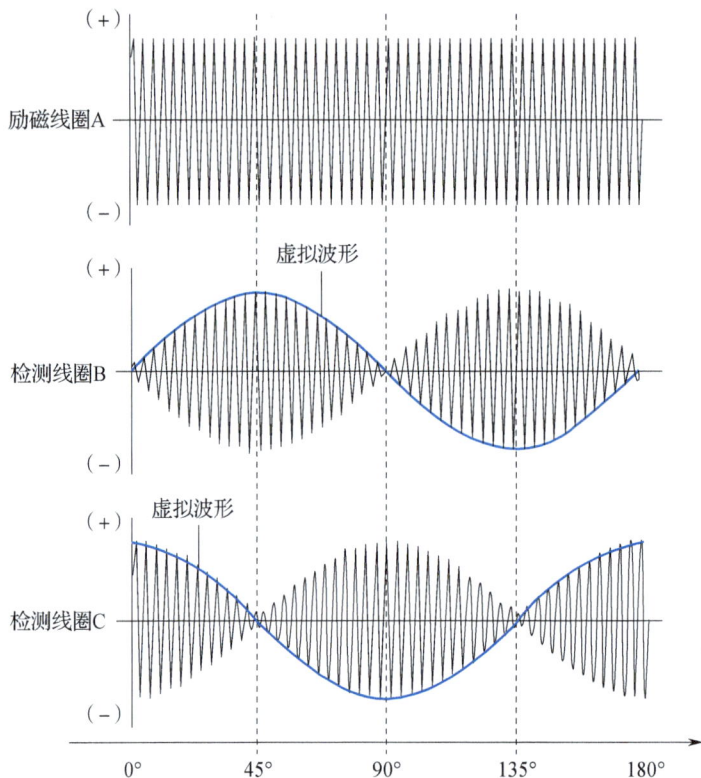

图 6-4　旋转变压器式电机位置传感器输出信号

3. 工作原理

变频器控制器产生一个正弦波电压信号输入给 A 线圈，使 A 线圈产生励磁。A 线圈产生的励磁信号在空间上通过 B 线圈和 C 线圈，因此 B 线圈产生稳定的 S（$\sin\theta$）正弦波输出，C 线圈产生稳定的 C（$\cos\theta$）余弦波输出。

电机转子的端部用硅钢片做出一个信号轮，信号轮的转动改变了 A 线圈励磁信号在空间上通过 B 线圈和 C 线圈的数量，从而改变了 B 线圈和 C 线圈输出的电压瞬时值。

B 线圈和 C 线圈输出的电压瞬时值输送给变频器控制器进行解析，过程可简单地理解为 B 线圈和 C 线圈输出的电压值的比值可解析出电机转子在定子中的位置。

4. 旋转变压器诊断

（1）诊断仪诊断　变频器直接接收旋转变压器的信号，对电机转子位置、转速、方向进行识别，变频器也对旋转变压器进行故障诊断。所以首先要用诊断仪连通变频器（有的车型需要通过整车控制器来连接变频器），通过诊断仪读取变频器自诊断出的故障。

（2）线圈电阻测量　通常 A 线圈电阻为十几欧姆；B 线圈和 C 线圈电阻也为十几欧姆且相同，通常比 A 线圈电阻大。

（3）波形测量　在 A 线圈测量变频器控制器产生的正弦波电压信号，若无波形输出则更换变频器控制器。B 线圈应产生稳定的 S（$\sin\theta$）正弦波输出，C 线圈应产生稳定的 C（$\cos\theta$）余弦波输出，若 B 线圈和 C 线圈有稳定的输出即可。也可以进一步测量在转动车轮后 B 线圈产生的 S（$\sin\theta$）正弦波和 C 线圈产生的直接检查（$\cos\theta$）余弦波输出，以判定电机转子端部的信号轮是否正常，这种方法不如拆开电机直接检查电机转子端的信号轮有效，这在就车讲解原理时非常有效。

二、电机相电流传感器原理与诊断

（一）作用

1．电池电流传感器

在电动汽车的动力电池正极电缆或负极电缆上通常有一个电流传感器，其作用如下。

1）用于电池充电电流和放电电流监测，实现电池动态 SOC 的计算。

2）用于电池最大电流监测，在电池过电流前将配电箱的上电继电器断开或降低高压元件的功率输出。

3）其他高压元件的分电流和应为总电流，所以可以用于故障监测。

2．电机相电流传感器

在变频器内部给电机的 U、V、W 三相输出上，通常取两相或三相设计 2 个或 3 个传感器，2 个电流传感器可根据电流节点定律，推算出第三相的电流，3 个电流传感器是一种冗余控制。相电流传感器作用如下。

1）三相电流信号作为 CLARKE 变换的输入信号，来计算 IGBT 的导通角。

2）相线过电流的监测信号。

3）故障监测信号。

（二）工作原理

1．直测式电流传感器（CS 系列）

众所周知，当电流正向通过一根长导线时，在导线周围将产生一磁场，磁场强度的大小与流过导线的电流成正比，磁场通过铁心聚集感应到霍尔器件上并使其有一正向信号输出（图 6-5）。这一信号经运算放大器放大后可以直接输出 V_S，这时 +V_c 向地导通。电流反向通过导线时，霍尔器件上有反向信号输出。这一信号经运算放大器放大后可以直接输出 V_S，这时从地向 -V_c 导通。

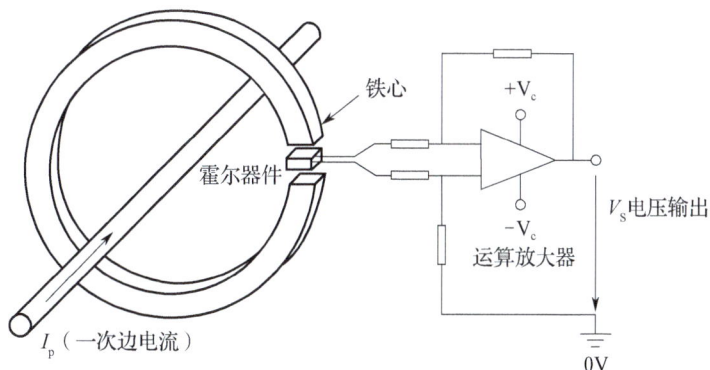

图 6-5　直测式电流传感器基本原理

2. 磁平衡式（LEM）电流传感器

磁平衡式电流传感器也称补偿式传感器，即主回路被测电流 I_p 在聚磁环处所产生的磁场通过一个二次线圈电流所产生的磁场进行补偿，从而使霍尔器件处于检测零磁通的工作状态。

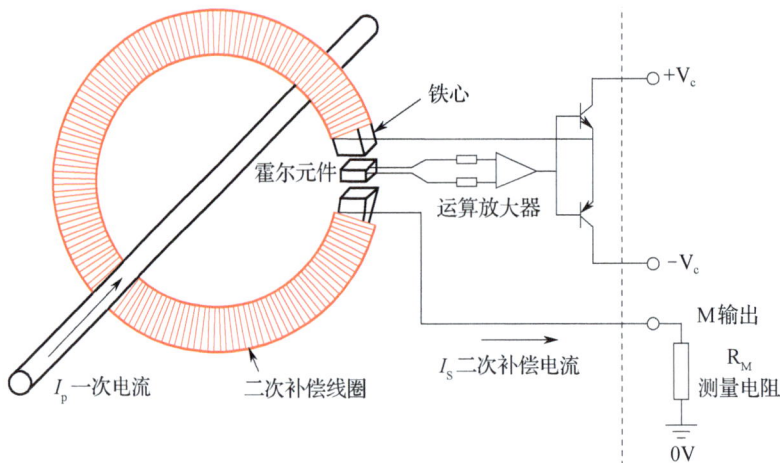

图6-6 磁平衡式（LEM）电流传感器基本原理

当电流正向通过一根长导线时，在导线周围将产生一磁场，这一磁场强度的大小与流过导线的电流成正比，磁场通过铁芯聚集感应到霍尔器件上有一正向信号输出（见图6-6）给 NPN 晶体管的基极，这时输出电流从 $+V_c$ 流出经 NPN 晶体管、补偿线圈、测量电阻 R_M 向地构成回路。电流反向通过导线时，霍尔器件上有一反向信号输出给 PNP 晶体管的基极，这时输出电流从地经测量电阻 R_M、补偿线圈、PNP 晶体管、$-V_c$ 构成回路。

技师指导 霍尔式电流传感器在直流检测中同样具有电隔离性能，因而扩展了它的应用范围。在输出为直流的电力电子设备中，可以利用霍尔式电流传感器测得与生电路隔离的直流测量信号，通过电子控制电路用于直流测过电流、短路保护和显示等，还可用于电流反馈、稳流调节等。

知识点 02　三相逆变过程与电机控制

一、三相逆变过程

电机的转矩控制本质是对两个要素的控制，第一个是什么时间控制晶体管导通；第二个是晶体管导通持续的时间（电角度）是多少。

（一）变频器

如图6-7所示为电动汽车电机变频控制原理。数字信号处理器（DSP）接收旋转变压器信号，信号经 DSP 的 3 个信号（CAP/IOPA3、4、5）捕捉端口进入，经过控制策略的处理后，再输出给 DSP 内部的 ePWM 模块（ePWM 模块是 DSP 内部专门为驱动电机开发输出多段脉冲波的模块）形成 6 路 PWM 脉冲波，脉冲波经光电隔离电路和反相驱动电路后接入晶体管 VT1~VT6 的控制栅极（G）。

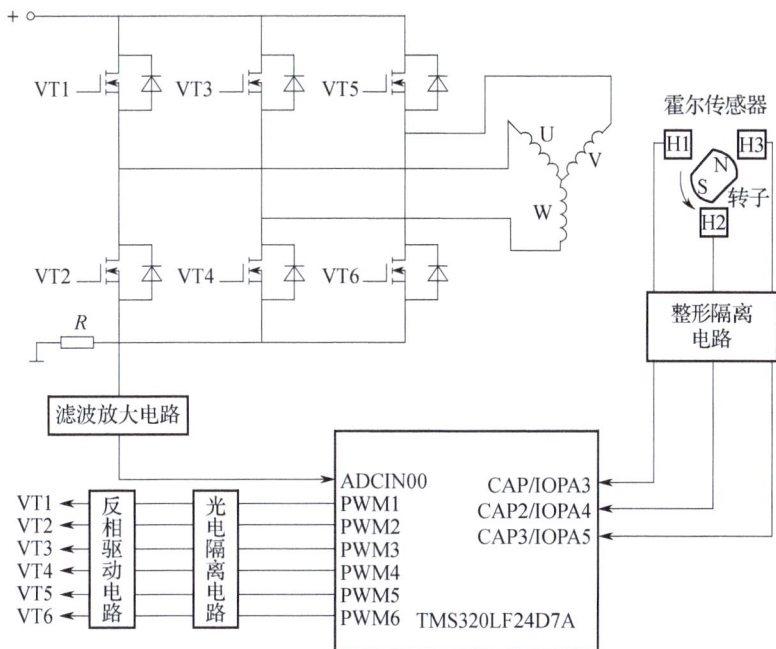

图 6-7　小功率电动汽车电机变频控制原理图

（二）电流导通方式

目前电动汽车无刷直流电机驱动方式为全桥驱动方式，由 VT1~VT6 共 6 只功率晶体管构成的全桥可以控制三相绕组 U、V、W 的通电状态。按照功率晶体管的通电方式可分为"两两导通（120°导通）"和"三三导通（180°）"两种控制方式。

1. 两两导通

在两两导通方式下，每一瞬间有两个功率晶体管导通，每隔 1/6 周期（即 60°电角度，后同）换相一次。每次换相一个功率晶体管，每个功率晶体管持续导通 120°。每个绕组正向通电、反向通电各 120°。对应每相绕组持续导通 120°，在此期间，对于单相绕组电流方向保持不变。假设流入绕组的电流产生正的转矩，流出绕组的电流产生负的转矩，每隔 60°换相一次意味着每隔 60°合成转矩方向转过 60°，大小保持为 $\sqrt{3}$ 倍的转矩。

"两两导通"要比"三三导通"好理解，图 6-8 所示为电机定子的"两两通电"控制方式。

"两两导通"工作原理如下：

以电机转子在 0°为始点，先让 VT1 导通 120°（电角度，后同），在这期间 VT4 先导通 60°，电流先经 VT1→U 相→V 相→VT4 流至蓄电池负极，控制 VT4 截止，再控制 VT6 导通 60°，电流经 VT1→U 相→W 相→VT6 流至蓄电池负极。电机转子转动 120°，距始点为 120°。

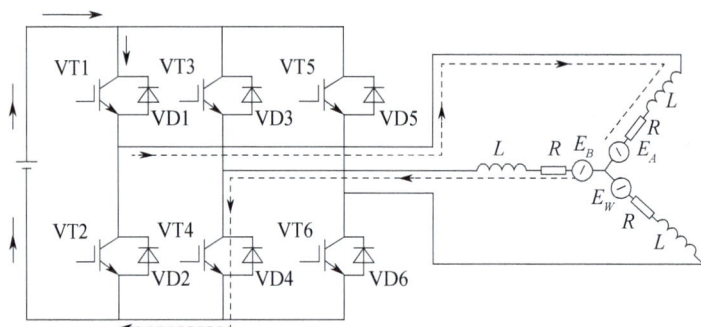

图 6-8 电机定子的"两两通电"控制方式（IGBT 换流）

以电机转子在 120° 为始点，让 VT3 导通 120°，在这期间 VT2 先导通 60°，电流先经 VT3 → V 相→ U 相→ VT2 流至蓄电池负极，控制 VT2 截止，再控制 VT6 导通 60°，电流经 VT3 → V 相→ W 相→ VT6 流至蓄电池负极。电机转子转动 120°，距始点为 240°。

以电机转子在 240° 为始点，让 VT5 导通 120°，在这期间 VT2 先导通 60°，电流先经 VT5 → W 相→ U 相→ VT2 流至蓄电池负极，控制 VT2 截止，再控制 VT4 导通 60°，电流经 VT5 → W 相→ V 相→ VT4 流至蓄电池负极。电机转子转动 120°，距始点为 360°，完成一个圆周运动。

只要根据磁极的不同位置，以恰当的顺序去导通和阻断各相出线端所连接的可控晶体管，始终保持转子绕组所产生的磁动势领先磁极磁动势一定电角度的位置关系，便可使该电机产生一定方向的电磁转矩而稳定运行。

另外，借助逻辑电路来改变功率晶体管的导通顺序，即可实现电机正反转。

电机的"两两导通"方式和发动机的进、排气门开启有些类似，即类似于发动机的两气门"一进一排"方式。

2. 三三导通

对于三三通电方式，每一瞬间有 3 个功率管导通，每隔 60°（电角度，后同）换相一次，每一功率晶体管通电 180°。每隔 60° 换相一次意味着每隔 60° 合成转矩方向转过 60°，合成转矩大小为 1.5 倍的转矩。

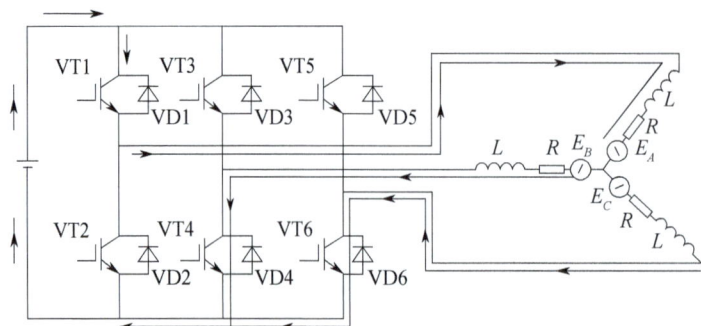

图 6-9 电机定子的"三三通电"控制方式（IGBT 换流）

（三）定时和定量控制

电机的定子绕组为三相星形联结，位置传感器与电机转子同轴，控制电路对位置信号进行逻辑变换后产生驱动信号，驱动信号经驱动电路放大后控制变频器的功率开关晶体管，使电机的各相绕组按一定的顺序工作。

1. 三相电流定时控制

三相电机转子相当于指南针，N 极磁场 F_d 总是试图指向合成磁场 F_a，磁场 F_a 的大小以及 F_a 和 F_d 的夹角是控制系统要控制的内容，图 6-10 所示为无刷直流电机系统，下面以此来说明无刷直流电机定时控制的作用。

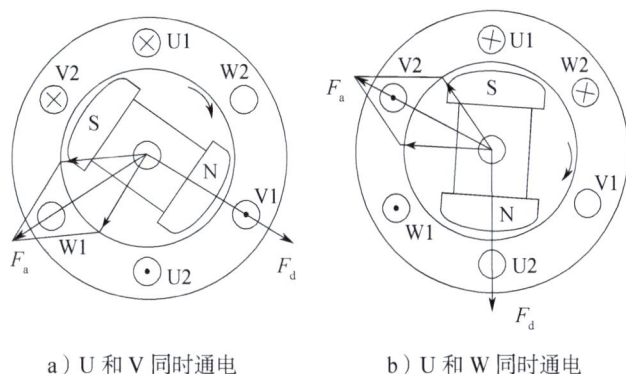

a）U 和 V 同时通电　　　　b）U 和 W 同时通电

图 6-10　电机三相电流定时控制作用

技师指导　F=Field（磁场），d=direct（直轴），a=alternative（交轴）。

2. 三相电流定量控制

在三相定子绕组的两两导通或三三导通方式中，控制 IGBT 导通角的导通时间接近全导通时定子绕组的电流就大，产生的转矩就高。反之，控制 IGBT 有较短的导通时间则定子绕组的电流就小，产生的转矩就小。

二、汽车变频器

（一）简述

工业变频器是将三相或单相交流电先经整流桥整流成直流，再经逆变桥转成三相交流。电动汽车变频器电源本身已经为直流，直接经逆变桥转成三相交流。由于变频器输出的交流电的频率是可调的，所以称为变频器。

技师指导　整流和逆变是一个互逆的过程。

整流器是把交流电变成直流电的装置。整流器的种类有单管单相半波整流器、四管单相全桥整流器、六管三相全桥整流器。

变频器是把直流电变成交流电的装置。变频器的种类有单管单相变频器、四管单相全桥变频器、六管三相全桥变频器。电动汽车电机用三相全桥变频器，按导通控制方式分为两两导通和三三导通两种。

变频器高压的核心是逆变桥，低压的核心是变频器内部的控制器，也称电机控制器。

（二）汽车变频器内元件

1. 变频器控制单元

变频器控制单元接收来自纯电动汽车整车控制单元或混合动力汽车控制单元通过CAN 总线发送过来的电机转矩需求信号，根据电机转子转速信号、电机转子位置信号和三相电机各相电流信号产生驱动逆变桥驱动单元的定时弱信号。

变频器控制单元的核心是数字信号处理器（Data Signal Processor，DSP），作用是从混合动力控制单元（HV-ECU）或纯电动汽车控制单元（EV-ECU）接收发送过来的转矩信号，数字信号处理器（DSP）根据汽车电机反馈的转速和相电流信号，输出控制电机达到控制目标的脉冲信号来驱动智能逆变桥（IPM）。

图 6-11 所示为一汽 B50EV 纯电动汽车变频器总成图。

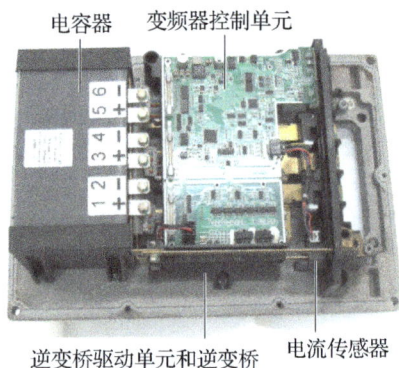

图 6-11　一汽 B50EV 纯电动汽车变频器总成

2. 电容器

逆变桥的直流输入端并联有大容量的电容器，可以在放电阶段提供储能器的作用，由于直流放电电容没有内阻，可使电机加速更快。在充电阶段，电容器可减小大电流对蓄电池的负面作用，还有滤波效果。

3. 驱动单元和逆变桥

图 6-12 所示为驱动单元和逆变桥，用于接收来自变频器控制单元的定时弱信号，并将这个信号转换成能驱动逆变桥的 15V 正脉冲，或 5~10V 负脉冲。

4. 逆变桥单元

图 6-13 所示为驱动单元和双单元 IGBT 模块。逆变桥单元由 3 个双单元 IGBT 模块组成，它把直流电变成三相交流电，给三相永磁直流无刷电机供电。

图 6-12　驱动单元和逆变桥

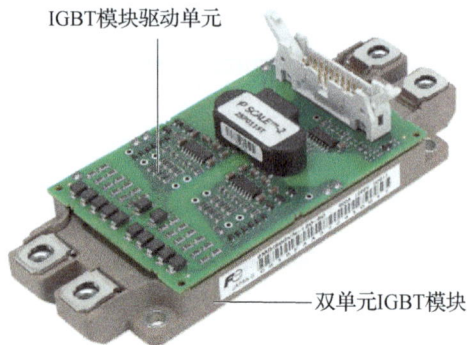

图 6-13　驱动单元和双单元 IGBT 模块

若逆变桥出现故障，如发生欠电压、过电压、过电流、过温、短路时，IPM 通过串行故障输出端口将信号传送给变频器控制单元。

5. 电流传感器

为实现电流的精确反馈控制，在变频器的三相输出中要采用电流传感器进行精确的反馈。

三、电动和发电过程

（一）电机电动控制

电动机 / 发电机用作电机时的基本控制。IPM 内的 IGBT 在 ON 和 OFF 之间切换，为电动机 / 发电机提供三相交流电。为了产生由 HV-ECU 计算的所需电动机 / 发电机的原动力，HV-ECU 使 IGBT 在 ON 和 OFF 之间切换并控制切换速度以控制电动机 / 发电机的转速。

为了便于理解，在电机三相波形取点时，取其中一相幅值恰好为 0 的点进行分析。

1. W 相流向 V 相控制（U 相幅值为 0）

如图 6-14 所示，在右图的时刻图中，W 相电压最高、V 相电压最低，此时电流经上桥臂 VT5 导通进入 W 相，从 V 相输出，经下桥臂 VT4 流回负极。

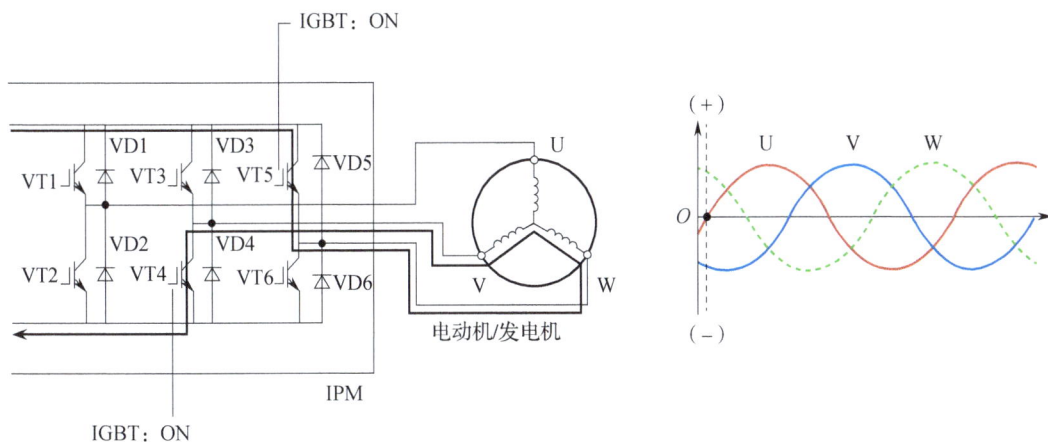

图 6-14　W 相流向 V 相控制（U 相幅值为 0）

2. U 相流向 W 相控制（V 相幅值为 0）

如图 6-15 所示，在右图的时刻图中，U 相电压最高、W 相电压最低，此时电流经上桥臂 VT1 导通进入 U 相，从 W 相输出，经下桥臂 VT6 流回负极。

3. V 相流向 U 相控制（W 相幅值为 0）

如图 6-16 所示，在右图的时刻图中，V 相电压最高、U 相电压最低，此时电流经上桥臂 VT3 导通进入 V 相，从 U 相输出，经下桥臂 VT2 流回负极。

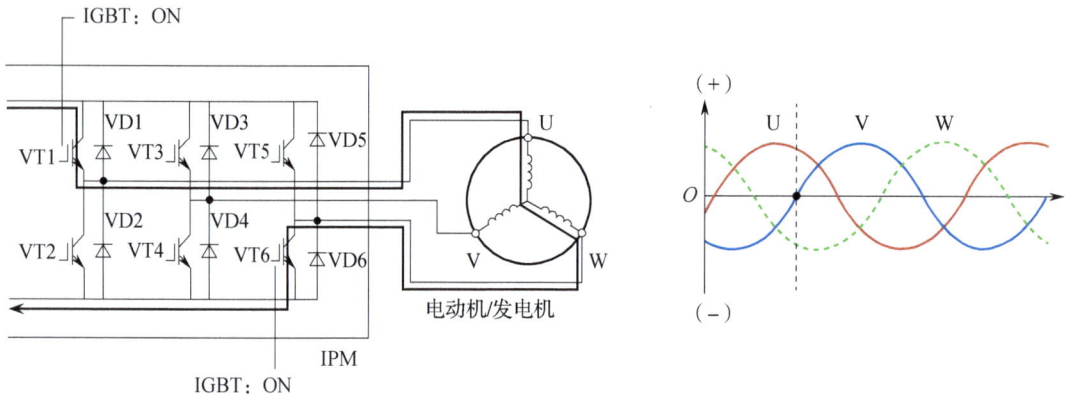

图 6-15　U 相流向 W 相控制（V 相幅值为 0）

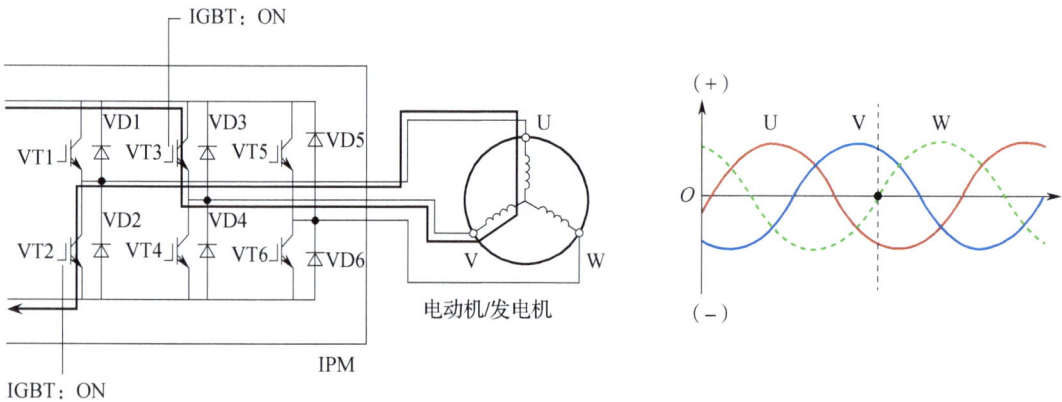

图 6-16　V 相流向 U 相控制（W 相幅值为 0）

技师指导　以上只是 6 种状态中的 3 种状态，上桥臂的 1 个 IGBT 导通时，下桥臂可有 2 个 IGBT 导通，所以有两种状态。

（二）电机发电控制

图 6-17~ 图 6-19 描述了电动机 / 发电机用作发电机时的基本控制。由车轮驱动的电动机 / 发电机的 3 个相依次产生的电流用于对 HV 蓄电池充电或驱动另一电动机 / 发电机。

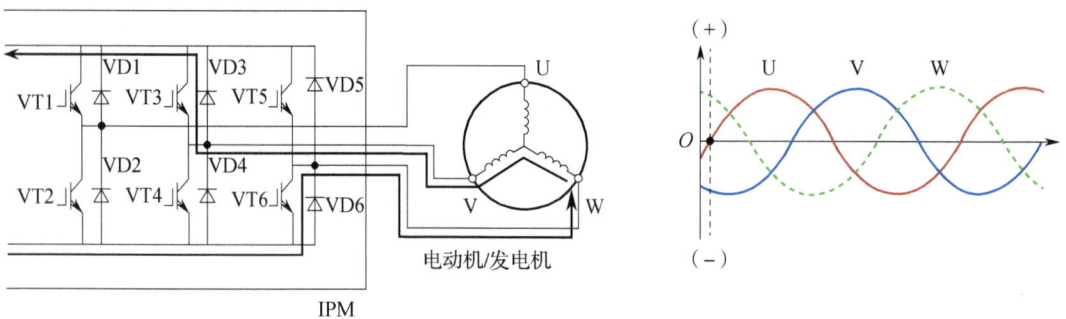

图 6-17　W 相流向 V 相控制（U 相幅值为 0）

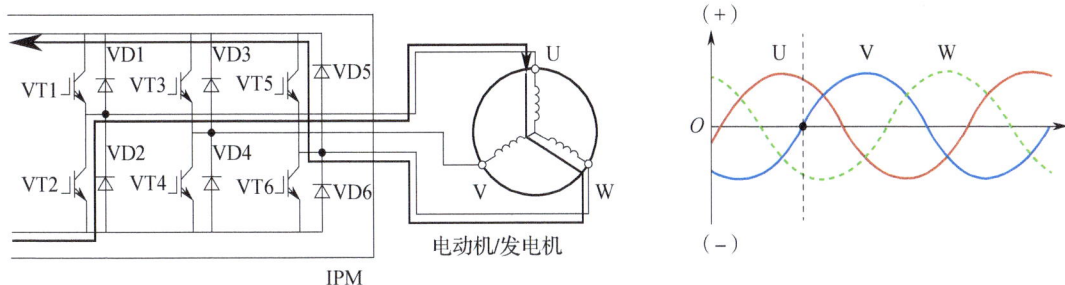

图 6-18　U 相流向 W 相控制（V 相幅值为 0）

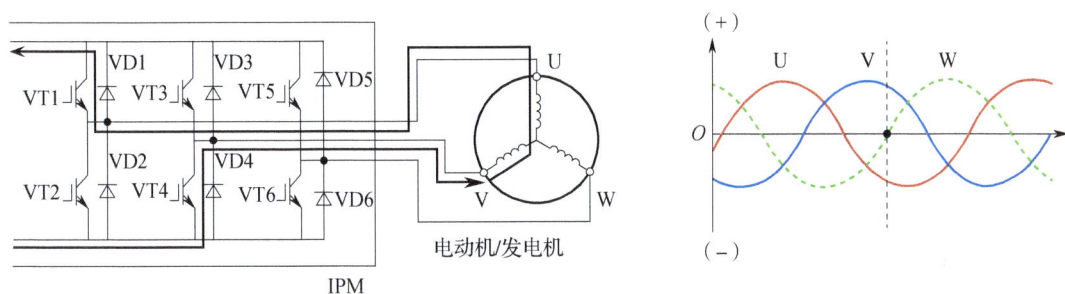

图 6-19　V 相流向 U 相控制（W 相幅值为 0）

如图 6-17 所示，在右图的时刻图中，VT4 和 VD6 导通实现储能，VT4 断开时，W 相和 V 相自感电动势升高超过左侧蓄电池电压，VD3 导通，此时电流经 VD3 输出给蓄电池充电。

如图 6-18 所示，在右图的时刻图中，VT6 和 VD2 导通实现储能，VT6 断开时，U 相和 W 相自感电动势升高超过左侧蓄电池电压，VD5 导通，此时电流经 VD5 输出给蓄电池充电。

如图 6-19 所示，在右图的时刻图中，VT2 和 VD4 导通实现储能，VT2 断开时，V 相和 U 相自感电动势升高超过左侧蓄电池电压，VD1 导通，此时电流经 VD1 输出给蓄电池充电。

四、电动汽车电机控制

（一）变速杆申请控制

图 6-20 所示为线控变速杆的变速杆申请控制，线控换档控制器为 4 级传感器，也就是具有微控制器（MCU）的 ECU 级传感器。

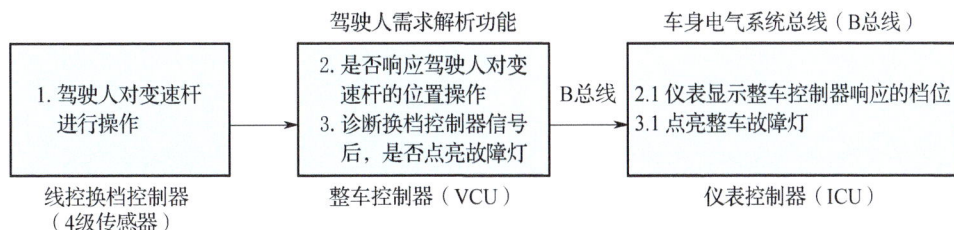

图 6-20　变速杆申请控制

（二）P位驻车锁止控制

图 6-21 所示为 P 位驻车锁止控制过程，其原理如图 6-21 所示。

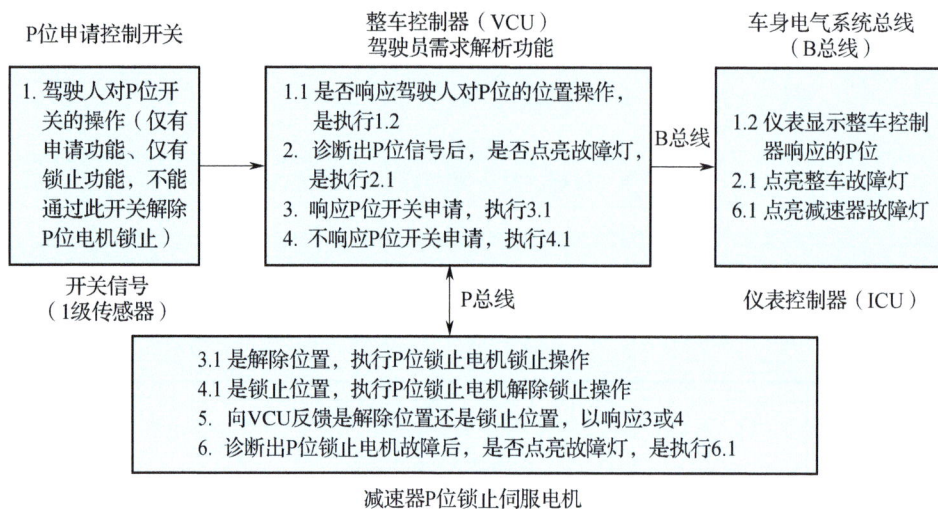

图 6-21　P 位驻车锁止控制

（三）线控变速杆的倒车灯控制

图 6-22 所示为线控变速杆的倒车灯控制过程。

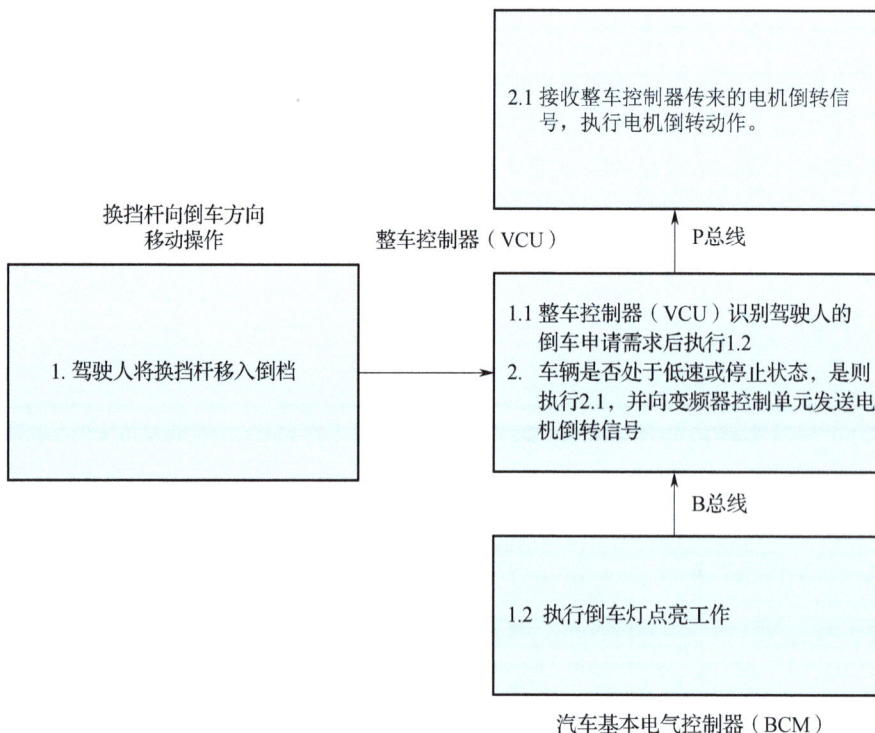

图 6-22　线控变速杆的倒车灯控制

知识点　典型变频器

一、吉利纯电动汽车变频器

技师指导　吉利系列 EV300、EV350 及 EV450 变频器内部结构和原理相同，本节以 EV300 为例进行介绍。

（一）变频器组成

图 6-23 所示为 2017 款吉利 EV300 电动汽车的变频器。变频器除了将直流电变换为交流电外，还内置了 12V 的 DC/DC 变换器功能。图 6-23 中左侧两接柱分别对应壳体上标注的"T+"直流正、"T-"直流负，中间部位的两孔插座是变频器的互锁开关座，当变频器盖取下后，两孔间的连接被断开，电池箱里的电池管理系统（BMS）收到信号后，控制电池管理系统（BMS）下部高压配电箱中的主供电继电器断开，实现高压防护。右侧 3 个端子分别对应壳体上的 W、V、U 相，这 3 个端子外接电机。

打开变频器上盖后，如图 6-24 所示，左侧半个黑色塑料件可直接取下，可见电容器，绿色印制电路板（PCB）为逆变桥的驱动板，驱动板通过排线与下侧的电机控制器（MCU）通信。一个金属屏蔽盖在电机控制器（MCU）上部，左侧白色插头是变频器盖互锁开关的信号线，即变频器盖互锁开关先经电机控制器（MCU），由电机控制器（MCU）通过 CAN 总线给电池管理系统（BMS）发送互锁开关断开的信息。

图 6-23　吉利 EV300 电动汽车的变频器（2017 款）

图 6-24　吉利 EV300 变频器内部结构（2017 款）

绿色的逆变桥驱动板和 U、V、W 3 个输出之间的白色部分是电机的相电流传感器。最右侧上下各有一个插座，上边的两端子插座为 12V 的 DC/DC 变换器。下部多孔插座为变频器控制器和 DC/DC 变换器控制器的共用插座。

（二）各部分作用

1. 电容器

左侧两个电容器并联在直流母线上，如图 6-25 所示，可临时存储锂离子电池的电能，也可接收变频器斩波发电产生的电能。不过由于此电容器的介入，在主供电继电器上必须设计预充继电器。

2. 电流传感器

电动汽车的电机控制器要实现精确的电机转矩控制，就要通过控制逆变桥的驱动时刻和驱动时间，并测量电机的实际电流来修正控制逆变桥的驱动时刻和驱动时间。在控制上，电机电流是控制目标，实现手段是控制逆变桥的驱动时刻和驱动时间。

3. 电机控制器

变速杆向整车控制器发送电机正转、停转、反转的信息，整车控制器基于加速踏板信号查出此时的电机转矩是多少，并通过 CAN 总线发给电机控制器（MCU），MCU 确定电机电流的大小。电机控制器（MCU）要实现电机电流的大小控制需要接收电机解角传感器信号、电机相电流信号。电机解角传感器可实现电机转子的转速、位置和方向的判别。

图 6-26 左侧的两根导线将锂离子电池的直流电向下给 12V 的 DC/DC 变换器供电，经 DC/DC 变换器处理后，在右侧两接柱上输出标称为 12V 的直流电，给 12V 铅酸蓄电池充电，实际上 DC/DC 变换器输出的直流电压在 14V 左右。

电机控制器上侧的导热硅脂下侧是通有冷却液的散热器，在散热器的下侧是 12V 的 DC/DC 变换器。

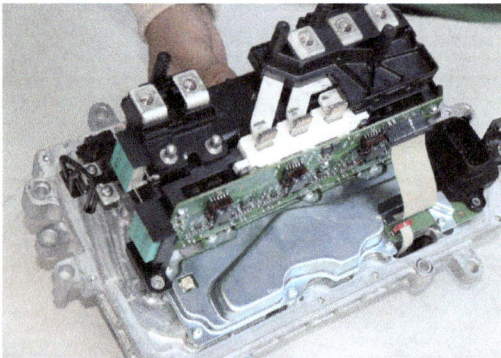

图 6-25　吉利 EV300 变频器内左侧蓝绿色电容器、3 个白色电流传感器（2017 款）

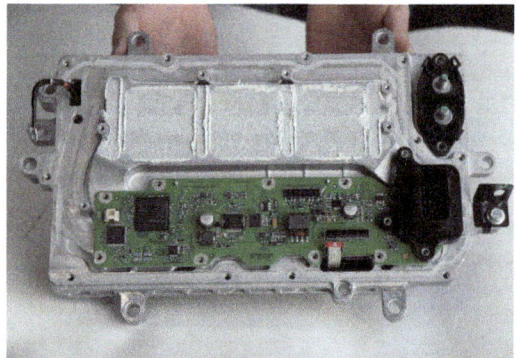

图 6-26　吉利 EV300 变频器内电机控制器（2017 款）

4. 驱动板

图 6-27 所示为 6 个 IGBT 组成全桥逆变器的驱动板。驱动板的低压部分直接驱动逆变桥高压部分时，若逆变桥高压部分损坏，高压电流进入低压部分，从而也进入了电机控制器，将损坏电机控制器。为了防止损坏电机控制器，电机控制器给驱动板发送的信号通过光电或变压器隔离。驱动板收到经隔离转换后的信号，再在驱动板上生成驱动逆变桥的电压脉冲。驱动板上有 3 部分电路是相同的，3 部分

图 6-27　吉利 EV300 全桥逆变器驱动板（2017 款）

相同的电路分别驱动一个桥臂。

另外，当逆变器出现过温、过电流等故障时，信号也需要上传给电机控制器（MCU），这个信号也需要光电隔离，即通过光电耦合器来上传信号。

5. 逆变桥

图 6-28 所示为 6 个 IGBT 组成的全桥逆变器，每两个 IGBT 组成一个单桥臂，共 3 个单桥臂。每个桥臂与驱动板之间有 9 根连接线，这些连接线包括温度测量、上桥 IGBT 驱动、下桥 IGBT 驱动、过电流或短路故障监测反馈线。

在更换逆变器时，一定要注意导热硅脂的数量、厚度和螺栓的拧紧力矩。

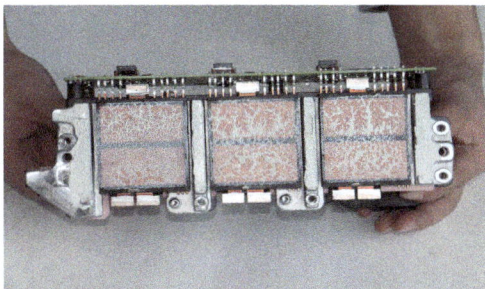

图 6-28　吉利 EV300 变频器内的 6 个 IGBT 组成全桥逆变器（2017 款）

（三）变频器电路图

吉利电动汽车将带有 DC/DC 变换器的变频器称为功率电子单元（Power Electronic Unit，PEU），其电路图如图 6-29 和图 6-30 所示。

（四）变频器端口功能

1）B+（EP12/1）：DC/DC 变换器 12V 电压输出给铅酸蓄电池充电，DC/DC 变换器 12V 的输出→ EP12/1 → 12V 铅酸蓄电池。

2）常电 1（EP11/26）：12V 铅酸蓄电池→ 100A EF01 → 10A EF31 →常电 1。

3）Ignition（EP11/25）：点火开关唤醒，由 ER15 位置的 IG2 继电器的 30 引脚供电。

4）HVIL OUT（EP11/04）：高压互锁线输出。

5）HVIL IN（EP11/01）：高压互锁线输入。

6）CAN-H（EP11/20）：CAN 总线高线，信号在隐性 2.5V 到显性 3.5V。

7）CAN-L（EP11/21）：CAN 总线低线，信号在隐性 2.5V 到显性 1.5V。

8）GND（EP11/11）：PEU 的控制单元接地。

9）CAN-H（EP11/27）：CAN 诊断总线高线，信号在隐性 2.5V 到显性 3.5V，与诊断仪通信用。

10）CAN-L（EP11/28）：CAN 诊断总线低线，信号在隐性 2.5V 到显性 1.5V，与诊断仪通信用。

11）R1+、R1-（EP11/7、EP11/6）：电机定子绕组温度传感器 1。

12）R2+、R2-（EP11/5、EP11/13）：电机定子绕组温度传感器 2。

13）REF+、REF-（EP13/12、EP13/11）：电机转子位置传感器（旋转变压器）正弦激励信号。

14）SIN+、SIN-（EP24/11、EP17/11）：电机转子位置传感器（旋转变压器）正弦输出信号。

15）COS+、COS-（EP11/23、EP11/16）：电机转子位置传感器（旋转变压器）余弦输出信号。

16）Wake Up（EP11/14）：外界对动力电池充电时，禁止变频器工作。

17）HV+、HV−（EP54/2、EP54/1）：变频器的高压供电线。

18）U、V、W（EP62/1、EP62/2、EP62/3）：变频器给电机的三相交流供电线。

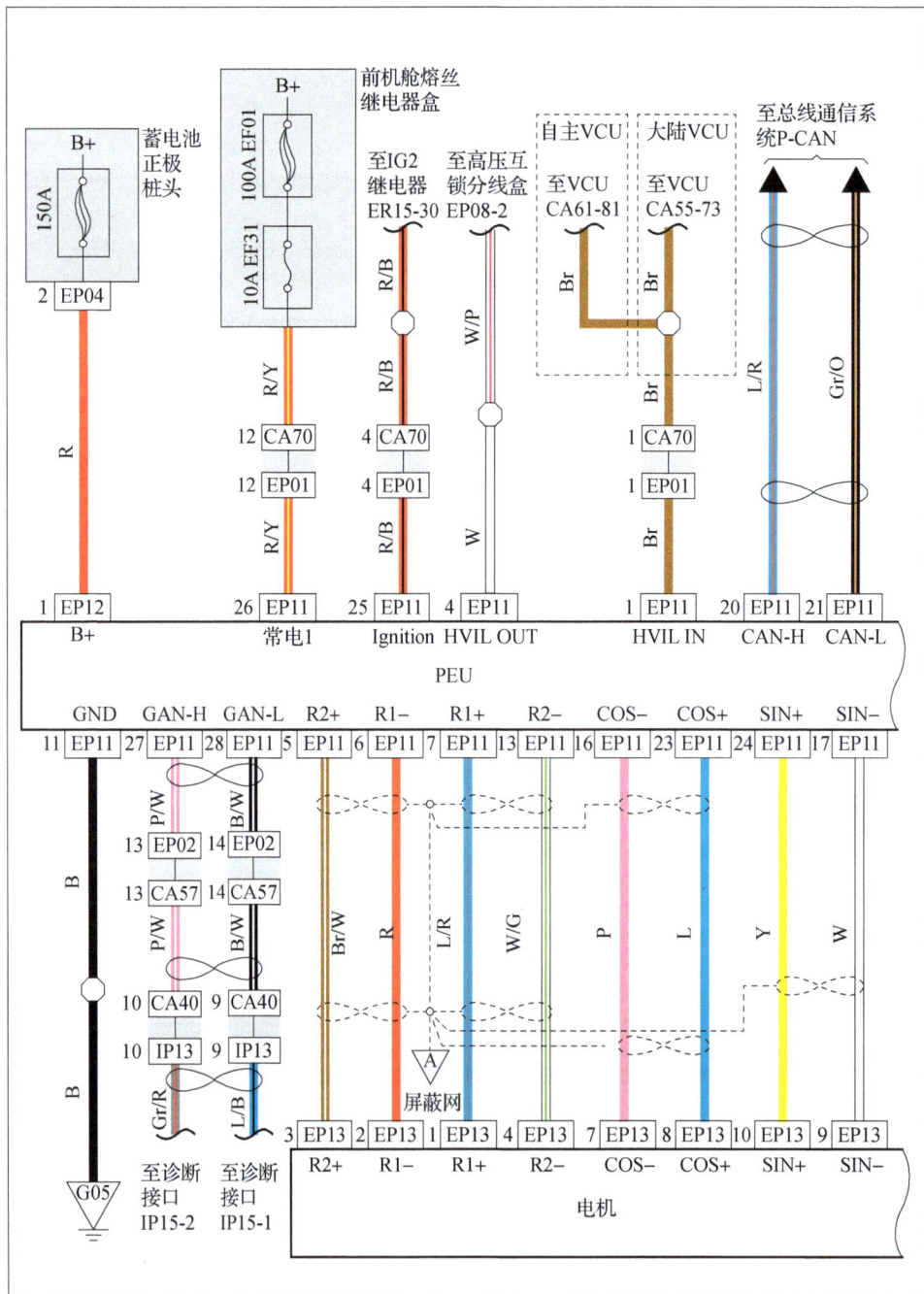

图 6-29　吉利变频器电路图 1

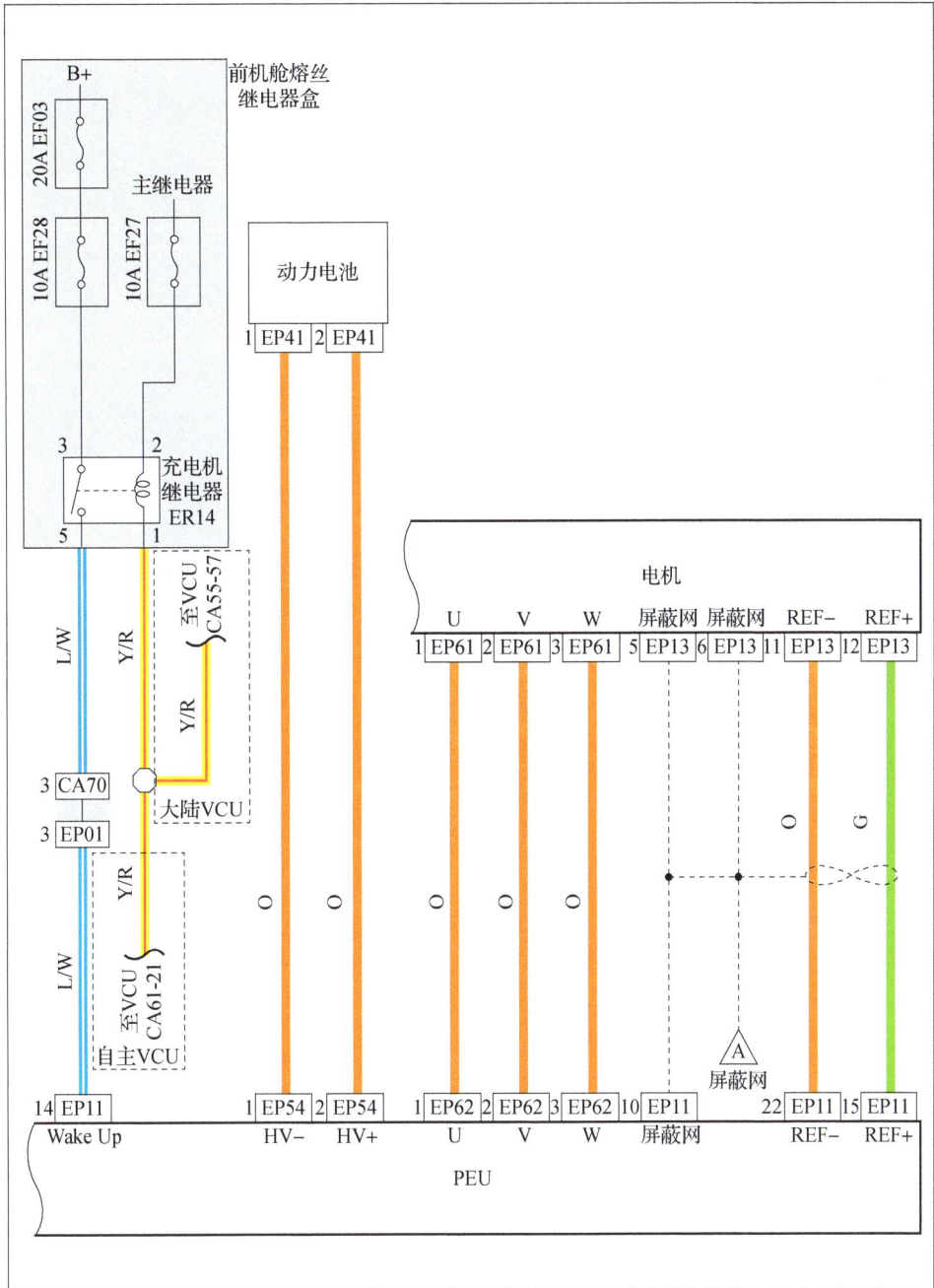

图 6-30　吉利变频器电路图 2

学习任务单

一、填空题

1. 电机起动时的_____需要电机转子位置传感器识别。
2. 电机转子位置传感器分为_____和_____两种。
3. 电机位置传感器有_____、_____、_____、_____、_____5 种。
4. 目前_____式和_____式电机位置传感器有着广泛的应用。
5. 旋转变压器式电机位置传感器为_____源传感器。

二、判断题

1. 整流是把交流变成直流的装置。   （   ）
2. 变频器是把直流变成交流的装置。   （   ）
3. 电动汽车电机变频器为三相全桥变频器。   （   ）
4. 变频器控制单元的核心是数字信号处理器（Data Signal Processor，DSP）。（   ）
5. 逆变桥的直流输入端并联有大容量的电容器，可以在放电阶段提供储
   能器的作用。   （   ）

三、单选或多选题

1. 三线圈旋转变压器式电机位置传感器的 3 个线圈的名称是（   ）。
   A. 励磁线圈　　B. 正弦（sinθ）线圈　　C. 余弦（cosθ）线圈　　D. 正切（tanθ）线圈
2. 动力电池母线电流传感器作用是（   ）。
   A. 用于电池充电电流、放电电流监测，实现电池动态 SOC 的计算
   B. 用于电池最大电流监测，在电池过电流前将配电箱的上电继电器断开或降低高
      压元件的功率输出
   C. 其他高压元件的分电流和应为总电流，所以可以用于故障监测
   D. 绝缘电流的检测
3. 电机相电流传感器的作用是（   ）。
   A. 三相电流信号作为 CLARKE 变换的输入信号，来计算 IGBT 的导通角
   B. 相线过电流的监测信号　　　C. 故障监测的信号　　　D. 进行 SOC 计算
4. 电机转矩控制的本质是（   ）的控制。
   A. 什么时间控制开关晶体管导通
   B. 开关晶体管导通持续的时间（电角度）是多少
   C. 电机转速
   D. 电机位置
5. 汽车变频器内的元件包括（   ）。
   A. 母线电容器　　　　　　B. 电机控制器　　　　　　C. 驱动板
   D. 三相全桥逆变桥　　　　E. 相电流传感器

实践任务
变频器绝缘故障的排除

一、工作任务分配

按照前面所了解的知识内容，落实各项工作负责人（表 6-1），如任务实施前的准备工作、实施中主要操作及协助支持工作、实施过程中相关要点及数据的记录工作等。

表 6-1 工作任务分配

班级		组号		指导老师	
组长		学号			
组员角色分配					
操作员 1		学号			
操作员 2		学号			
记录员		学号			
安全员		学号			
任务分工					

（就组织讨论、工具准备、数据采集、数据记录、安全监督、成果展示等工作内容进行任务分工）

二、操作步骤合理性评估和纠正

教学提示 教师提供资料或相类似的视频进行提示，以帮助学生完成主要工作步骤的填写（表 6-2）。教师评估通过后，方可进行具体操作实施。学生可先行在草纸上进行，任务实施中若有改变需经教师再次评估，以确认安全和可行。

表 6-2　主要工作步骤填写用表

内容	序号	为解决问题的主要操作步骤（不含准备及 5S）	通过 / 不通过
学生完成	1		
	2		
	3		
	4		
	5		
	6		
	7		
	8		
	9		
	10		
教师完成	1	安全可行	
	2	步骤可行	
	3	时间可行	
	4	成本可行	

三、任务实施前的设备准备

小组完成设备、工具和资料准备自检（表 6-3）。

表 6-3　设备、工具和资料准备自检表

序号	设备、工具、资料名称	数量	设备及工具是否完好
1			□是□否
2			□是□否
3			□是□否
4			□是□否
5			□是□否
6			□是□否
7			□是□否
8			□是□否

四、操作性的任务实施

小组在表 6-4 中完成变频器绝缘故障的排除工单。

表 6-4　变频器绝缘故障的排除工单

序号	检查、操作或测量项目名称	测量数值（单位）	是否正常
1			□是□否
2			□是□否
3			□是□否
4			□是□否
5			□是□否
6			□是□否
7			□是□否
8			□是□否
9			□是□否
10			□是□否
11			□是□否
12			□是□否
13			□是□否
14			□是□否
15			□是□否
16			□是□否
17			□是□否
18			□是□否
19			□是□否
20			□是□否
21			□是□否
22			□是□否
23			□是□否

五、评价反馈

以小组为单位对本小组的操作过程与操作结果进行自评，并将结果填入表 6-5 中。
注：小组自评要能承受小组间互评的考验，互评阶段被其他小组找出扣分项，扣分加倍。

表 6-5　小组自评表

班级				
组别				
日期				
全体组员姓名				
评价名称				
评价项目		评价标准	分值	得分
考勤（10%）		小组少 1 人，扣 5 分	10	
工作过程（60%）	计划制订合理	工作方案合理可行，一次通过不扣分，每多 1 次评估通过扣 5 分	20	
	任务实施	现象描述，错误 1 次扣 10 分	20	
		检查或判断，错误 1 次扣 5 分	10	
		测量或判断，错误 1 次扣 5 分	10	
	工作态度	认真严谨，积极主动，安全生产，文明施工，违反 1 项 1 次扣 1 分	5	
	工作质量	能按照工作方案操作，按计划完成工作任务，未完成扣 3 分	5	
	团队合作	与小组成员、同学之间能合作交流，协调工作，违反 1 项 1 次扣 1 分	5	
项目成果（30%）	工作完整	不能按时完成工作任务的所有环节，扣 5 分	5	
	工作规范	在整个操作过程中出现不规范操作，违反 1 项 1 次扣 1 分	5	
	汇报展示	能准确表达、汇报工作成果，差一级扣 1 分	5	
合计			100	

总结与反思

（如：学习过程中遇到什么问题→如何解决的 / 解决不了的原因→心得体会）

Module 07

能力模块七
车载充电机原理与故障诊断

情境引入

小林同学在汽车修理店看到一辆拖来的电动汽车，车主说是无法充电。维修人员进行了简单检查后，判定车载充电机出了故障。

维修人员从其他同型车上取下同样的车载充电机试装后，发现正常。新的车载充电机报价较贵，车主不打算更换，想进行维修。

如果你是接车的技术人员，应如何解决本故障，修理方案应如何制定。

学习目标

能力目标

- 能说出交流充电桩的充电控制过程。
- 能说出直流充电桩的充电控制过程。
- 能排除交流充电过程中的充电故障。
- 能排除直流充电过程中的充电故障。

素养目标

- 培养安全意识。
- 培养创新意识，能应用所学知识解决生活中的相关问题。

知识储备

知识点 01　交流充电类型及工作原理

一、随车充电枪充电原理

（一）随车充电枪

随车充电枪有两种：一种是单相供电的充电枪，没有功能盒（图 7-1）；另一种是带有功能盒的单相供电的充电枪（图 7-2）。

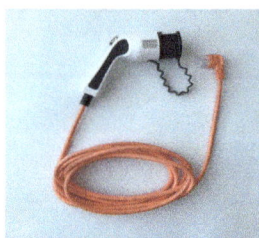

图 7-1　没有功能盒的随车充电枪

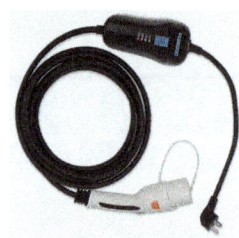

图 7-2　带有功能盒的单相供电的充电枪

（二）不带功能盒的随车充电枪充电原理

如图 7-3 所示，这种不带功能盒的随车充电枪，没有自动断电功能。检测点 3 用于车辆控制装置检测车辆外部是否插入了充电枪。

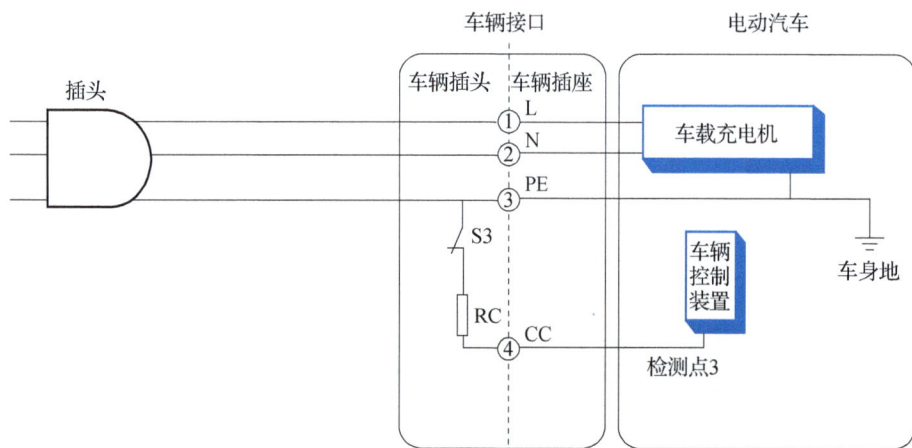

图 7-3　不带功能盒的随车充电枪

（三）带功能盒的随车充电枪充电原理

带有功能盒的随车充电枪充电原理如图 7-4 所示，CP 有自动断电功能。

1）检测点 1 用于给功能盒内部的供电控制装置提供反馈信号，S1 为电子开关，是 CP 的电流流出端。

2）检测点 2 用于给车辆控制装置提供反馈信号，S2 为电子开关，当需要实现停止供电时，正常充电时 S3 电子开关闭合，电池管理系统发现充电异常时将 S3 电子开关断开，检测点 1 信号发生变化。

3）检测点 3 用于车辆控制装置检测车辆外部是否插入了充电枪。

车辆控制装置从 CC 输出 12V，充电枪插入后，充电枪内部有按压开关 S3，R4 电阻可以检测线路通断。

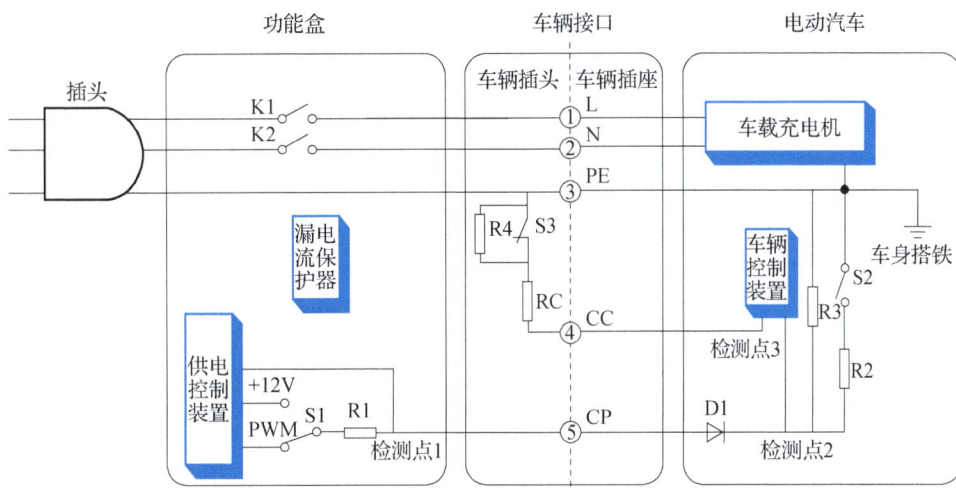

图 7-4 带功能盒的随车充电枪

二、交流充电桩原理

（一）交流充电桩类型

交流充电桩布置在学校、停车场、商业圈广场等，由于露天布置无人管理，必须保证供电安全。保证供电安全的方法是在充电枪插到交流充电桩后，交流充电桩内部的继电器闭合工作，才向外输出交流电。即不插充电枪时，交流充电桩对外的接口是没有电流输出的。

交流充电枪上的平侧孔为充电用的机械锁孔。充电时，车辆侧的充电座内一个减速电机伸出一根金属杆插入此孔阻止在充电过程中人为拔下充电枪。当驾驶人用手中的钥匙使车门开锁时，减速电机缩回解除充电枪的锁止。

交流充电桩分为桩带充电枪（图 7-5）和不带枪（图 7-6）两种类型，不带枪的交流充电桩需要车主配

图 7-5 带枪交流充电桩

图 7-6 不带枪的交流充电桩（需车主自带双头枪）

有双头枪才能在充电桩上取电。

（二）带枪交流充电桩充电连接原理

这种供电设备上自带充电枪，不需要车主自带双头充电枪，CP 有自动断电控制功能，原理图如图 7-7 所示。

1. 检测点 1

用于给供电控制装置提供反馈信号，S1 为电子开关，是 CP 的电流流出端。

2. 检测点 2

用于给车辆控制装置提供反馈信号，S2 为电子开关，当需要实现停止供电时，正常充电时 S3 电子开关闭合，电池管理系统发现充电异常时将 S3 电子开关断开，检测点 1 信号发生变化。

3. 检测点 3

用于车辆控制装置 CC 端识别插座是否被插上了充电枪，车辆控制装置从 CC 输出 12V 电压，充电枪插入后，充电枪内部有按压开关 S3，S3 开关为常闭型开关，按下充电枪按钮后 S3 开关断开，充电枪插牢固后，释放此开关，再检测 CC 线路通断，从而确定充电枪连接正常。

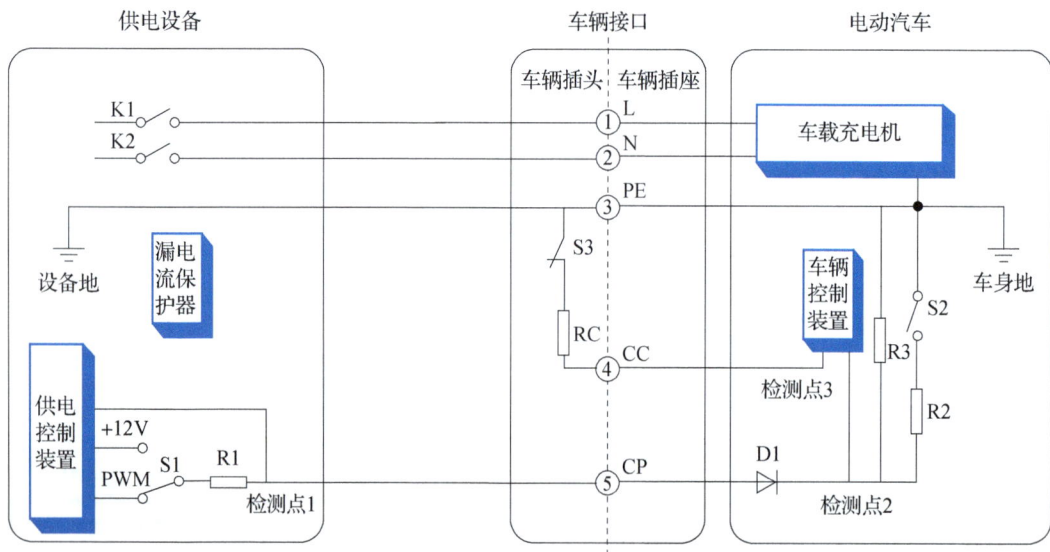

图 7-7　自带枪的交流充电桩基本原理（不需要车主带双头枪）

（三）不带枪交流充电桩充电连接原理

这种供电设备上不带充电枪，需要车主自带双头枪，CP 有自动断电控制功能，原理图如图 7-8 所示。

1. 检测点 1

用于给供电控制装置提供反馈信号，S1 为电子开关，是 CP 的电流流出端。

2. 检测点 2

车辆控制装置在检测点 2 测得的占空比数值大小用来确认当前供电装置的最大供电电流。

检测点 2 用于给车辆控制装置提供反馈信号，S2 为电子开关。正常充电时 S3 电子开关闭合，电池管理系统发现充电异常时将 S3 电子开关断开，检测点 1 信号发生变化，控制 K1 和 K2 继电器断开，防止出现充电故障损坏充电系统。

3. 检测点 3

用于车辆控制装置 CC 端识别插座是否被插上了充电枪，RC 的大小决定了当前充电连接装置电缆的额定容量。车辆控制装置从 CC 输出 12V 电压，充电枪插入后，充电枪内部有按压开关 S3，S3 开关为常闭型开关，按下充电枪按钮后 S3 开关断开，充电枪插牢固后，释放此开关，再检测 CC 线路通断，从而确定充电枪连接正常。

4. 检测点 4

用于供电设备 CC 检测车辆外部是否插入了充电枪。

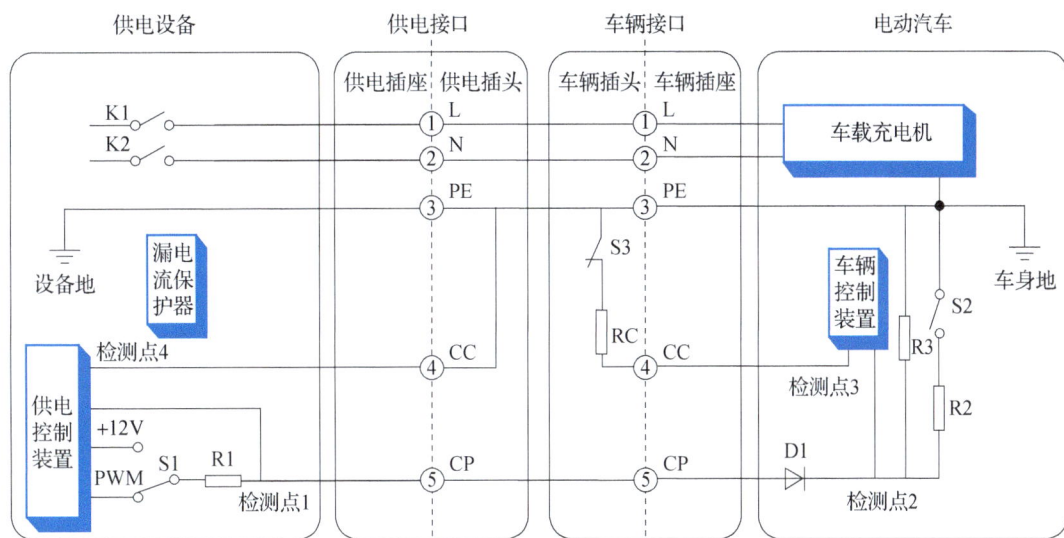

图 7-8　不带枪的交流充电桩基本原理（需要车主带双头枪）

（四）交流充电桩功能

交流充电桩有漏电断电、过电流断电、急停按钮、柜门状态打开停充、接触器状态监测、导引信号 CP 连接状态监测、柜体倾斜或进水状态监测、电磁锁状态监测功能。其中柜体倾斜监测或柜体进水状态监测、电磁锁状态监测功能早期可能不具备。

符合国标的连接导引信号在桩与车没有完全连接好、接触不良、意外脱离时能及时断开电源。有的插座选配一套电磁锁，可在充电时将插座与插头锁止而不能拔出，以增加安全性。

一般设计上会有 4 个开关量输出控制点，用于接触器控制、CP 导引信号输出控制、充电枪头和插座的电磁锁控制、漏电模拟测试 / 非常紧急停止控制。另有 4 个开关量灯控制输出点，用于控制照明 LED 及红、黄、绿信号 LED。

（五）交流充电桩基本原理

图 7-9 所示是交流充电桩工作原理。

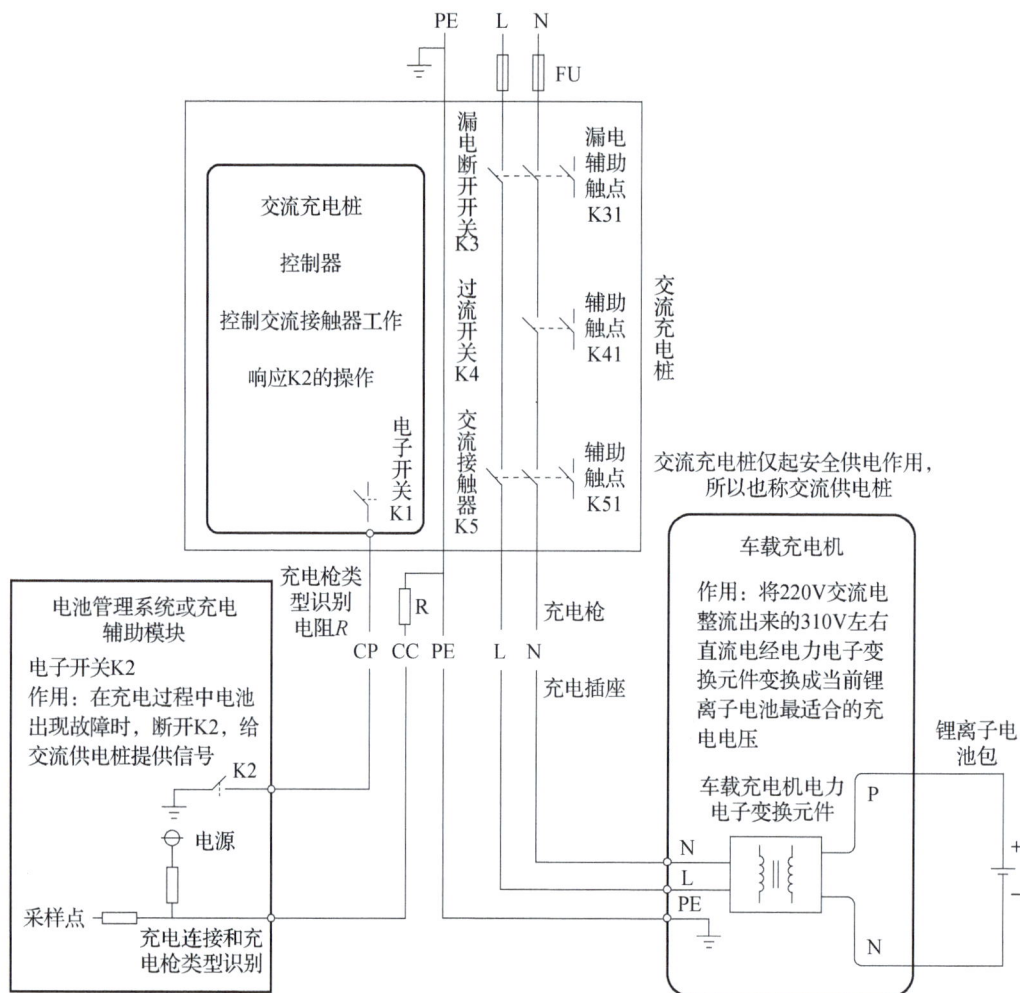

图 7-9 交流充电桩的工作原理

1. 充电连接及通信连接

当交流充电桩上的充电枪插到车上的充电插座时，电池管理系统（BMS）检测到 CC 线路通过电阻 R 接地，采样点电位降低，识别充电枪连接。电池管理系统检测没有故障时，闭合电子开关 K2。充电桩内发出 1kHz、40% 占空比的 ±12V 导引脉冲信号，经 CP 线及电子开关 K2 形成电池管理系统与交流充电桩的通信回路。

2. 交流供电

交流充电桩检查自身是否有故障，如果没有故障，则接通交流接触器 K5。交流供电电路由 L、N 两条导线，经漏电断开开关 K3 →过流开关 K4 →交流接触器 K5 给车载充电机供电。PE 保护地线使车身与车外交流供电桩的壳体等电位。

（六）其他说明

1. 漏电断开开关 K3

此开关断开有两个条件，一是过大的电流，一般过电流故障此开关并不会断开，断开电流为额定电流的 150%（50A 左右）；二是漏电检测电流大于限值，30mA 以下的漏电电流此开关就能断开。辅助触点 K31 提供该开关动作的报警信息。

2. 过流开关 K4

该开关主要应对故障性浪涌或短路，在回路出现小于 125% 过电流时，由弱电系统读取电能表的电流值且发出过电流报警或断开接触器（由于通信、判断、执行会有一定的延时，故只限制在回路允许的范围内使用）。当回路出现大于 125% 过电流（40A 左右）或短路的大电流过载时，该开关可以实时断开接触器，并由辅助触点 K41 提供该故障的报警信息。

3. 交流接触器 K5

K5 用于控制充电 / 停止，它由弱电系统控制，并由 SM 辅助开关对其动作状态进行检测。

4. 急停按钮

急停按钮的电磁线圈通以 220V 交流电，电磁线圈介入工作需要弱电继电器进行控制。急停按钮 ES 上侧开关为系统提供该按钮的状态信息。

5. 充电插座

为防止充电时人为带载拔出插头的危险动作，交流供电桩和双头充电枪交流供电桩侧的插座和插头配合时有一个机械锁扣，可防止意外拔出。

知识点　　直流充电桩

一、直流充电桩简介

图 7-10 所示为直流充电桩实物图。直流充电桩通过内部 AC-DC 充电模块，将交流电转换成直流电，给电动汽车内的动力电池充电。功率等级：单枪 30kW 或 60kW，双枪 120kW（两个 60kW）；输出电压等级：DC200~450V 乘用车、DC300~750V 商用车、DC200~750V 通用型。

二、直流充电桩充电口

如图 7-11 所示，直流充电桩充电口（俗称充电枪）接口由 9 根线组成，分别是：

图 7-10　直流充电桩

图 7-11　直流充电枪接口

1. 直流电源线路

DC+、DC-：DC=Direct Current，直流充电桩通过这 2 根线给电动汽车充电。

2. 设备地线

PE：PE=Protect Earth，用于实现汽车车身和直流充电桩等电位。

3. 充电通信线路

S+、S-：CAN 总线的一种写法，用于实现汽车 BMS 控制器与充电桩控制器通信。

4. 充电连接确认线路

CC1、CC2：CC=Connector Conformation（连接确认），用于确认充电插头插入插座连接完好。

5. 低压辅助电源线路

A+、A-：A=Accumulator（蓄电池），用于在汽车 12V 蓄电池不能工作时保证给汽车上的控制器供电（如为 BMS 等控制器和继电器供电）。

三、充电控制流程

图 7-12 所示为充电控制流程。

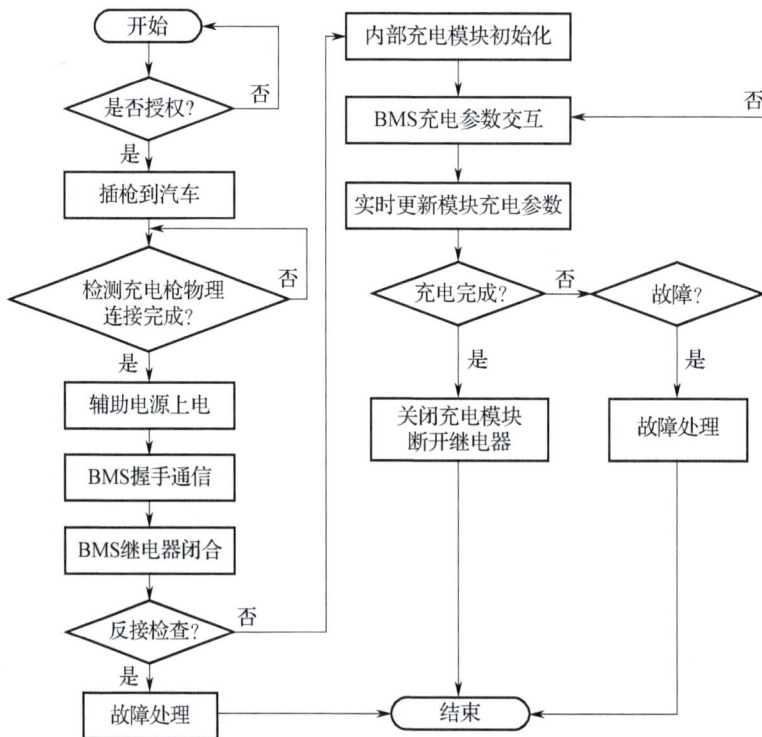

图 7-12　充电控制流程

电池没有故障时，其充电流程如下：由充电桩管理部门发卡给要充电的用户，用户在充电机界面扫描授权，管理中心识别出卡的类型、用户名等；授权通过后，用户插充电枪到电动汽车的充电插座上，进行充电枪的连接确认。确认连接后，充电桩内部的辅助电源给汽车上的电池供电，防止汽车上的蓄电池电量不足或充电过程中出现电量不足。电池管理系统（BMS）上电后，先与充电机控制器通信，控制直流充电隔离继电器闭合。充电机控制器初始化后，电池管理系统将汽车的电池类型、电压、温度以及是否有故障等传递给充电机控制器，充电机控制器通过充电控制模块输出适合当前电池类型和状态的充电模式。

技师指导　直流充电隔离继电器在比亚迪 E6 高压配电箱内的 DC+ 有一个，DC- 与负极主继电器共用；在北汽 EV160 电子分配单元内的 DC+、DC- 各有一个，与负极主继电器不共用；在吉利 EV300 中这个继电器在高压配电箱内的 DC+ 有两个，其中一个带快充预充功能，DC- 与负极主继电器共用。

四、直流充电桩结构组成

图 7-13 所示为直流充电桩的结构组成，直流充电桩由充电模块、12V 开关电源、24V 开关电源、充电桩控制器、直流绝缘检测计量模块、智能电表、散热风扇等组成。其核心结构是充电模块和充电桩控制器。

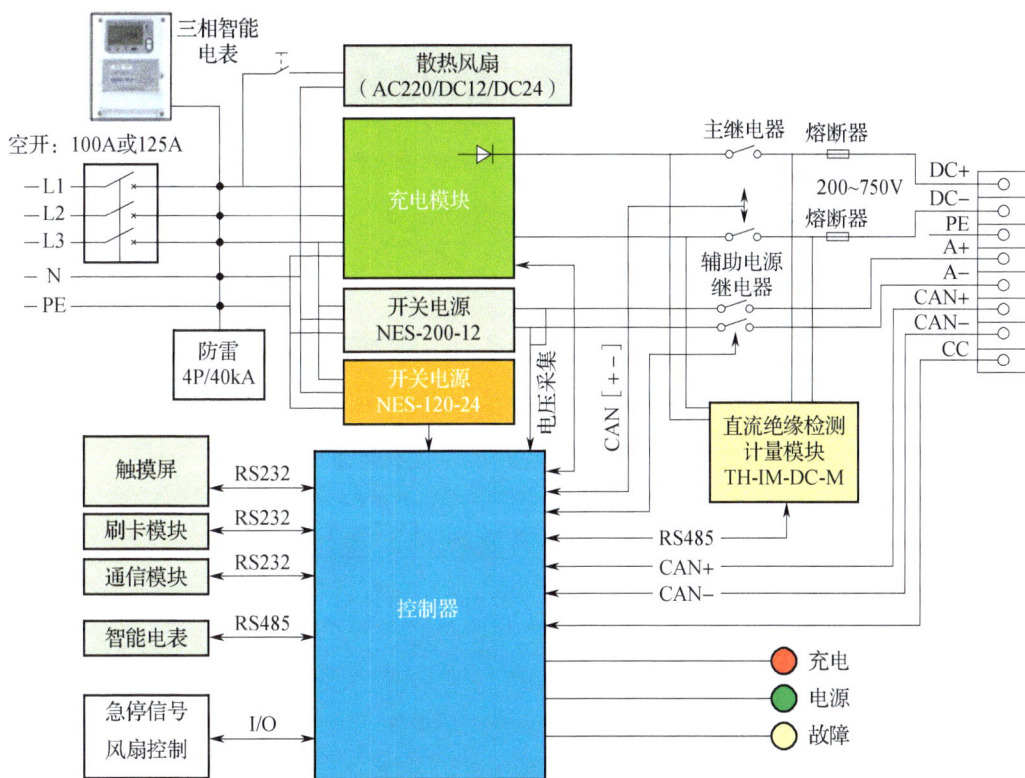

图 7-13　直流充电桩结构组成

五、直流充电模块

直流充电机（桩）的充电功率很大，小到几十千瓦，大到上百千瓦，直接由一个充电模块来完成这么大的充电功率是不可能的，所以充电桩内有多个直流充电模块并联。实际直流充电桩根据对外输出功率大小有不同的充电模块数目，比如 8 个模块。如何研发体积小、重量轻、效率高的充电桩也是摆在电动汽车发展面前的一个挑战，未来减小充电机模块的数目将是直流充电桩技术发展的一种象征。

直流充电机模块由功率因数模块、DC-AC 逆变模块、高频变压器、AC-DC 整流模块、控制模块、CAN 通信控制模块、保护电路几部分组成。

图 7-14 为直流充电模块实物，这里以一个充电模块为例进行简单介绍。如图 7-15 所示，三相电 L1、L2、L3 经过有源功率因数校正（Active Power Factor Correction，APFC）后输出直流电，DC-AC 将直流电变换为交流电后通过 AC-DC 升压或降压（升压或降压取决于汽车中电池的电压是低于 380V，还是高于 380V）。图中是一个直流充电模块的输出，直流充电桩需要多个这样的模块并联输出到图 7-16 的 K1、K2 开关上。

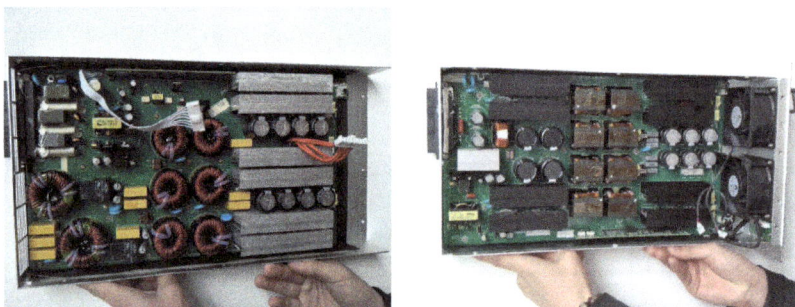

图 7-14　直流充电模块实物

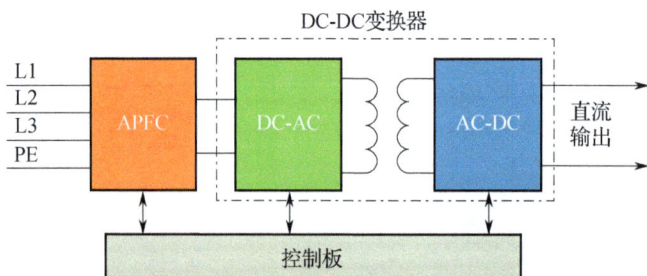

图 7-15　直流充电模块内部功能结构图

六、直流充电桩工作原理

图 7-16 中左侧是非车载充电机（即直流充电桩），右侧是电动汽车，二者通过充电桩上的充电枪与车辆插座相连。S 开关是充电枪上的一个常闭开关，与直流充电枪头上的按键（即机械锁）相关联，当按下充电枪头上的按键，S 开关即打开。图中的 $U1$、$U2$ 是一个 12V 上拉电压，$R1\sim R5$ 是阻值均为 1kΩ 的电阻，$R1$、$R2$、$R3$ 在充电枪上，$R4$、$R5$ 在

车辆插座上。车辆控制装置在汽车上指电池管理系统（BMS），非车载充电机控制装置指直流充电机的控制器。K3、K4 左侧是 12V 直流电源，用于给汽车上的 12V 用电的电池管理系统（BMS）、直流隔离继电器（图中 K5、K6）等供电，防止汽车 12V 蓄电池电量不足或在充电过程中出现电量不足而不能充电。

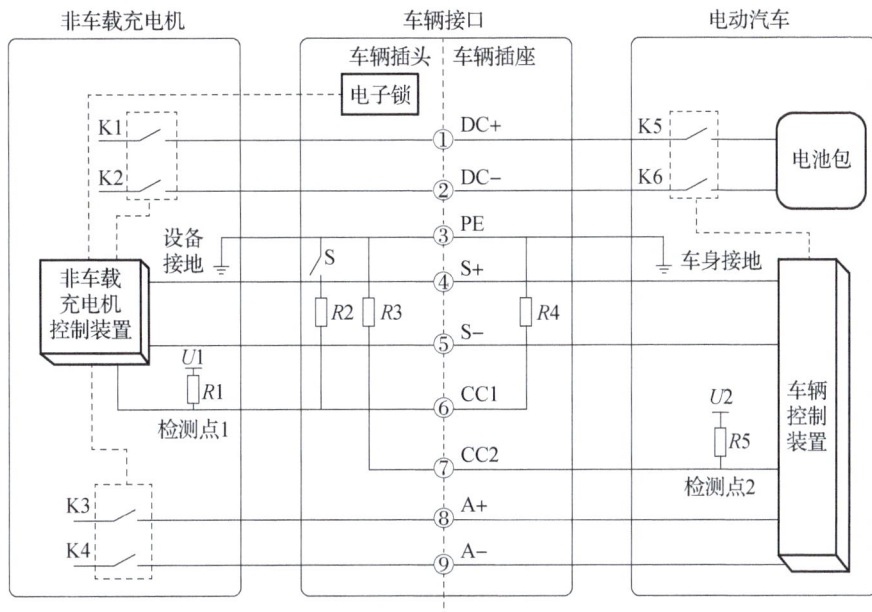

图 7-16　直流充电机模型（参考 ZLG 致远电子）

1. 车辆接口连接确认阶段

如图 7-17 所示，按下枪头按键，插入车辆插座，再放开枪头按键，充电桩内部的非车载充电机控制装置可检测到检测点 1 的电平变化。检测点 1 电平会从 12V 至 6V 至 4V 连续变化，即充电枪未插入汽车充电插座时 CC1 未接地，$R4$ 无电流流过，同时充电枪的 S 开关断开，$R2$ 无电流流过，这时检测点 1 为 12V。当枪插入充电插座，CC1 接通 $R4$ 有电流流过时，检测点 1 为 6V。当放开枪头按键时，$R2$ 和 $R4$ 并联为 0.5kΩ，$R1$ 为 1kΩ，所以检测点电压为 4V。充电桩的非车载控制装置一旦检测到 4V 电压，充电桩即判断充电枪插入成功，车辆接口完全连接，并将充电枪中的电子锁（若配有此装置）进行锁定，防止枪头脱落。

同时，CC2 接通 $R3$ 和 $R5$ 串联分 12V 电压，检测点 2 的电压为 6V，电池管理系统（BMS）判断充电枪插入充电插座中。

2. 直流充电桩自检阶段

如图 7-18 所示，在车辆接口完全连接后，充电桩将闭合 K3、K4 继电器开关，使 12V 低压辅助供电回路导通，为电动汽车控制装置电池管理系统（BMS）供电。电池管理系统（BMS）得到供电后，将根据检测点 2 的电压判断车辆接口是否连接，若电压值为 6V，则电池管理系统（BMS）开始周期发送通信握手报文，接着闭合 K1、K2 继电器开关，进行绝缘检测。所谓绝缘检测，即检测 DC+、DC-、PE 之间线路的绝缘性能，保证后续充电过程的安全性。绝缘检测结束后，将投入泄放回路泄放能量，并断开 K1、K2，同时开始周期发送通信握手报文。

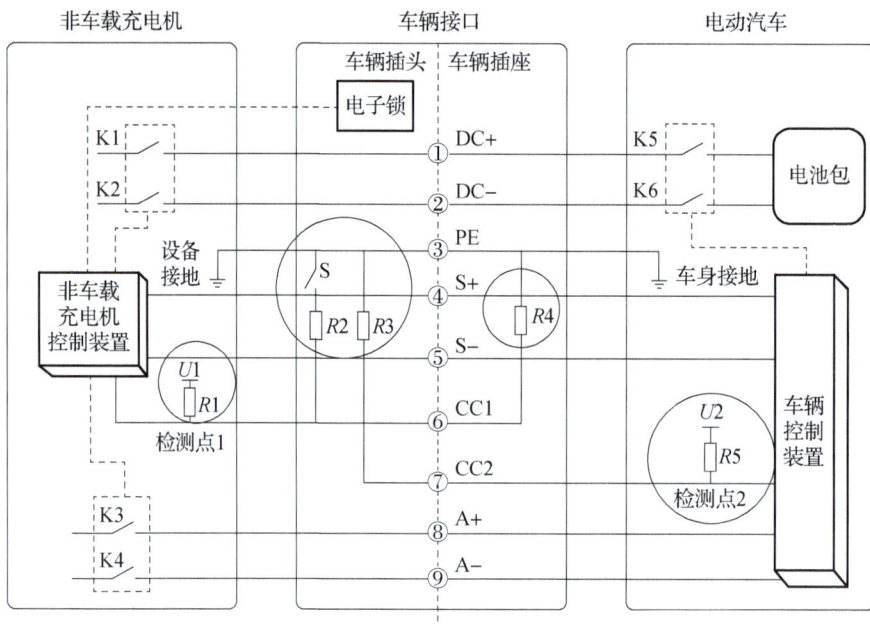

图 7-17　车辆接口连接确认阶段（参考 ZLG 致远电子）

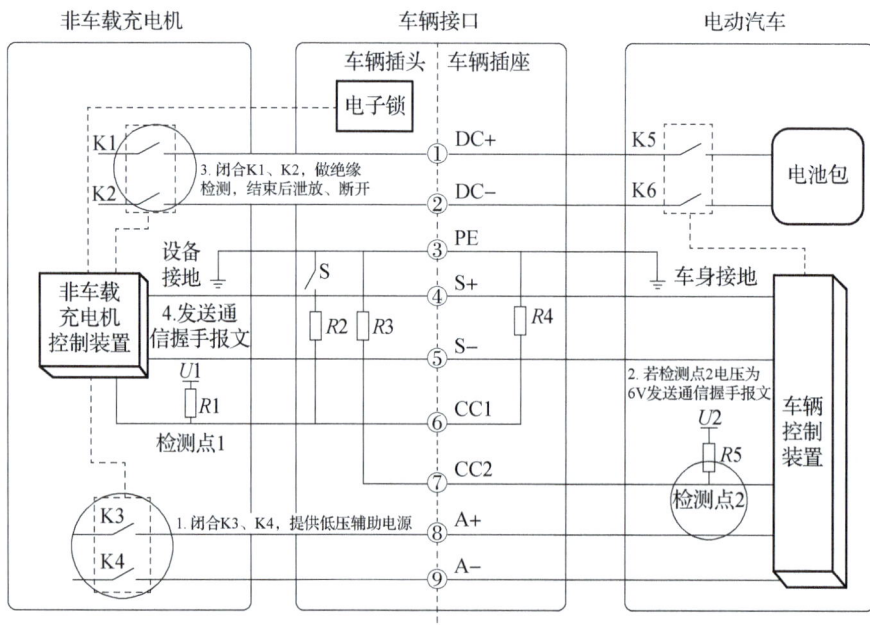

图 7-18　直流充电桩自检阶段（参考 ZLG 致远电子）

3. 充电准备就绪阶段

接下来，就是电动汽车与直流充电桩相互配置的阶段。如图 7-19 所示，车辆控制

K5、K6闭合，使充电回路导通，充电桩检测到车辆端电池向左侧流出的电压正常（电压与通信报文描述的电池电压误差≤±5%，且在充电桩输出最大与最小电压的范围内）后闭合K1、K2继电器开关，直流充电线路导通，电动汽车开始充电。

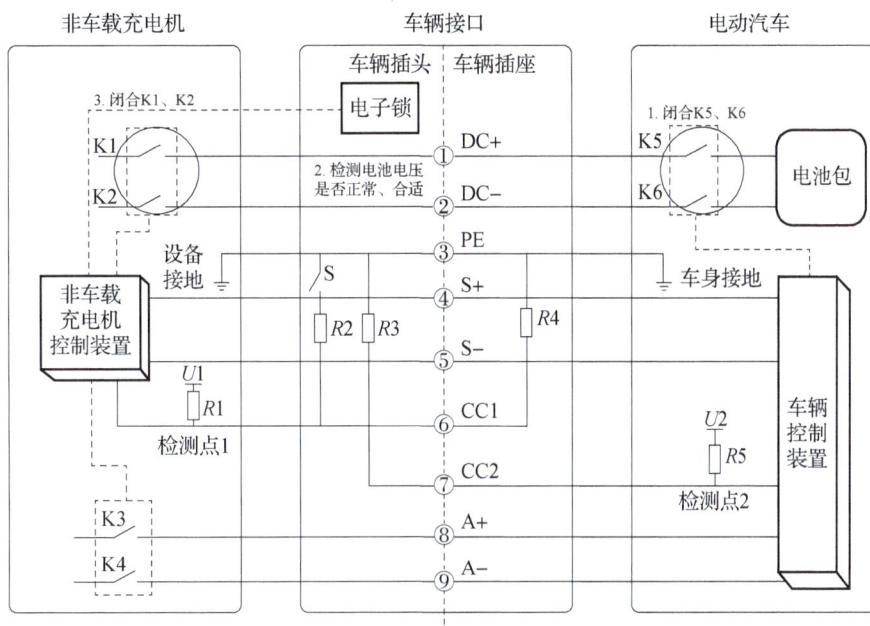

图 7-19　充电桩准备就绪阶段示意图（参考 ZLG 致远电子）

4. 充电阶段

如图 7-20 所示，在充电阶段，车辆电池管理系统（BMS）向充电桩充电控制装置实

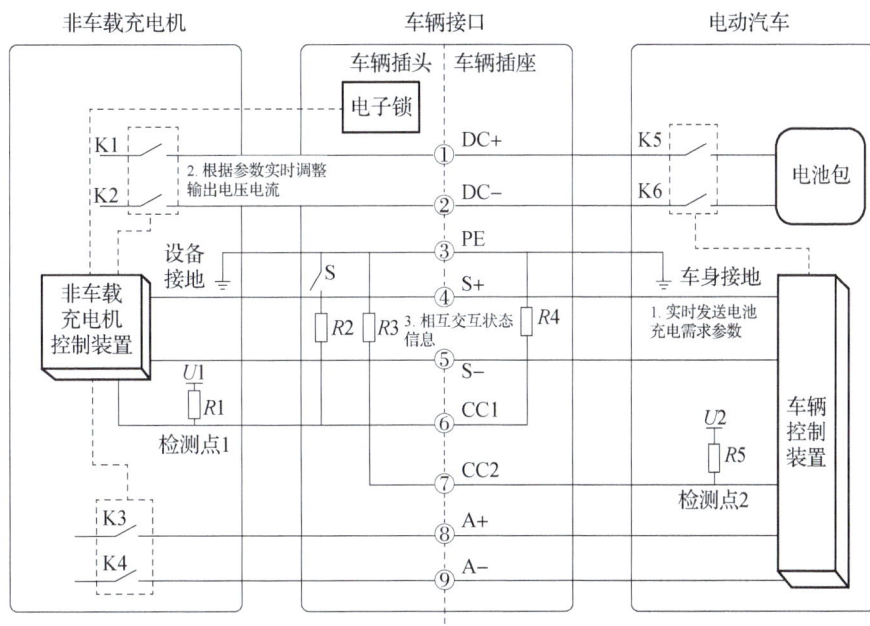

图 7-20　充电桩充电阶段示意图（参考 ZLG 致远电子）

时发送电池充电需求的参数，充电桩会根据该参数实时调整充电电压和电流，并相互发送各自的状态信息，比如充电桩输出电压和电流等，车辆电池的电压、电流和 SOC 等。

5. 充电结束阶段

如图 7-21 所示，车辆会根据电池管理系统（BMS）是否达到充满状态或收到充电桩发来的"充电桩中止充电报文"来判断是否结束充电。满足以上充电结束条件，车辆会发送"车辆中止充电报文"，在确认充电电流小于 5A 后，电池管理系统断开 K5、K6 继电器开关。充电桩在达到操作人员设定的充电结束条件，或者收到汽车发来的"车辆中止充电报文"，会发送"充电桩中止充电报文"，并控制充电桩停止充电，在确认充电电流小于 5A 后断开 K1、K2，并再次投入泄放电路，然后充电桩控制装置断开 K3、K4 继电器开关，停止向汽车供给 12V 电压。

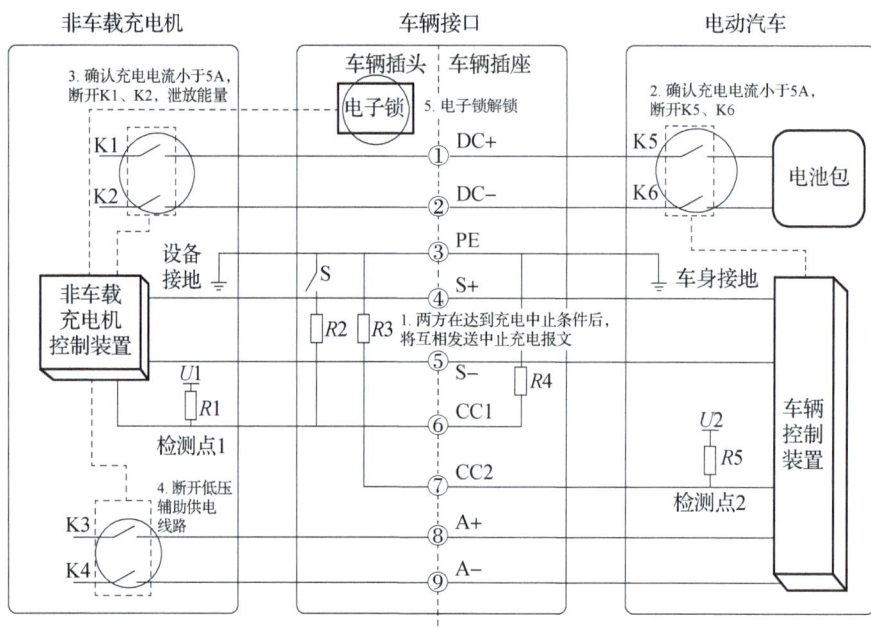

图 7-21　充电桩充电结束阶段示意图（参考 ZLG 致远电子）

七、直流充电桩不充电的故障诊断

1. 收到充电机中止充电报文

开始能充电，后来中断充电，读取汽车电池管理系统有充电机发来的停止充电报文时，说明充电机已将 K1、K2、K3、K4 四个继电器断开了，当然不能充电，这时应在充电桩上找出充电中断的原因。

2. 充电桩和汽车电池管理系统（BMS）通信超时

当出现通信超时，电池管理系统（BMS）不能实时将汽车电池充电电压和电流发送给充电桩的控制单元时，则在 10s 内将 K1、K2、K5、K6 继电器断开，临时停止充电，并等待通信成功。若连续三次通信中断，则在 10s 内将 K1、K2、K3、K4、K5、K6 继电器断开，彻底停止充电。

3. 充电电压超过车辆最高允许电压

原因是充电桩直流充电模块的限压功能失效，充电桩 1s 内断开 K1、K2、K3、K4。

4. 充电枪开关 S 由闭合变为断开

在充电过程中，若充电枪开关 S 由闭合变为断开，充电桩检测点 1 的电压为 6V，不会下降到 4V，这时充电桩的直流充电模块在 50ms 内将输出电流降至 5A 或以下。

5. 充电枪意外断开

在车辆意外移动或充电枪脱出插座时，充电桩内的检测点 1 检测到电压为 6V 或 12V，不是 4V 时，充电桩侧控制 K1、K2、K3、K4 继电器断开。

知识点　　吉利汽车车载充电机

一、车载充电机箱

图 7-22 所示右侧为 2017 款吉利车载充电机的箱体，左侧为变频器。箱体内部的熔丝接收 220V 交流电，输出比车底盘下侧锂离子电池高 10%~15% 的直流电压，为锂离子电池充电。

二、吉利（2017 款）车载充电机

图 7-23 所示为高压熔丝和车载充电机。

图 7-22　吉利车载充电机箱体（2017 款）

图 7-23　高压熔丝和车载充电机

1. 高压橙色导线

图 7-23 右下角橙色两针插座是自锂离子电池来的直流供电，向左进入箱内导线变为扁形，左端直接向上输出给变频器，同时也给下部的绿色电路板供电，可见三个熔丝管。三个熔丝两个外流，一个向回流。熔丝管上标有红色漆的是车载充电机（On-board Charging，OBC）直流电输出的正极，为回流充电线。两个标有绿色漆的，上部是空调压

缩机供电线，下部是 PTC 加热器供电线。这三个熔丝管下部的电路板上有明确的 OBC、A/C（Air Conditioning）、PTC（Positive Temperature Coefficient）缩写，只要细心注意即可。从熔丝管右侧的线束红黑线标也可识别电流的流入和流出。红色为向右流出，黑色为向左流入。在 6 根线中，有 4 根套有白色线管，靠右的两根白色线管内导线是电动空调压缩机和 PTC 加热器的负极线。电动空调压缩机和 PTC 加热器导线箱体外壳的右上侧有两个插座输出，再流回。而没有套白色线管的红色长导线前面已说过为充电机的输出正极，黑色短线为充电机的负极。

2. 互锁线

图 7-23 中左侧的细红、黑双线为箱盖开启互锁线，互锁线下是互锁微动开关，箱盖开启时起作用，防止修理人员在未下电时强行拆开箱盖导致电击。

右下侧的直流输入插座的细红、黑双线为线束断开互锁线。其他红、黑细线也是不同插座的互锁线。

3. 220V 交流线

在箱体中右侧由下向上数第二个橙色插座是 220V 交流线，内部有 L（相线）、N（零线）、PE（保护地线）三根线。L 线和 N 线接到充电机电路板上，上面是车载充电机的控制器，也就是 OBC 的 ECU。在下面板上将交流整流为直流 220V，再经电力电子变换为锂离子电池的充电电压，大约在锂离子电池标称电压 346V 的 110%~115%。PE 线接充电机电路板的 PE 线上，在 L 线漏电到 PE 线时及时触发漏电开关断开，起到保护作用。

车载充电机外接交流充电口，包括电源 L（相线）、N（零线）、PE（保护地线），图 7-24 所示是左后侧轮胎上部充电口内侧的接线图。

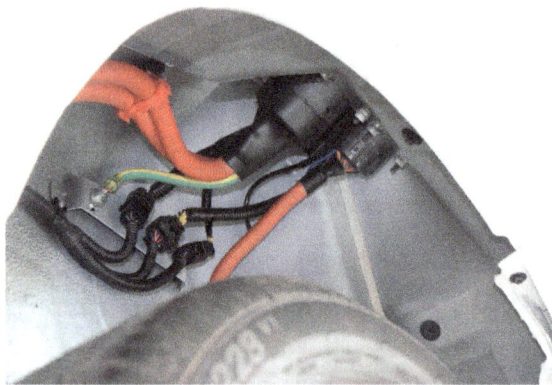

图 7-24 吉利左后侧轮胎上部内衬板里的快充 DC+、DC- 及 PE 线，慢充线束内含 L、N 及 PE 线

故障诊断 给电动汽车充电过程时，若漏电开关跳闸，说明有漏电，这时就应检查是否相线 L 与 PE 保护地接触连通了。

4. 控制线束

控制线束包括车载充电机控制板的电源线、搭铁线、唤醒线、CAN 通信线等，位于箱壳体的最上侧，黑色。

5. 印制电路板间排线

印制电路板间排线从车载充电机的控制板通向下板，通过排线车载充电机的上板可以控制下板开关元件的通断，控制充电机功率因数、起动保护、与外界通信、驱动点亮仪表充电指示灯等。下板上行反馈可实现将控制后的电压和电流反馈给车载充电机的上部控制板。注意下板不是控制板，所以没有下行功能，只有执行和上行反馈功能。

三、充电机数据分析

吉利 EV300 充电界面显示需进入充电辅助控制模块（ACM）读取，充电辅助控制模块是吉利汽车为实现充电端口的输入和输出控制增加的一个模块。

（一）充电数据界面

辅助控制模块（ACM）数据分析如图 7-25 所示。

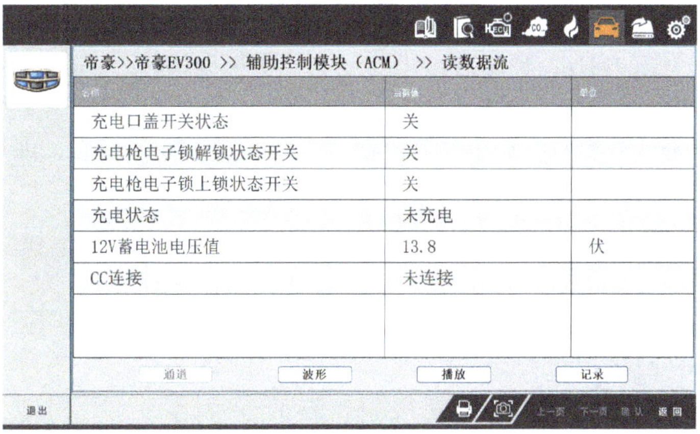

图 7-25　辅助控制模块（ACM）数据

（二）充电数据分析

辅助控制模块（ACM）数据解析内容见表 7-1。

表 7-1　辅助控制模块（ACM）数据解析内容

名称	当前值	单位	数据解析
充电口盖开关状态	关		打开充电口盖时显示为开
充电枪电子锁解锁状态开关	关		充电枪电子锁解锁检测开关状态反馈
充电枪电子锁上锁状态开关	关		充电枪电子锁上锁检测开关状态反馈
充电状态	未充电		充电时显示充电状态
12V 蓄电池电压值	13.8	V	辅助控制模块（ACM）充电机供电电压
CC 连接	未连接		充电枪插入时为连接，拔出显示未连接

学习任务单

一、填空题

1. 直流充电桩通过_____和_____这两根线给电动汽车充电。
2. PE 线用于实现汽车车身和_____壳体等电位。
3. 直流充电桩的核心是_____和_____。
4. 充电插座_____可防止意外拔出。
5. 漏电检测电流大于_____mA 时，充电桩继电器断开。

二、判断题

1. 电池管理系统（BMS）检测到 CC 线路通过电阻 R 接地，采样点电位降低，识别充电枪连接。（　　）
2. 充电桩内发出 1kHz、40% 占空比的 ±12V 导引脉冲信号，经 CP 线及电子开关 K2 形成电池管理系统与交流充电桩的通信回路。（　　）
3. 直流充电桩和电池管理系统之间的 S+、S– 线是 CAN 总线的一种写法。（　　）
4. CC1 和 CC2 用于确认直流充电插头插入插座连接完好。（　　）
5. A+、A– 用于在汽车 12V 蓄电池不能工作时保证给汽车上的控制器供电。（　　）

三、单选或多选题

1. 不插充电枪时（　　）。
   A. 交流充电桩对外的接口是没有交流电输出的
   B. 交流充电桩对外的接口是有交流电输出的
   C. 交流充电桩对外的接口是没有直流电输出的
   D. 交流充电桩对外的接口是有直流电输出的
2. 交流充电桩分为（　　）。
   A. 桩带交流充电枪　　B. 桩不带交流充电枪　　C.16A　　D.32A
3. 直流充电桩通过内部（　　）将交流电转换成直流电。
   A. AC–DC 充电模块　　　　B. AC–AC 充电模块
   C. DC–DC 充电模块　　　　D.AC–DC–AC 充电模块
4. 直流充电桩的结构组成包括（　　）。
   A. 直流充电模块　　B. 12V 开关电源　　C. 24V 开关电源　　D. 充电桩控制器
   E. 直流绝缘检测模块　　F. 计量模块　　　　G. 智能电能表　　H. 散热风扇
5. 直流充电模块包括（　　）。
   A. APFC　　　　　　　　B. DC–AC 逆变模块　　C. 高频变压器
   D. AC–DC 整流模块　　　E. 控制模块　　　　　F. CAN 通信控制模块
   G. 保护电路

实践任务
电动汽车不充电的故障排除

一、工作任务分配

按照前面所了解的知识内容，落实各项工作负责人（表7-2），如任务实施前的准备工作、实施中主要操作及协助支持工作、实施过程中相关要点及数据的记录工作等。

表 7-2　工作任务分配

班级		组号		指导老师	
组长		学号			
组员角色分配					
操作员 1		学号			
操作员 2		学号			
记录员		学号			
安全员		学号			
任务分工					

（就组织讨论、工具准备、数据采集、数据记录、安全监督、成果展示等工作内容进行任务分工）

二、操作步骤合理性评估和纠正

教学提示

　　教师提供资料或相类似的视频进行提示，以帮助学生完成主要工作步骤的填写（表7-3）。教师评估通过后，方可进行具体操作实施。学生可先行在草纸上进行，任务实施中若有改变需经教师再次评估，以确认安全和可行。

表 7-3　主要工作步骤填写用表

内容	序号	为解决问题的主要操作步骤（不含准备及 5S）	通过 / 不通过
学生完成	1		
	2		
	3		
	4		
	5		
	6		
	7		
	8		
	9		
	10		
教师完成	1	安全可行	
	2	步骤可行	
	3	时间可行	
	4	成本可行	

三、任务实施前的设备准备

小组完成设备、工具和资料准备自检（表 7-4）。

表 7-4　设备、工具和资料准备自检表

序号	设备、工具、资料名称	数量	设备及工具是否完好
1			□是□否
2			□是□否
3			□是□否
4			□是□否
5			□是□否
6			□是□否
7			□是□否
8			□是□否

四、操作性的任务实施

小组在表 7-5 中完成电动汽车不充电的故障排除工单。

表 7-5　电动汽车不充电的故障排除工单

序号	检查、操作或测量项目名称	测量数值（单位）	是否正常
1			□是□否
2			□是□否
3			□是□否
4			□是□否
5			□是□否
6			□是□否
7			□是□否
8			□是□否
9			□是□否
10			□是□否
11			□是□否
12			□是□否
13			□是□否
14			□是□否
15			□是□否
16			□是□否
17			□是□否
18			□是□否
19			□是□否
20			□是□否
21			□是□否
22			□是□否
23			□是□否

五、评价反馈

以小组为单位对本小组的操作过程与操作结果进行自评，并将结果填入表 7-6 中。
注：小组自评要能承受小组间互评的考验，互评阶段被其他小组找出扣分项，扣分加倍。

表 7-6　小组自评表

班级				
组别				
日期				
全体组员姓名				
评价名称				

评价项目		评价标准	分值	得分
考勤（10%）		小组少 1 人，扣 5 分	10	
工作过程（60%）	计划制订合理	工作方案合理可行，一次通过不扣分，每多 1 次评估通过扣 5 分	20	
	任务实施	现象描述，错误 1 次扣 10 分	20	
		检查或判断，错误 1 次扣 5 分	10	
		测量或判断，错误 1 次扣 5 分	10	
	工作态度	认真严谨、积极主动，安全生产，文明施工，违反 1 项 1 次扣 1 分	5	
	工作质量	能按照工作方案操作，按计划完成工作任务，未完成扣 3 分	5	
	团队合作	与小组成员、同学之间能合作交流，协调工作，违反 1 项 1 次扣 1 分	5	
项目成果（30%）	工作完整	不能按时完成工作任务的所有环节，扣 5 分	5	
	工作规范	在整个操作过程中出现不规范操作，违反 1 项 1 次扣 1 分	5	
	汇报展示	能准确表达、汇报工作成果，差一级扣 1 分	5	
合计			100	

总结与反思

（如：学习过程中遇到什么问题→如何解决的 / 解决不了的原因→心得体会）

Module 08

能力模块八
DC/DC 变换器
原理与故障诊断

情境引入

在一次外出救援工作中，小林遇到一辆纯电动汽车因铅酸蓄电池无电引起的无法 READY 上电行驶故障，更换新的蓄电池后，不到 30min，车辆再次抛锚。

如果你是接车的技术人员，应如何解决本故障，修理方案应如何制定。

学习目标

能力目标

- 能画出纯电动汽车 DC/DC 变换器的原理图。
- 能说出吉利 EV300 纯电动汽车 DC/DC 变换器的位置。
- 能根据 DC/DC 变换器的原理图诊断 DC/DC 不输出充电电压故障。
- 能排除吉利 EV300 纯电动汽车 DC/DC 变换器不输出充电电压故障。

素养目标

- 培养良好的职业道德，严格遵守本岗位操作规范。
- 培养良好的团队精神和沟通协调能力。

知识储备

知识点　DC/DC 变换器认知

一、DC/DC 变换器分类

（一）按电压升、降进行分类

DC/DC（Direct Current，DC）变换器（简称 DC/DC）是将直流电压变换为直流电压的电子装置。电动汽车中 DC/DC 变换器按电压升、降分为如下两类。

1. 降压变换器

降压 DC/DC 变换器的作用是将高压锂离子电池（或镍氢电池）的电压降压为 12V 或 24V 的电压等级，为 12V 或 24V 电系负载供电。

例如：直流 / 直流（DC/DC）变换器可在高压锂离子电池（或镍氢电池）电压为 280~400V 时输出稳定的 14V 或 28V 电压，分别为 12V 或 24V 电系负载（也包括 12V 或 24V 等级的铅酸蓄电池）供电（或充电）。

另外，当高压锂离子电池（或镍氢电池）完全放电，汽车已经不能行驶时，DC/DC 仍能从高压锂离子电池（或镍氢电池）中吸取能量向电动汽车输出稳定的 14V 或 28V 电压。

有些电动汽车的降压 DC/DC 变换器有双向 DC/DC 变换功能：可将高压锂离子电池（或镍氢电池）的电压降为车上铅酸蓄电池的充电电压；反过来，也可将铅酸蓄电池电压升为高压锂离子电池（或镍氢电池）的充电电压，为高压锂离子电池（或镍氢电池）充电。

2. 升压变换器

1）对动力电池电压进行升压：采用 DC/DC 变换器将动力电池高压升为更高的直流电压来驱动电机，可提高系统的工作效率。

2）对 12V 铅酸电池进行升压：在动力电池容量不能驱动汽车时，为了让汽车能开离路面，防止阻塞交通，可采用 DC/DC 变换器将 12V/24V 铅酸蓄电池电压升为高压锂离子电池（或镍氢电池）的电压来驱动电机。

燃油车的辅助蓄电池由与发动机相连的交流发电机来充电，而电动汽车的辅助蓄电池则由主电源通过 DC/DC 变换器来充电。电动汽车或混合动力汽车中用来驱动电机转动的能量来自于动力电池，动力电池为数块电池串联，电压较高，所以也叫高压电源。

（二）按单、双向进行分类

1. 单向 DC/DC

单向 DC/DC 只能向一个方向实现电压转换，多用于将燃料电池的电压升为与其并联的蓄电池电压。

2. 双向 DC/DC

双向 DC/DC 能互相实现电压转换。双向 DC/DC 多用于将动力电池的电压升压为电机工作电压，或反之；也可以将动力电池的电压降为 12V 铅酸蓄电池的电压，或反之。

（三）从 DC/DC 变换器技术进行分类

1. 非绝缘型和绝缘型

非绝缘型是指电路两侧通过电子元件相连通，绝缘型是指电路两侧采用变压器隔离，采用磁能交换。绝缘型 DC/DC 变换器的换能部件是变压器。变压器由一次侧（输入侧、动力电池侧）和二次侧（输出侧、铅酸蓄电池侧）两种线圈构成。线圈匝数与电压成比例。利用变压器改变电压时，变压器需通过交流电压。动力电池是直流电压，DC/DC 变换器通过控制芯片控制功率半导体导通、截止，将动力电池的直流电压转换成交流电压。然后利用变压器转换交流电压，再利用功率半导体将交流电压转换成 14V 的直流电压。利用功率半导体转换交流和直流时，负载电容器是为了抑制电压波形的噪声，平滑输出电压。这两种 DC/DC 变换器的工作效率都很高，一般为 85%~95%，并且适于商用。非绝缘型结构简单、成本低，而绝缘型则能将主电源的高等级电压与辅助蓄电池的低等级电压隔离开来，更加安全可靠。

2. 全桥型和半桥型

全桥型和半桥型，详见知识点 02。

二、电动汽车的用电负荷

电动汽车出现后，汽车由原来的发动机、底盘和电气三大系统，增加到发动机、底盘、电气和电力驱动四大系统，其中电力驱动系统包括驱动电机变频控制、电动压缩机变频控制、空调 PTC 加热控制、DC/DC 变换控制等。

在电动汽车中，发动机和底盘控制部分采用 12V 或 24V 电系供电，但用电负荷较小。而传统汽车电气系统的基本电气系统和辅助电气系统用电负荷较高。

（一）保留铅酸蓄电池的必要性

电动汽车以动力电池为电源，能够利用 DC/DC 变换器为铅酸蓄电池充电。汽车装备 DC/DC 变换器之后，可省去原车交流发电机，并且也能省去 12V/24V 铅酸蓄电池，但实际上电动汽车还是保留了铅酸蓄电池，这样做有两大原因。

1. 能够降低整个车辆的成本

铅酸蓄电池能在短时间内向空调、刮水器及车灯等提供大电流。如果取消铅酸蓄电池，通过 DC/DC 将动力电池的电力用于空调及刮水器，会导致 DC/DC 变换器的尺寸增大，从而使整体成本增加。另外，铅酸蓄电池便宜，目前将铅酸蓄电池更换成动力电池（锂离子电池等）还没有成本上的优势。

2. 确保电源的冗余度

铅酸蓄电池还可提高低压供电的冗余度。DC/DC 变换器出现故障停止供电时，如果没有铅酸蓄电池，低压用电设备就会立即停止运行，如夜间车灯不亮、雨天刮水器停止运行等，影响驾驶。如果有铅酸蓄电池，便能够将汽车就近开到家里或者修理厂进行检修。

（二）12/24V 电气系统负荷

在电动汽车上，为了区别 12V 电系，通常将高于 60V 的直流电压称为高压（这与工业用电和特种产品对高、低压的电压界定是完全不同的）。汽油车电气通常采用 12V 供电，所以 DC/DC 降压输出 14V，对于 24V 电气系统的柴油车则要降压输出 28V。

电动汽车电气系统的能量消耗比燃油车大得多。各种辅助子系统的功耗见表 8-1。从表中可以看出，空调是电动汽车辅助子系统中功耗最大的子系统，它的功耗大约占所有辅助子系统功耗的 60%~75%。为了减少空调的损耗，通常采用 120V 的电压等级供电。此外，为了避免辅助蓄电池电能在短时间内耗尽，大功率的子系统，如空调、动力转向系统、液压制动或气动制动和化霜器等，应当只有在接触器闭合时才能工作，这样可以直接从主电源中获取所需的动力。

表 8-1　汽车 12V 系统用电负荷

序号	12V 用电负荷	工作状态	功耗 /W
1	混合动力汽车采用发动机冷却液取暖，辅以 12V 暖风 PTC 加热器功耗	连续	250
2	变频器内部逆变桥自身功耗	连续	150
3	电池能量管理系统鼓风机电机	连续	150
4	前照灯和尾灯总成	连续	120
5	喇叭	断续	10
6	刮水器电机	连续	40
7	电动真空泵电机	断续	120
8	空调鼓风机电机	连续	240
9	仪表指示灯及步进电机仪表	连续	30
10	停车灯、转向灯及车内灯	断续	50
11	电动转向助力系统助力电机	连续	400
12	收音机主机及扬声器	连续	20
13	四个车门的电动窗升降	断续	80
14	高压配电箱高压继电器线圈	连续	20
15	ABS 回流泵电机	断续	180

（续）

序号	12V 用电负荷	工作状态	功耗 /W
16	冷却风扇电机	连续	300
合计	—	—	2160

优化容量表示电池的充电和放电过程能够相互平衡，而且辅助蓄电池一直保持满充状态。例如：如果选择更大的容量，则充电过程就比放电过程占优势，就会导致 DC/DC 变换器尺寸过大或者出现辅助蓄电池过充的问题；如果选择小一点的容量，则电池的放电过程就比充电过程占优势，这将会导致辅助蓄电池在紧急情况下使用时失去满充状态。

汽车电气系统用电负荷的能耗大约为 1kW，所以选择 DC/DC 的功率至少为 1kW。若动力转向不采用 12V 供电，则 DC/DC 的功率可以减小，但实际中为保险起见，通常 DC/DC 功率至少为 1.5kW。

（三）高压用电负荷

除了驱动汽车的电机以外，对于大功率的设备通常采用高压供电，见表 8-2。

表 8-2　汽车高压用电负荷

高压用电负荷元件	工作状态	功耗 /kW
电动汽车空调采用电动空调时的压缩机电机	连续	3.0~5.0
电动客车采用气压制动时的电动空气压缩机电机	连续	1.5~2.0
纯电动汽车暖风加热 PTC（正温度系数热敏电阻器）	连续	1.5~2.0
给 12V 蓄电池充电的 DC/DC 变换器的高压供电功率	连续	1.5~2.0

一般电动汽车只有一个直流/直流变换器，把高压直流电降压为 14V 或 28V 直流电。一些高档电动汽车有两个 DC/DC 变换器。

知识点　　DC/DC 变换器工作原理

一、BUCK 型 DC/DC 变换器

实现降压的 DC/DC 变换器的主电路结构有很多，其中 BUCK 型 DC/DC 变换器以其结构简单、变换效率高的特点是首选的 DC/DC 变换电路拓扑结构之一（注：BUCK 译为降压型）。

DC/DC 变换器一般由控制芯片、电感线圈、二极管、晶体管和电容器构成。基本 BUCK 电路的原理图如图 8-1 所示，U_{in} 是输入电压，U_o 是 BUCK 电路的输出电压，

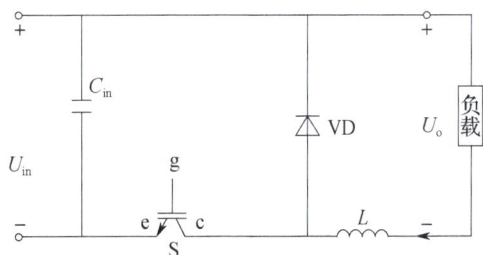

图 8-1　基本 BUCK 型 DC/DC 电路拓扑

C_{in} 是输入电容，S 是主功率开关晶体管，VD 是主功率二极管，L 是储能电感。

基本 BUCK 电路电感 L 的储能工作过程（图 8-2）：当开关晶体管 S（Switch）导通时，电流经负载、电感 L 流过电子开关 S，电流增加，电能以磁能形式存储在电感线圈 L 中，同时给负载供电。在这个过程中电容 C_{in}、负载、L、S 构成回路。

基本 BUCK 电路电感 L 的能量释放过程（图 8-3）：当 S 由导通转为截止时，存储在电感中的能量释放出来，通过 VD 续流维持向负载供电，此时电感 L、续流二极管 VD 和负载构成回路，若周期性地控制开关晶体管 S 的导通与关闭，即可实现能量由 U_{in} 向 U_o 的降压传递，电路的输出电压 $U_o=\delta U_{in}$，δ 为开关晶体管 S 的导通占空比。为达到上述降压传递，开关晶体管 S 与二极管 VD 必须轮流导通与关断，二者之间频繁地进行换流。

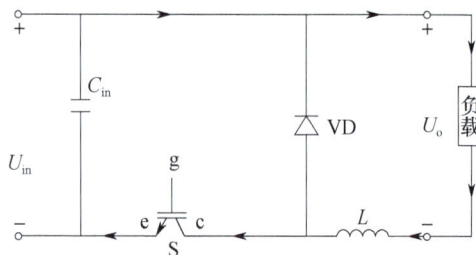

图 8-2 基本 BUCK 型 DC/DC 的电感储能过程　图 8-3 基本 BUCK 型 DC/DC 二极管 VD 续流过程

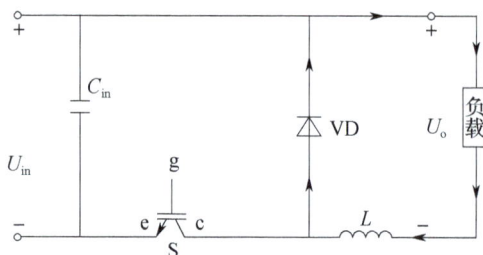

二、全桥 DC/DC 变换器

燃料电池发动机输出的电压一般为 240~450V，且输出电压随着燃料电池输出电流的增大而减小。另外，由于燃料电池汽车（FCEV）的燃料电池不能充电，因此，配置单向全桥 DC/DC 变换器，可将燃料电池的波动电流转换为稳定、可控的直流电源。

全桥 DC/DC 变换器电路原理图如图 8-4 所示。全桥 DC/DC 变换器输入端采用 4 个带有续流二极管的开关晶体管 VT_1、VT_2、VT_3、VT_4 共同组成大功率的直流变交流的单相 H 型桥逆变器，中部为高频变压器 T_r，输出端用 4 个整流二极管共同组成整流器。在变压器 T_r 一次线圈电路中串联一个电容 C_2，可以防止变压器的磁偏心。整流输出电路中加入由电感 L_f 和电容 C_f 组成的滤波器（f=filter），将直流方波电压中的高频分量滤除，得到一个平直的直流电压。

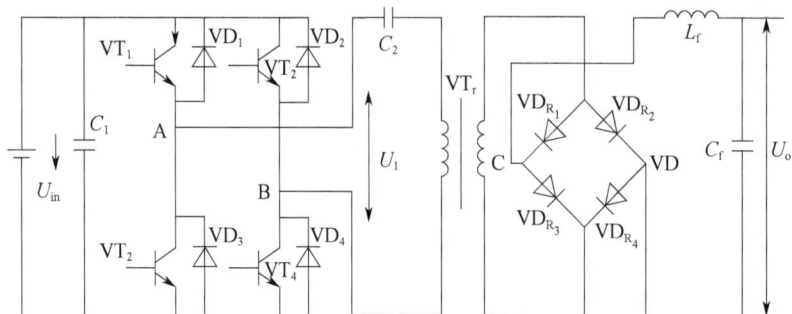

图 8-4 绝缘型全桥 DC/DC 变换器的原理图

1）正半波逆变和整流：当导通开关 VT_1 先导通时（图 8-5），在延迟一定的 α 电位角后再导通开关 VT_4，而 VT_2 和 VT_3 被截止。VT_1 和 VT_4 轮流导通 180° 电位角。此时电流经电容 C_2 流入，从 VT_r 的一次线圈上端向下流入，在 VT_r 的二次线圈电流向上经 VD_{R_1}、L_f，输出电压 U_o 经 VD_{R_4} 回流到 T_r 的二次线圈。

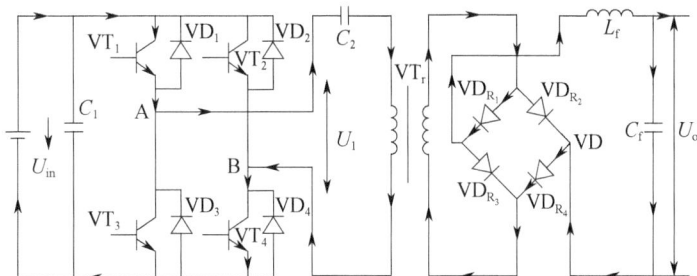

图 8-5 绝缘型全桥 DC/DC 变换器 VT_1 和 VT_4 导通控制

2）负半波逆变和整流：当导通开关 VT_2 先导通时（图 8-6），在延迟一定的 α 电位角后再导通开关 VT_3，而 VT_1 和 VT_4 被截止。VT_2 和 VT_3 轮流导通 180° 电位角。此时电流从 VT_r 的一次线圈下端向下流入，经电容 C_2 流出，在 VT_r 的二次线圈电流向上经 VD_{R_3}、L_f，输出电压 U_o 经 VD_{R_2} 回流到 VT_r 的二次线圈。

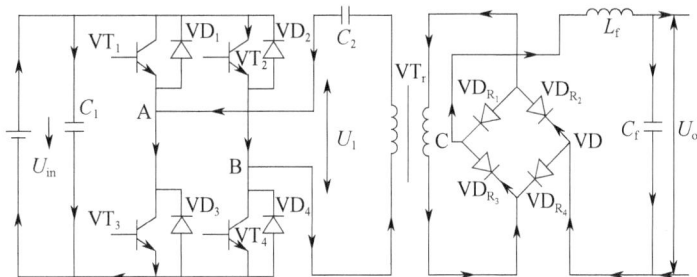

图 8-6 绝缘型全桥 DC/DC 变换器 VT_2 和 VT_3 导通控制

只要改变开关晶体管的导通时间，就可以调节输出电压 U_o 的值。选择智能控制的大功率全桥 DC/DC 变换器，可以有良好的自我保护能力和使用寿命。

DC/DC 变换器的外特性如图 8-7 所示，单向 DC/DC 变换器的控制框图如图 8-8 所示。根据 FCEV 的动力性能设计要求，确定 DC/DC 变换器输出电压的给定值。当燃料电池电流逐渐增大时，电压基本保持平稳，通过对输出电压的闭环控制，实现 DC/DC 变换器的恒压输出（图 8-7 中的 AB 段）。当燃料电池电流继续增大、电压快速下降时，通过对输出功率控制，实现 DC/DC 变换器的恒功率输出（图 8-7 中的 BC 段）。由于燃料电池的电压达到下限值受到反应温度、压力和环境等的影响，图 8-7 的 BC 段的功率不能事先给定，而是用

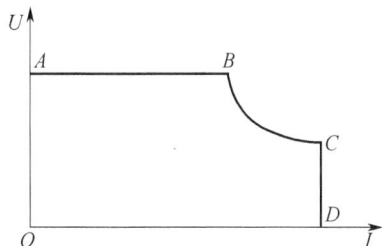

图 8-7 DC/DC 变换器的外特性

此时通过燃料电池的输出电压和电流来测定，并实时对 DC/DC 的输出功率进行调节，这是保证燃料电池不会发生过放电的关键措施。当 DC/DC 变换器达到最大输出电流时，电压迅速下降（图 8-7 中 CD 段）为恒电流段，其电流值决定 DC/DC 变换器的最大输出电流。

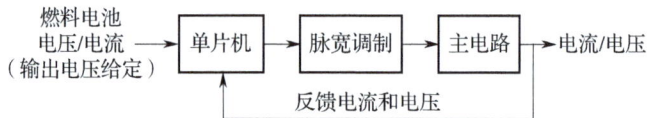

图 8-8 单向 DC/DC 变换器的控制框图

控制芯片控制功率半导体导通、截止有 PFM（脉冲频率调制）和 PWM（脉冲宽度调制）两种方式。PFM 调制时开关脉冲宽度一定，通过改变脉冲输出的时间，使输出电压达到稳定。PWM 方式开关脉冲的频率一定，通过改变脉冲输出宽度，使输出电压达到稳定。通常情况下，采用 PFM 和 PWM 这两种不同调制方式的 DC/DC 变换器的性能不同点见表 8-3。

表 8-3 两种不同调制方式变换器的性能不同点

项目	PFM	PWM
电路规模（IC 内部）	简单	复杂
消耗电流	较少	较多
纹波电压	较大	较小
瞬态响应	较差（反应较慢）	较好（反应较快）

采用 PWM 调制方式，在选用较低频率的情况下，小负载时效率较高，输出电压的纹波较大；在选用较高频率的情况下，小负载时效率很低，输出电压的纹波较小。因此，在小负载或待机时间较长的情况下，选用低的频率，转换电路的效率较高。但若考虑输出电压的纹波问题，则选用高的频率，纹波电压会较小。DC/DC 变换器通过开关动作进行升压或降压，特别是晶体管或场效应晶体管处于快速开关状态时，会产生尖峰噪声以及电磁干扰。

三、双向 DC/DC 变换器

在蓄电池和超级电容器组成的混合电源上，一般蓄电池以稳态充、放电的形式工作，而超级电容器在电动车辆起动时，能够以大电流的放电形式工作，在接受外电源或制动反馈的电能时又能以大电流的充电形式工作。蓄电池和超级电容器的电流为双向流动，因此，在蓄电池和超级电容器与电力总线之间装置双向、升降压（Buck-Boost）型 DC/DC 变换器，双向控制和调配输入和输出的电流。升降压双向 DC/DC 变换器电路如图 8-9 所示，其中：电池（U_{bus}）端与输出的变频器相连。

1）变频器（或车载充电机）给电池和电容的充电过程：双向 DC/DC 变换器处于充电工况时（图 8-10），导通开关 VT_1 彻底切断，开关 VT_2 处于导通和断开的控制中，来自变频器的制动反馈电流或来自车载充电机的充电电流，经由动力总线先向蓄电池充电，再向超级电容器充电。在通过电感 L_1 时，部分电流暂时存留在电感 L_1 中，当导通开关 VT_2 断开后，电感 L_1 中存留的电流通过整流二极管 VD_2 转存在电容器 C 中。双向 DC/DC 变换器在对超级电容器充电时处于降压（Buck）状态。在超级电容器电路上装置电感 L_1 还可以减小进入超级电容器线路的电流脉冲。

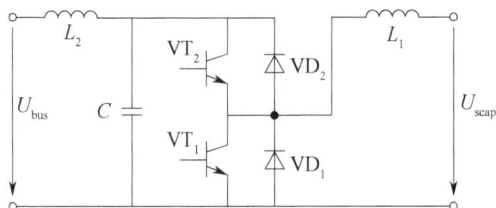

图 8-9　非绝缘型双向 DC/DC 变换器电路

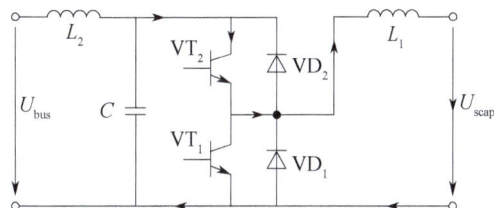

图 8-10　电池（U_{bus}）给电容（U_{scap}）充电电流流向

2）电池和电容给变频器供电过程：双向 DC/DC 变换器处于放电工况时，开关 VT_2 彻底切断，开关 VT_1 处于导通和断开的控制中（图 8-11）。蓄电池电压高，先行向左放电。超级电容器放电要经过电感 L_1 先储能（图 8-12）后能量释放两个过程。储能过程：开关 VT_1 导通，L_1 有电流流过实现电感储能。能量释放过程：VT_1 断开的瞬间，L_1 自感电动势提高电压后经 VD_2 二极管、电感 L_2 给变频器供电。电流方向是由超级电容器向动力总线方向流动，DC/DC 变换器对外放电处于升压（Boost）状态。在总线电路上装置电感 L_2 可以减小进入总线的电流脉冲。

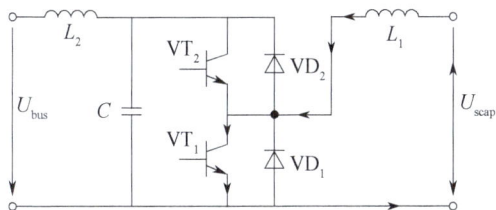

图 8-11　电容放电前先行给电感 L_1 储能电流流向

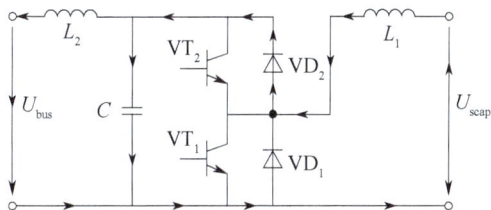

图 8-12　VT_1 断开电感 L_1 升压给电池（U_{bus}）充电

知识点　电动汽车 DC/DC 变换器工作原理与检修

一、DC/DC 变换器控制框图

如图 8-13 所示，DC/DC 变换器将电动汽车动力电池的标称电压降至 12V（实际是 14V），从而为电气零部件供电，并为 12V 蓄电池再充电。

有些电动汽车为调节 DC/DC 变换器的输出电压，动力管理控制 ECU 根据 12V 蓄电池温度传感器信号将输出电压请求信号传输至 DC/DC 变换器。DC/DC 变换器通过 CAN 总线或串行通信实现自诊断信息外传和控制信息下载。

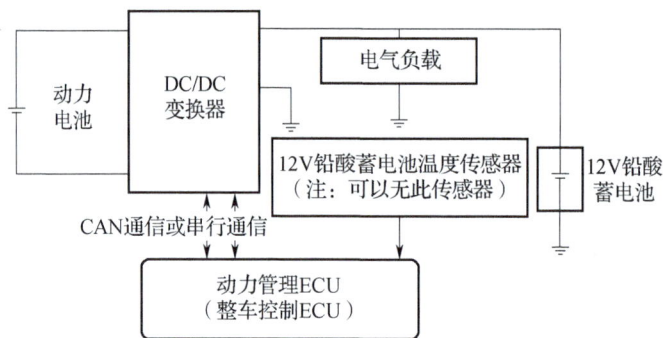

图 8-13　典型 DC/DC 变换器控制

二、降压型变换器工作原理

典型的降压型变换器如图 8-14 所示，车辆的辅助设备，如车灯、音响系统、空调系统（除空调压缩机）和 ECU，它们由 DC 12V 的供电系统供电。由于纯电动汽车动力电池电压标称电压一般为 300~650V，比较常见的有 330V、400V 和 650V，因此，需要降压变换器将这个电压降低到 DC 14V 来为 12V 蓄电池充电。这个变换器安装于变频器的下部。

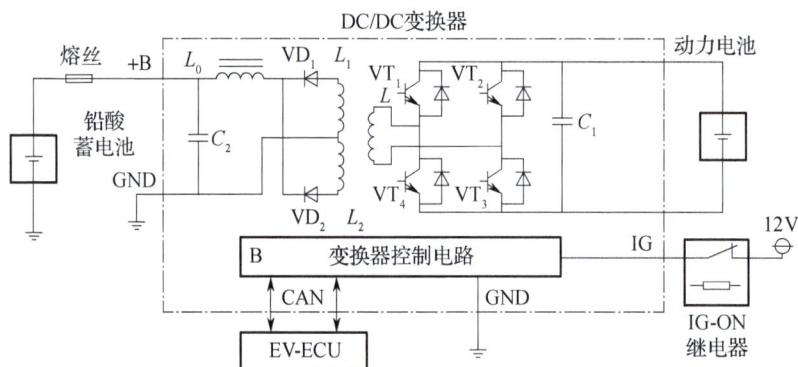

图 8-14　降压型变换器系统图

其工作原理如下：

1）DC/DC 上电过程：在点火开关（或一键式供电开关）打到 READY 时，系统主继电器 SMRG 和 SMRP（预充继电器）先工作，完成 C_1 电容的预充过程。当电容 C_1 电压接近动力电池电压时，SMRB 继电器工作，同时 SMRP 继电器退出工作。

2）直流交流变换：DC/DC 变换器的控制电路控制晶体管 VT_1、VT_3 工作（图 8-15），此时通过 L 的电流由上到下。然后再控制 VT_2、VT_4 工作（图 8-16），此时通过 L 的电流由下到上，从而将直流变换成交流。

3）降压过程：由于通过电感 L 的为交流电，在两个次级电感线圈 L_1 和 L_2 中就感生出交流电，由于线圈匝数较少，所以电压输出较低。

4）整流过程：VD_1 和 VD_2 实现两个线圈的半波整流。

5）滤波过程：电感 L_0 和电容 C_2 用于滤波，实现电流平滑给铅酸蓄电池充电，从 GND 构成回路。

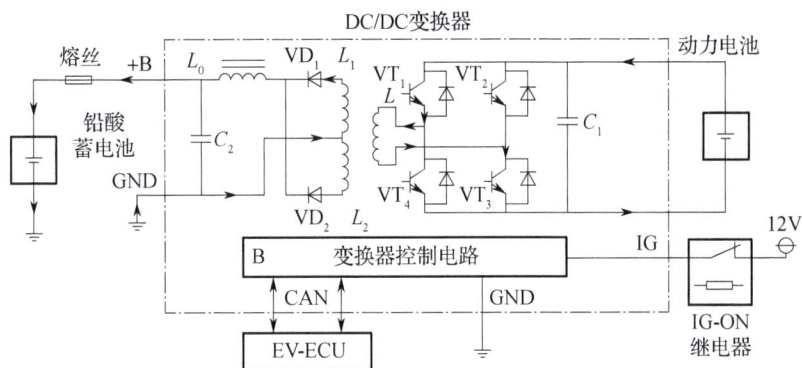

图 8-15 DC/DC 变换器 VT₁ 和 VT₃ 导通控制

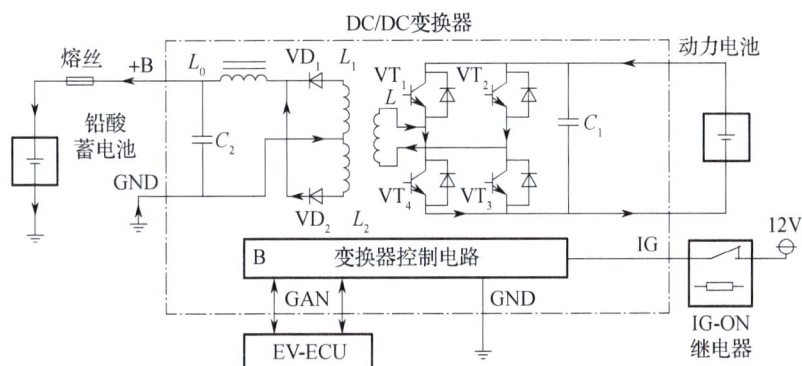

图 8-16 DC/DC 变换器 VT₂ 和 VT₄ 导通控制

6）控制过程：DC/DC 控制电路根据输出的电压反馈进行电压输出控制，以满足 VT_1、VT_3 和 VT_2、VT_4 的换流控制。

7）通信过程：DC/DC 控制电路通过 CAN 与 EV-ECU 通信实现 DC/DC 自诊断的输出，同时针对用电负荷增加，可先于电压反馈进行控制。

三、DC/DC 变换器的电压及电流测试

1. DC/DC 变换器的电压测试

DC/DC 变换器的电压测试是一个非常重要的测试：当一键供电开关打到 READY 档时，正常 DC/DC 变换器的电压应在（14±0.5）V，如果电压仍为蓄电池电压，说明 DC/DC 变换器未工作或自身损坏，应先排查低压供电和控制线，若低压供电和控制正常，则说明 DC/DC 变换器自身损坏。

2. DC/DC 变换器的电流测试

DC/DC 变换器的电流测试可检验 DC/DC 性能好坏。在 DC/DC 变换器的输出电压在（14±0.5）V 时，通过打开灯光、鼓风机等大电气负载测试 DC/DC 变换器的性能。

在没有数据流的情况下，可通过万用表和电流钳进行 DC/DC 变换器输出电压和电流的测试。

学习任务单

一、填空题

1. DC/DC 是_____的缩写。

2. 降压 DC/DC 变换器的作用是将高压锂离子电池（或镍氢电池）的电压降压为_____V 或_____V 的电压等级，为 12V 或 24V 电系负载供电。

3. 单向 DC/DC 只能向一个方向实现电压转换，多用于将燃料电池电压_____为与其并联的蓄电池电压；

4. 双向 DC/DC 多用于将动力电池的电压升压为_____工作电压，或反之。

5. BUCK 译为_____，BOOST 译为_____。

二、判断题

1. 燃料电池的输出电压随着燃料电池输出电流的增大而减小。   （   ）

2. 燃料电池不能充电。   （   ）

3. FCEV 的燃料电池需要装置单向 DC/DC 变换器。   （   ）

4. 蓄电池和超级电容器需要装置双向 DC/DC 变换器。   （   ）

5. 全桥 DC/DC 变换器输入端采用 4 个带有续流二极管的开关晶体管 VT_1、VT_2、VT_3、VT_4 共同组成大功率的直流变交流的单相 H 型桥逆变器。   （   ）

三、单选或多选题

1. DC/DC 变换器一般由（   ）组成。
   A. 控制芯片   B. 电感线圈   C. 二极管   D. 晶体管（开关晶体管）   E. 电容器

2. 控制芯片控制功率半导体导通、截止的调制方式有（   ）。
   A. PFM（脉冲频率调制）   B. PWM（脉冲宽度调制）
   C. PFD（脉冲频率调制）   D. PWA（脉冲宽度调制）

3. DC/DC 变换器的外特性是（   ）。
   A. 开始一段平直线   B. 平直线后一段凹形下降线
   C. 平直线后一段凸形下降线   D. 凹形下降线后突然为一段截止线

4. PWM 调制方式在选用较低频率的情况下（   ）。
   A. 小负载时，效率较高   B. 大负载时，效率较高
   C. 小负载时，输出电压的纹波较小   D. 小负载时，输出电压的纹波较大

5. DC/DC 变换器通过开关动作进行升压或降压，高频控制时会（   ）。
   A. 产生尖峰噪声   B. 产生电磁干扰
   C. 降低效率   D. 使输出电压的纹波变小

实践任务
DC/DC 变换器不工作引起
蓄电池馈电的故障排除

一、工作任务分配

按照前面所了解的知识内容，落实各项工作负责人（表 8-4），如任务实施前的准备工作、实施中主要操作及协助支持工作、实施过程中相关要点及数据的记录工作等。

表 8-4　工作任务分配

班级		组号		指导老师	
组长		学号			
组员角色分配					
操作员 1		学号			
操作员 2		学号			
记录员		学号			
安全员		学号			
任务分工					

（就组织讨论、工具准备、数据采集、数据记录、安全监督、成果展示等工作内容进行任务分工）

二、操作步骤合理性评估和纠正

教学提示　教师提供资料或相类似的视频进行提示，以帮助学生完成主要工作步骤的填写（表 8-5）。教师评估通过后，方可进行具体操作实施。学生可先行在草纸上进行，任务实施中若有改变需经教师再次评估，以确认安全和可行。

表 8-5 主要工作步骤填写用表

内容	序号	为解决问题的主要操作步骤（不含准备及 5S）	通过 / 不通过
学生完成	1		
	2		
	3		
	4		
	5		
	6		
	7		
	8		
	9		
	10		
教师完成	1	安全可行	
	2	步骤可行	
	3	时间可行	
	4	成本可行	

三、任务实施前的设备准备

小组完成设备、工具和资料准备自检（表 8-6）。

表 8-6 设备、工具和资料准备自检表

序号	设备、工具、资料名称	数量	设备及工具是否完好
1			□是□否
2			□是□否
3			□是□否
4			□是□否
5			□是□否
6			□是□否
7			□是□否
8			□是□否

四、操作性的任务实施

小组在表 8-7 中写出如何排除 DC/DC 变换器不工作引起蓄电池馈电的故障，有物理量数据测量的写出测量数值及单位。

表 8-7　DC/DC 变换器不工作引起蓄电池馈电的故障排除工作单

序号	检查、操作或测量项目名称	测量数值（单位）	是否正常
1			□是□否
2			□是□否
3			□是□否
4			□是□否
5			□是□否
6			□是□否
7			□是□否
8			□是□否
9			□是□否
10			□是□否
11			□是□否
12			□是□否
13			□是□否
14			□是□否
15			□是□否
16			□是□否
17			□是□否
18			□是□否
19			□是□否
20			□是□否
21			□是□否
22			□是□否
23			□是□否

五、评价反馈

以小组为单位对本小组的操作过程与操作结果进行自评，并将结果填入表 8-8 中。

注：小组自评要能承受小组间互评的考验，互评阶段被其他小组找出扣分项，扣分加倍。

表 8-8 小组自评表

班级	
组别	
日期	
全体组员姓名	
评价名称	

评价项目		评价标准	分值	得分
考勤（10%）		小组少 1 人，扣 5 分	10	
工作过程（60%）	计划制订合理	工作方案合理可行，一次通过不扣分，每多 1 次评估通过扣 5 分	20	
	任务实施	现象描述，错误 1 次扣 10 分	20	
		检查或判断，错误 1 次扣 5 分	10	
		测量或判断，错误 1 次扣 5 分	10	
	工作态度	认真严谨、积极主动，安全生产，文明施工，违反 1 项 1 次扣 1 分	5	
	工作质量	能按照工作方案操作，按计划完成工作任务，未完成扣 3 分	5	
	团队合作	与小组成员、同学之间能合作交流，协调工作，违反 1 项 1 次扣 1 分	5	
项目成果（30%）	工作完整	不能按时完成工作任务的所有环节，扣 5 分	5	
	工作规范	在整个操作过程中出现不规范操作，违反 1 项 1 次扣 1 分	5	
	汇报展示	能准确表达、汇报工作成果，差一级扣 1 分	5	
合计			100	
总结与反思				

（如：学习过程中遇到什么问题→如何解决的 / 解决不了的原因→心得体会）

能力模块九
电动汽车空调原理与故障诊断

情境引入

一辆纯电动汽车在打开空调后无法制冷，车内温度设定到17℃，鼓风机开至最大风量，测得出风口温度为14℃。

如果你是接车的技术人员，应如何解决本故障，修理方案应如何制定。

学习目标

能力目标

- 能说出电动汽车制冷和制热方式的优缺点。
- 能说出电动客车热泵式空调的工作原理。
- 能说出直接式热泵式空调工作原理。
- 能排除电动汽车空调不制冷故障。
- 能排除电动汽车空调不制热故障。

素养目标

- 培养良好的团队精神和沟通协调能力。
- 培养正确的劳动态度以及爱岗敬业、吃苦耐劳的精神。

知识储备

知识点 空调工作原理认知

空调的作用是对车内空气进行制冷、制热、除湿、通风、清洁及使空气清新度保持在使人感觉舒适的状态。在不同的气候环境条件下，电动汽车车厢内应保持如传统汽车的舒适状态，以提供舒适的驾驶和乘坐环境。

一、电动汽车空调特点

与普通空调装置相比，汽车空调装置以及车内环境主要有以下特点。

1）汽车空调系统安装在运动的车辆上，承受剧烈而频繁的振动与冲击，要求电动汽车空调装置结构中的各个零部件都应具有足够的抗振动冲击和良好的系统气密性能。

2）电动汽车大部分属于短距离代步，乘坐时间较短，加上电动汽车内乘员所占空间较大，产生的热量相对较多，相对热负荷大，要求空调具有快速制冷、制热和低速运行能力。

3）电动汽车空调使用的是车上蓄电池提供的直流电源，压缩机工作效率高，控制可靠性高，维护方便。

4）汽车车身隔热层薄，而且门窗多、玻璃面积大，隔热性能差，电动汽车也不例外，致使车内漏热严重。

5）车内设施高低不平，如座椅会使气流分配困难，难以做到气流分布均匀。

二、电动汽车制热方式

1. 热泵式空调加热

电动汽车和传统汽车的驱动动力不同，使得它们的空调系统也有很大的区别：电动汽车没有用来采暖的发动机余热，空调系统必须自身具有供暖的功能，即要求采用热泵型空调系统。同时，压缩机也只能采用电机直接驱动，结构上与现有的压缩机形式不完全相同。由于给热泵空调系统提供动力的电池主要是用来驱动汽车的，空调系统能量的消耗对汽车的续驶里程影响很大。如果电动汽车仍采用现有能效比较低的空调系统，将要耗费10%以上的电功率，这就意味着要在增加电池的制造成本和降低电动汽车的驱动性能这两个指标进行选择，因此对电动汽车空调系统的节能高效性能提出了更高的要求。

说明 在 -10℃ 以上时，热泵式空调制热性能较好，在 -10℃ 以下时，热泵式空调制热性能变差，需要 PTC 辅助加热。

2. PTC 辅助加热

电动汽车采用电制热方式时，加热器一般配置在驾驶席和前排乘客席之间的地板下方。加热器有 PTC（Positive Temperature Coefficient）元件，加热器元件产生的热量传送至冷却系统的散热风扇。要求加热器有较高的制热性能，因此，电源使用的是驱动电机的动力电池，而非辅助电池（12V）。如果是纯电动汽车，也可以不使用冷却液，直接用鼓风机吹送经 PTC 加热器加热的暖风。

加热器内部有板状加热元件，通过在元件两侧通入散热剂（冷却液）提高散热性。PTC 元件夹在电极中间，具有电阻随元件温度改变的性质。在低温区，PTC 元件电阻低，电流流通产生热量，随着温度升高，电阻逐渐增大，电流难以流通，发热量随之降低。PTC 元件的特性符合汽车的制暖性能要求——具备在低温区的高制暖性能。

说明　工程上 $1mm^2$ 纯铜线通常可通过 5A 电流，若加热器功率为 3.6kW（12V 电压）则需要供电线横截面积为 $60mm^2$。这样的线又粗又硬，无法在车上使用，所以高功率加热器全部采用高电压。

3. 汽车制热的现状

电动车沿用汽油车的制暖结构。燃油车的制暖系统由发动机、冷却液、加热芯和送风的鼓风机电机组成。冷却液吸收发动机的热量后温度升高，并从加热芯内部流过，车内冷空气从加热芯外部流过，为车内制暖。

目前加热器 ECU 与空调系统 ECU 是各自独立的，未来可将两者集成在一起。纯电动汽车配备多个加热元件，可以使其制暖能力提高到与燃油车相当。弱混电动汽车以 40~60km/h 行驶时，在某些条件下，使用制暖时的行驶距离要短于使用制冷，这说明制暖的电能消耗比制冷的电能消耗更大。

目前，弱混电动汽车的制冷和制暖系统各自独立，制暖主要依靠发动机冷却液的余热，而制冷则采用电动空调压缩机。

三、电动单制冷式空调

电动单制冷式空调系统沿用传统汽车空调元件，实现仅制冷功能，不能像热泵式空调既能制冷也能制热。

1. 制冷系统的组成

如图 9-1 所示，汽车制冷系统主要由电动压缩机、冷凝器、储液干燥器、膨胀阀、蒸发器和控制电路等组成。

1）低压管路：从节流阀出口至压缩机入口，沿程有蒸发器、低压加注口、积累器。

2）高压管路：从压缩机出口至节流阀入口，沿程有压缩机、冷凝器、储液干燥器、高压加注口、高低压开关、节流阀。

技术指导　客车多采用变频器控制高压三相电机驱动压缩机电机，因此有独立的电机变频器，电机和压缩机之间采用带传动方式。而轿车多采用整体式电动压缩机，这种压缩机内部有电机，一般采用高电压供电变频驱动。

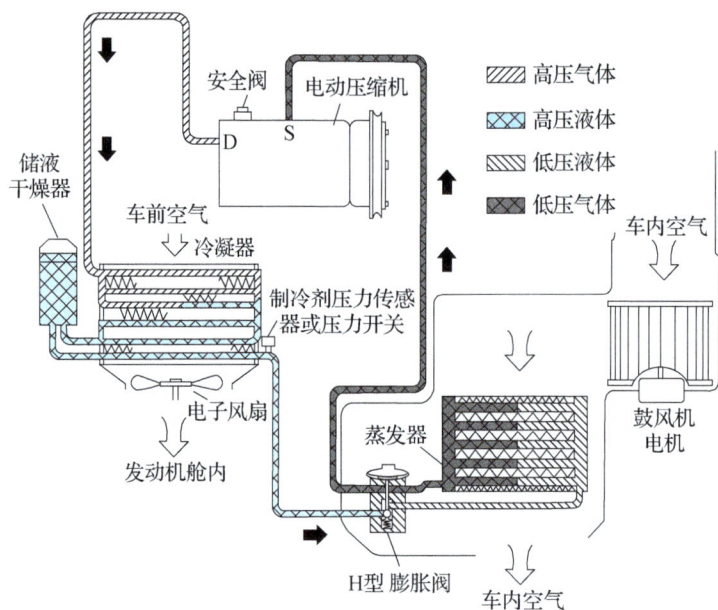

图 9-1 汽车制冷系统组成

2. 制冷系统部件功能

压缩机把低温、低压的气态制冷剂吸入压缩成高温、高压的气态制冷剂，以与外界空气产生温差。冷凝器把经过冷凝器专用风扇或发动机散热风扇的高温、高压制冷剂的热量散至周围空气，制冷剂降温；储液干燥器用来除去制冷剂中的水分；高压加注口用于加制冷剂或对管路抽真空；高、低压开关中，高压开关保护管路，低压开关保护压缩机；节流阀（膨胀阀）是一个可变或固定截面小孔，把高压制冷剂节流雾化，经蒸发箱吸收车内空气热量；在鼓风机的作用下，蒸发器内的制冷剂吸收车内热量；积累器用来储存制冷剂，防止从蒸发器出来的不是气态制冷剂而液击压缩机，一般不设计；低压加注口用于加制冷剂或对管路抽真空用。

对于燃油汽车空调系统，制冷主要采用发动机驱动的压缩机进行降温，而制热主要采用燃油发动机产生的余热。对于电动汽车中的纯电动汽车以及燃料电池汽车来说，没有发动机作为空调压缩机的动力源，也不能提供空调制热用的热源，因此无法直接采用燃油汽车空调系统的解决方案。对于混合动力车型来说，发动机的控制方式多样，故空调压缩机也不能采用发动机直接驱动的方案。综合以上原因，电动汽车必须采用适合电动汽车使用的新型空调系统。对于电动汽车来说，车上拥有高压直流电源，因此，压缩机采用电机直接驱动，成为电动汽车可行的解决方案。若热泵式空调的压缩机电机采用变频控制技术，膨胀阀采用电子膨胀阀节流技术，则控制更精确，更节能。

在传统燃油汽车的自动空调系统中，通过控制混合风门的开度来调节出风温度以及控制风机的转速来调节风量，以使车室内温度保持在设定值。而对于电动汽车热泵式空调系统而言，没有热水芯来调节出风温度，但是压缩机的转速可以通过变频器来控制。因此它的控制方法也就不同于传统燃油汽车的空调系统。

在电动汽车热泵式空调系统中，压缩机的转速是制冷量的主要控制量，压缩机转速采用的控制方法归纳如下：当车室温度高于设定温度 1℃ 时，为了尽快使温度达到设定值，压缩机以最大转速运行；若车室温度低于设定温度 1℃，压缩机以最低转速运行；当室温偏差在 −1~1℃ 之间时，压缩机的转速通过模糊控制算法来控制，以每一采样时刻室温与设定值的温差及温差的变化率为输入量，通过模糊推理得出压缩机的转速值。

蒸发器风机的风量不仅影响制冷系统，而且对车室温度也有较大影响。如果只将蒸发器风机以最大风量运行，不仅噪声较大，也不利于满足车室的舒适性要求。尤其对于电动汽车空调系统，没有热水芯调节出风温度，车室内的体积比较狭小，如果车室温度只通过调节压缩机的转速来控制，会比较容易波动，不利于系统的稳定运行。因此，只在车室负荷较大的情况下才让风机以最大风量运行，而在其他情况应该采取合适的控制策略，以保证车室内的温度稳定在设定温度。在初始制冷阶段，压缩机和蒸发器风机以最大转速运行，使车室温度迅速降至设定温度。当温度达到设定温度后，有少许超调量，控温精度较高。例如当压缩机从最大转速 6000r/min 降到约 3300r/min 时，通过控制蒸发器的风量，车室内温度可以平稳地降到设定温度附近，使得此时压缩机转速的超调量较小。

四、电动变排量涡旋式制冷压缩机

普锐斯（Prius）上的 ES18 电动变频压缩机由内置电机驱动。除了由电机驱动的部件外，压缩机的基本结构和工作原理与涡旋压缩机相同。空调变频器提供的交流电（201.6V）用来驱动电机，变频器集成在混合动力系统的变频器上。即使发动机不工作，空调控制系统也能工作，这样，既能实现良好的空气状况，也减少了油耗。由于采用了电动变频压缩机，压缩机转速可以被控制在空调 ECU 计算的所需转速内，因此，冷却性能和除湿性能都得到了改善，并降低了功率消耗。压缩机的进气、排气软管采用了低湿度渗入软管，这样，可以减少进入制冷循环中的湿气。压缩机使用高压交流电。如果压缩机电路发生开路或短路，HV-ECU 将切断空调变频器电路以停止向压缩机供电。为了保证压缩机和压缩机壳内部高压部分的绝缘性能，Prius 采用了有高绝缘性的压缩机油（ND11）。因此，绝对不能使用除 ND11 型压缩机油或它的同等品外的压缩机油。

1. 结构

如图 9-2 所示，电动变频压缩机包含一个螺旋形固定蜗形管（定子叶片）和可变蜗形管（晃子叶片）、无刷电机、油挡板和电机轴。固定蜗形管安装在壳体上，轴的旋转引起可变蜗形管在保持原位置不变时发生转动，这时，由这对蜗形管隔开的空间大小发生变化，实现制冷剂的吸入、压缩和排出等功能。将进气管直接放在蜗形管上可以直接吸气，从而可以提高进气效率。压缩机中有一个内置油挡板，可以挡住制冷循环过程中与气态制冷剂混合的压缩机油，使气态制冷剂循环顺畅，从而降低机油的循环率。

2. 工作原理

图 9-3 所示为电动涡旋式压缩机的定子叶片（左）和晃子叶片（右）实物图。

具体工作过程如图 9-4 所示。

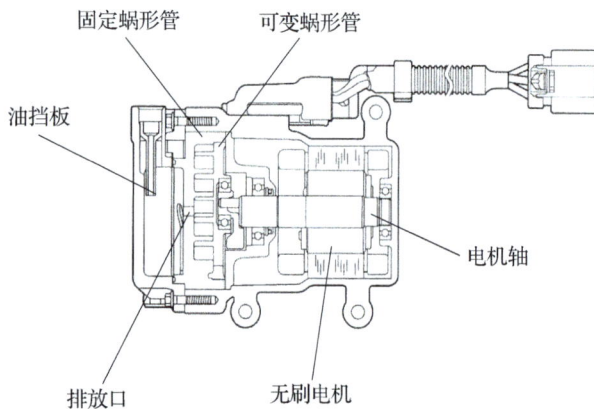

图 9-2　电动变频压缩机内部结构

图 9-3　电动涡旋式压缩机的定子叶片（左）和晃子叶片（右）

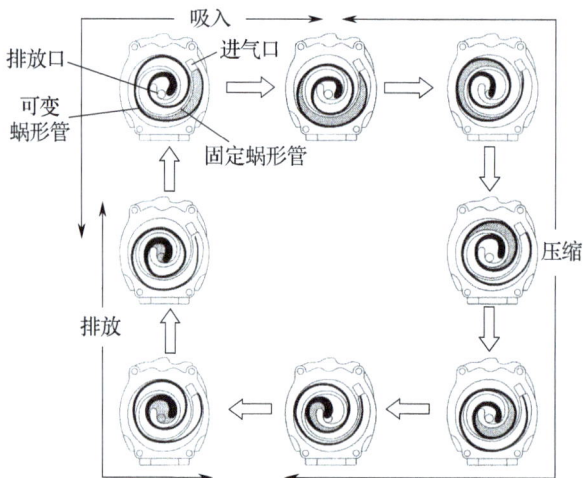

图 9-4　电动变频涡旋式压缩机工作过程

（1）吸入过程　在定子叶片（固定蜗形管）和晃子叶片（可变蜗形管）间的压缩室的容量随着晃子叶片的晃动而增大，这时，气态制冷剂从进气口吸入。

（2）压缩过程　吸入步骤完成后，随着晃子叶片继续转动，压缩室的容量逐渐减小。这样，吸入的气态制冷剂逐渐压缩并被排到定子叶片的中心。当晃子叶片转动约 2 周后，制冷剂的压缩完成。

（3）排放过程　压缩完成压力较高后，气态制冷剂通过定子叶片中心的按压式排放口排出到高压管。

五、电动空调压缩机不工作的原因

电动汽车空调的控制与燃油车空调的控制基本相同，许多故障与燃油车的故障原因相同，这里只介绍电动空调压缩机不工作的原因。

1. 压缩机起动控制条件未达到

1）空调控制面板操作错误。

2）车前保险杠处的外界环境温度传感器检测到外界环境温度过低而禁止空调压缩机转动。

3）高压管处的高、低压力传感器检测到制冷管路制冷剂过多、过少而禁止空调压缩机转动。

2. 压缩机起动控制条件已达到，压缩机仍不转动

1）压缩机高压供电熔丝损坏（压缩机外部供电线路短路）。

2）压缩机高压绝缘损坏。

3）空调控制器和变频器通信线路损坏。

4）压缩机变频器损坏。

5）空调控制器损坏。

知识点　纯电动汽车非热式空调及电池原理认知

一、电动汽车制冷工作过程

2017 款吉利 EV300 纯电动汽车空调系统既负责为汽车室内进行制冷，也负责锂离子电池在极端热环境下的制冷，图 9-5 所示为其制冷工作原理。

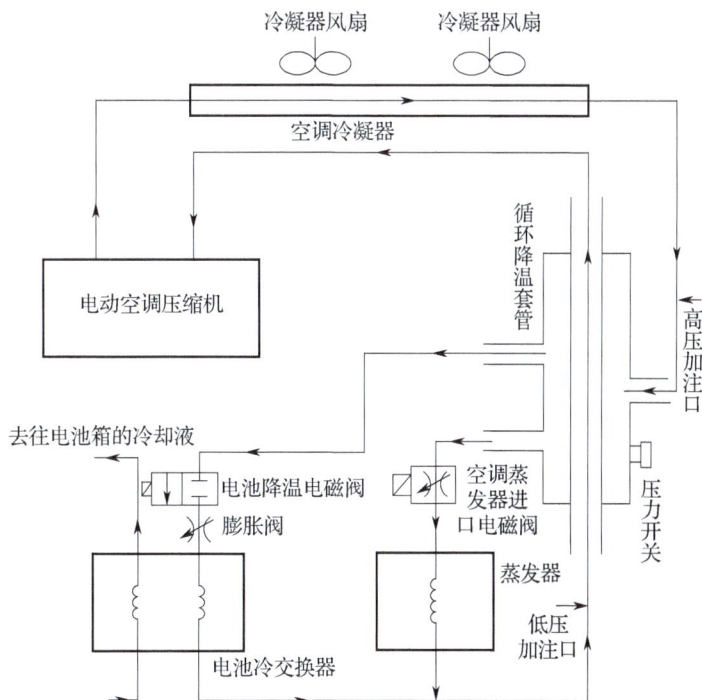

图 9-5　2017 款吉利 EV300 纯电动汽车电动空调（含电池制冷部分）

电动压缩机的控制过程如下：驾驶人通过控制面板打开空调，设定室内温度，自动空调控制器（ECU）通过查询空调 ECU 内部的电动空调压缩机转速目标 MAP 图，将转速目标数据发送给电动空调压缩机总成上部内置的空调压缩机变频器的控制器（ECU），压缩机变频器的控制器（ECU）根据转速目标数据控制变频器的驱动板形成控制全桥逆变器的驱动信号，驱动信号驱动全桥逆变器形成三相电机的交流信号，电机转子开始转动，电机转子上的转速（位置）传感器将实际电机转速反馈给变频器控制器（ECU），以实现反馈控制。

转动起来的电动压缩机吸入低温气态的制冷剂，压缩出高温气态制冷剂，高温气态制冷剂经冷凝器降温后形成高温液态制冷剂，高温液态制冷剂进入一段从蒸发器出来的双层管结构的外层管，内管中从蒸发器出来的低温气态制冷剂将外管的高温液态制冷剂进一步冷却，这样的设计提高了空调的制冷效率。

在外管的左侧有两个输出，下部的输出去往蒸发器进口电磁阀，经给车内制冷的蒸发器流出，从蒸发器回流至右侧的低压管，经双层管的内管再次进入压缩机构成循环。

外管左侧上部的输出去往电池降温电磁阀，经电池降温专用膨胀阀进入一个小型冷交换器的蒸发器，从蒸发器回流至右侧的低压管，经双层管的内管再次进入压缩机构成循环。小型冷交换器的左侧管路内有冷却液，冷却液的热量被制冷剂带走，自身温度降低，降低温度的冷却液流经电池底部的热交换铝板（图中略），从而起到冷却电池的作用。

二、电动汽车制热工作控制过程

2017 款吉利 EV300 纯电动汽车空调制热采用高压电加热器（图 9-6），加热器对冷却液进行加热，热的冷却液经空调暖风水箱到驾驶室。同时，热的冷却液也流经电池的热交换器一侧，电池热交换器的另一侧是流经电池的冷却液，从而给电池组加热。

加热器的高压电流是经过高压配电箱熔丝流过来的，进入加热器后（图 9-7），再经过功率开关晶体管进行电流控制，从而实现驾驶人对驾驶室温度的设定需求。即驾驶人设定温度越高，对应的鼓风机转速越高，同时加热器的加热电流越大。低压控制端口用于给加热控制 ECU 供电，并提供通信线路。两侧的粗管为冷却液的流入和流出口，在口端标有进、出标记。

图 9-6　空调暖风和电池共用的高压电加热器

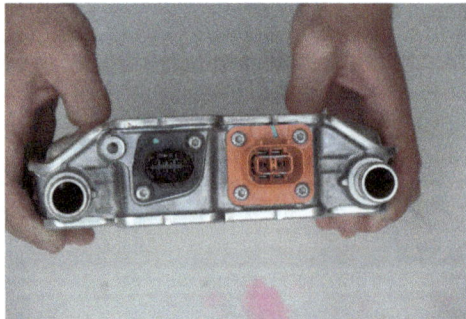

图 9-7　加热器控制端口与高压供电端口

高压电加热器可分成高压和低压两部分。低压控制包括供电、接收空调面板的加热需求信号，以及将加热器自诊断出的故障输出等。高压部分功率晶体管的驱动电源由高压部分降压产生。

在电路板（图 9-8）上采用了光耦进行光电隔离，从而实现低压对高压控制信息的下达和上传。

图 9-8　加热器控制 ECU 及四个功率晶体管

知识点　电动汽车热泵式空调原理认知

汽车热泵式空调有直接式、间接式和增焓式三种，本部分只讲解直接式热泵空调。

日产聆风于 2010 年年底在欧美以及日本市场上市，2011 年进入中国市场，其空调采用的是直接式热泵空调系统。与传统空调相比，其空调箱内部布置一个热交换器，称为车内冷凝器。

一、直接式热泵空调制冷

如图 9-9 所示，制冷时，没有车内鼓风机吹过来的空气通过车内冷凝器翅片，这

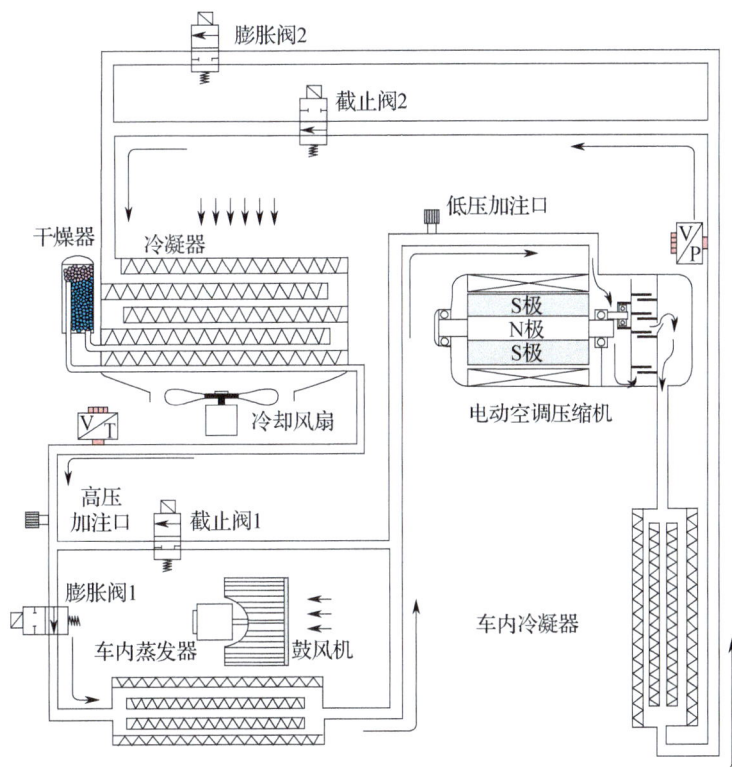

图 9-9　直接式热泵空调制冷

时工作原理基本与传统空调相同，气态制冷剂经电动压缩机压缩为高温（70℃）高压（13～15bar⊖）的气态制冷剂，气态制冷剂经车内冷凝器、压力传感器、截止阀 2、车外部冷凝器和干燥器后降为中温（50℃）中压（11～14bar）液态制冷剂，经低压加注口到膨胀阀 1，经膨胀阀 1 节流进入车内蒸发器形成低温（−5℃）低压（1.5bar）气态制冷剂，低温气态制冷剂从车内吸热后变为稍升温（0～5℃）低压（1.2bar）的气态制冷剂（实际上不一定全部蒸发掉，还可能存在液态制冷剂，这时可增加液气分离器），制冷剂再次进入电动压缩机形成新的循环。

二、直接式热泵空调制热

如图 9-10 所示，制热时，有车内空气通过车内冷凝器。气态制冷剂经电动压缩机压缩为稍高压的制冷剂，制冷剂经车内冷凝器散热后降温，经膨胀阀 2 蒸发降为温度低于外部环境温度的气体，低于外部环境温度的气体进入车外部冷凝器后从车外空气吸热，经截止阀 1 重新进入电动压缩机再次升温进入车内冷凝器，车内冷凝器温度大于车内空气温度，给驾驶室加热。

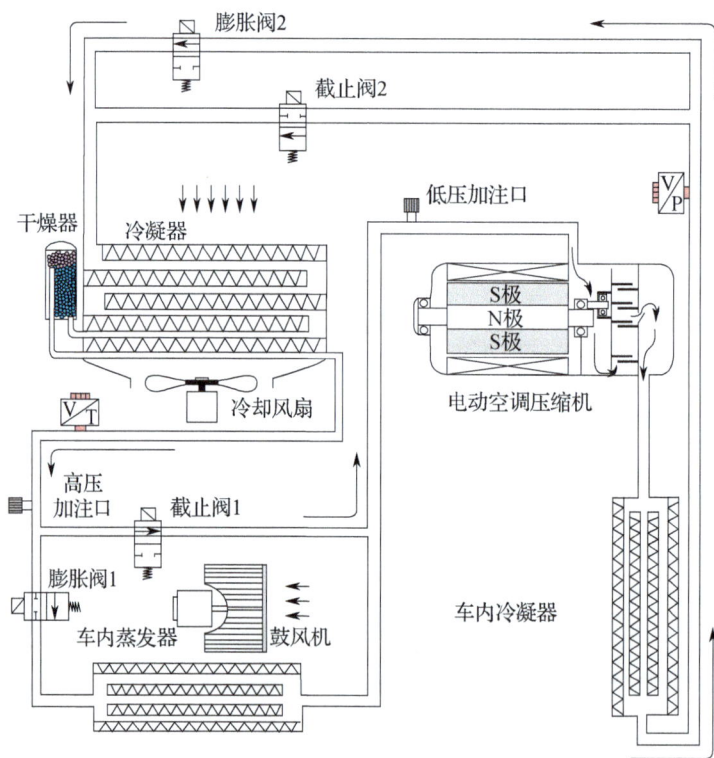

图 9-10　直接式热泵空调制热

⊖　1bar=10⁵Pa。

🔧 **技能点**　空调数据分析及压缩机拆装

一、吉利空调数据分析

1. 空调数据界面

在图 9-11 和图 9-12 所示空调数据中，温度数据是以电阻形式体现的；加热芯体即 PTC 加热器，内置有温度传感器。

图 9-11　空调数据 1

图 9-12　空调数据 2

注意：PTC 加热器只是一个带有 ECU 的执行器，PTC 控制器可以是 CAN 总线或 LIN 总线上的一个节点。图 9-13 所示接口功率限值未给出，厂家未提供。

图 9-14 所示为两个电机的位置数据。

图 9-13　空调数据 3

图 9-14　空调数据 4

2. 空调数据分析

电动空调系统数据见表 9-1。

表 9-1　电动空调系统数据

名称	当前值	单位	解析说明
LCD 背光占空比	0	%	LCD 背光占空比，占空比大，亮度高
指示灯背光占空比	100	%	指示灯背光占空比，占空比大，亮度高
车内传感器 – 电阻	444		车内传感器 – 电阻值（不是温度值）

（续）

名称	当前值	单位	解析说明
外界温度传感器 – 电阻	488		外界温度传感器 – 电阻值（不是温度值）
蒸发器温度传感器 – 电阻	425		蒸发器温度传感器 – 电阻值（不是温度值）
加热芯体温度传感器 – 电阻	650		加热芯体温度传感器 – 电阻值（不是温度值）
阳光传感器采样值	968		阳光传感器采样值（不是温度值）
鼓风机工作电压	0.00	V	鼓风机转速高时，工作电压高
ECU 供电电压	13.9	V	ECU 供电电压
点火状态	开		点火开关状态
左混合风门电机	918		选择是蒸发器，还是暖风水箱通过的风门电机开度反馈值
吹风模式电机	91		吹风档位、吹脸、吹脚模式电机风门位置传感器开度反馈值
高压电加热器状态	永久惯性		高压电加热器状态
高压测量电压	587000	mV	
高压电流消耗总览	0	mA	PTC 或电动压缩机高压消耗的电流
冷却液入口温度	2676	℃	冷却液入口温度传感器电阻值
冷却液出口温度	2679	℃	冷却液出口温度传感器电阻值
低压电源	13900	mV	空调 ECU 供电电源
加热器核心层温度	2879		加热器核心层电阻值
瞬时的功率耗超出高压电网	0		瞬时的功率耗超出高压电网是否出现过
线束接口功率限值	—		线束接口功率限值，是个固定值
加热器解锁	锁住并且不能解锁		加热器解锁

二、比亚迪空调数据分析

如图 9-15 所示，MCU 是压缩机电机控制单元（Motor Control Unit）的缩写；负载电压指压缩机变频器逆变桥的直流供电电压。

图 9-16 所示是电动压缩机 MCU 在有故障码的情况下，带故障重启的次数。带故障若能重启成功，说明变频器变频功能的硬件没有问题。

图 9-17 所示为进入 PTC 诊断仪界面。如图 9-18 所示，观察此数据需要将温度设定在最高温度，若温度有异常，比如过热或不热都是故障。

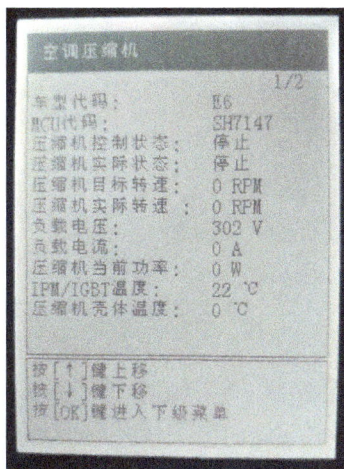

图 9-15　电动压缩机数据流 1

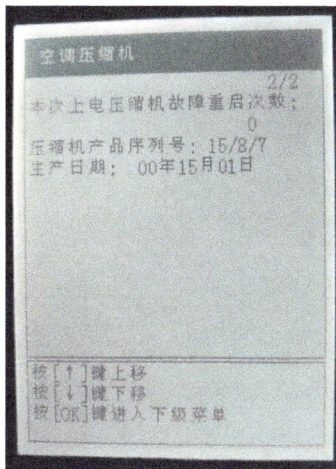

图 9-16　电动压缩机数据流 2

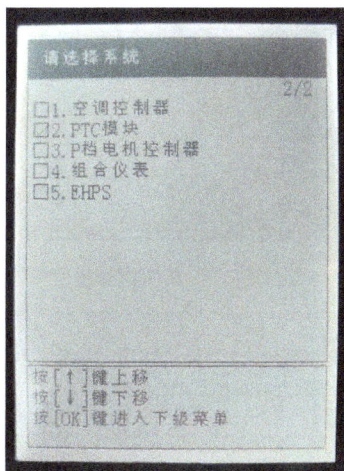

图 9-17　进入 PTC 诊断仪界面

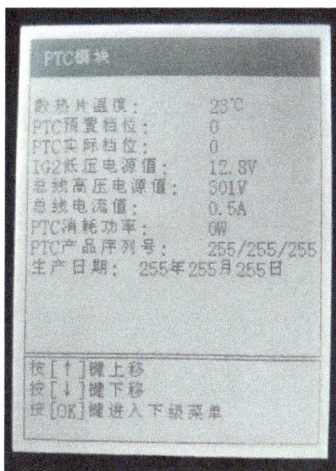

图 9-18　PTC 加热器数据

三、电动压缩机拆装关键步骤

电动涡旋式压缩机往往容易拆卸，却很难装上，究其原因是没有在拆卸的过程中做记号，下面提供了一个做关键步骤记号的实例。

如图 9-19 所示，将电动压缩机放置在两橡胶座之间，在电动涡旋泵高、低腔外壳做记号。

如图 9-20 所示，拆下电动涡旋泵高、低腔外壳螺栓，此处螺栓在装配时均应拧紧，防止泄漏制冷剂。

如图 9-21 所示，拆下电动涡旋泵高、低腔外壳，注意检查内部是否有铝磨料或大量的黑色油泥出现，若有需要检查压缩机的工作压力是否合格。

如图 9-22 所示，在涡旋泵定子壳上做记号，防止安装错位，做记号这个步骤非常关键，涉及是否能顺利安装。

图 9-19　在电动涡旋泵高、低腔外壳做记号

图 9-20　拆下电动涡旋泵高、低腔外壳螺栓

图 9-21　拆下电动涡旋泵高、低腔外壳

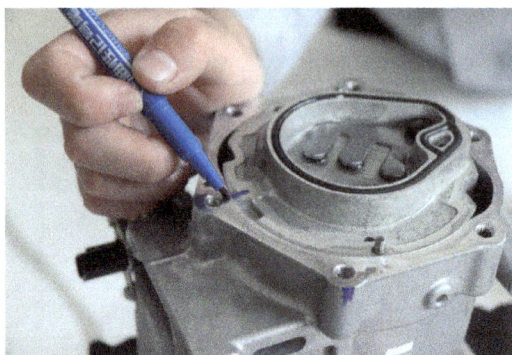

图 9-22　在涡旋泵定子壳上做记号

如图 9-23 所示，取出定子叶片时注意不要连同晃子一起取出，若已经一同取出应及时找到晃子叶片端部在壳体上的对应位置。

如图 9-24 所示，取出晃子叶片前，在壳上给晃子叶片端做防错位记号，做记号这个步骤非常关键，涉及是否能顺利安装。装配时按上述逆序安装。

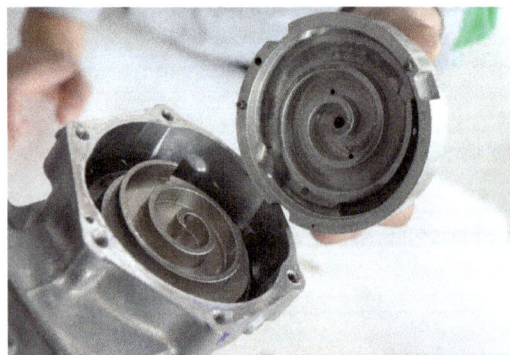

图 9-23　取出定子叶片

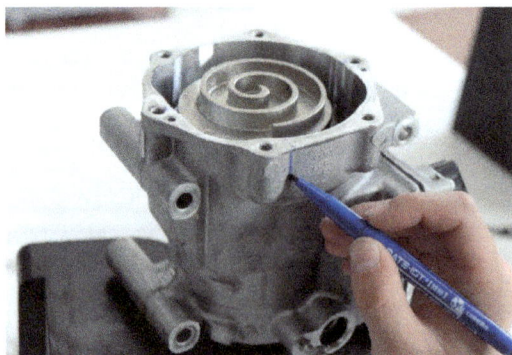

图 9-24　在壳上给晃子叶片端做防错位记号

学习任务单

一、填空题

1. 空调的作用是对车内空气进行制冷、制热、_____、_____、_____及使空气_____保持在使人感觉舒适的状态。
2. 加热器有_____元件。
3. 电动汽车采用电动_____制冷压缩机。
4. 电动空调压缩机采用_____压缩机油。
5. 电动变频压缩机包含一个螺旋形固定蜗形管_____和可变蜗形管_____。

二、判断题

1. 在定子叶片（固定蜗形管）和晃子叶片（可变蜗形管）间的压缩室的容量随着晃子叶片的晃动而增大，这时，气态制冷剂从进气口吸入。　　　　（　　）
2. 电动汽车空调的控制与燃油车空调的控制基本相同，许多故障与燃油车的故障原因相同。　　　　（　　）
3. 驾驶人通过控制面板打开空调，设定室内温度，自动空调控制器（ECU）通过查询空调ECU内部的电动空调压缩机转速目标MAP图，将转速目标数据发送给电动空调压缩机总成上部内置的空调压缩机变频器的控制器（ECU）。　　　　（　　）
4. 压缩机变频器的控制器（ECU）根据转速目标数据控制变频器的驱动板形成控制全桥逆变器的驱动信号，驱动信号驱动全桥逆变器形成三相电机的交流信号，电机转子开始转动。　　　　（　　）
5. 空调电机转子上的转速（位置）传感器将实际电机转速反馈给变频器控制器（ECU），以实现反馈控制。　　　　（　　）

三、单选或多选题

1. 压缩机起动控制条件未达到的原因有（　　　）。
   - A. 空调控制面板操作错误
   - B. 车前保险杠处的外界环境温度传感器检测到外界环境温度过低而禁止空调压缩机转动
   - C. 高压管处的高、低压力传感器检测到制冷管路制冷剂过多而禁止空调压缩机转动
   - D. 高压管处的高、低压力传感器检测到制冷管路制冷剂过少而禁止空调压缩机转动
2. 压缩机起动控制条件已达到，压缩机仍不转动的原因有（　　　）。
   - A. 压缩机高压供电熔丝损坏（压缩机外部供电线路短路）
   - B. 压缩机高压绝缘损坏
   - C. 空调控制器和变频器通信线路损坏
   - D. 压缩机变频器损坏
   - E. 空调控制器损坏

实践任务
电动汽车空调不制冷的故障排除

一、工作任务分配

按照前面所了解的知识内容，落实各项工作负责人（表9-2），如任务实施前的准备工作、实施中主要操作及协助支持工作、实施过程中相关要点及数据的记录工作等。

表9-2　工作任务分配

班级		组号		指导老师	
组长		学号			
组员角色分配					
操作员1		学号			
操作员2		学号			
记录员		学号			
安全员		学号			
任务分工					

（就组织讨论、工具准备、数据采集、数据记录、安全监督、成果展示等工作内容进行任务分工）

二、操作步骤合理性评估和纠正

教师提供资料或相类似的视频进行提示，以帮助学生完成主要工作步骤的填写（表9-3）。教师评估通过后，方可进行具体操作实施。学生可先行在草纸上进行，任务实施中若有改变需经教师再次评估，以确认安全和可行。

教学提示

表 9-3　主要工作步骤填写用表

内容	序号	为解决问题的主要操作步骤（不含准备及 5S）	通过 / 不通过
学生完成	1		
	2		
	3		
	4		
	5		
	6		
	7		
	8		
	9		
	10		
教师完成	1	安全可行	
	2	步骤可行	
	3	时间可行	
	4	成本可行	

三、任务实施前的设备准备

小组完成设备、工具和资料准备自检（表 9-4）。

表 9-4　设备、工具和资料准备自检表

序号	设备、工具、资料名称	数量	设备及工具是否完好
1			□是□否
2			□是□否
3			□是□否
4			□是□否
5			□是□否
6			□是□否
7			□是□否
8			□是□否

四、操作性的任务实施

小组在表 9-5 完成电动汽车空调不制冷的故障排除工作单。

表 9-5　电动汽车空调不制冷的故障排除工作单

序号	检查、操作或测量项目名称	测量数值（单位）	是否正常
1			□是□否
2			□是□否
3			□是□否
4			□是□否
5			□是□否
6			□是□否
7			□是□否
8			□是□否
9			□是□否
10			□是□否
11			□是□否
12			□是□否
13			□是□否
14			□是□否
15			□是□否
16			□是□否
17			□是□否
18			□是□否
19			□是□否
20			□是□否
21			□是□否
22			□是□否
23			□是□否
24			□是□否

五、评价反馈

以小组为单位对本小组的操作过程与操作结果进行自评，并将结果填入表 9-6 中。
注：小组自评要能承受小组间互评的考验，互评阶段被其他小组找出扣分项，扣分加倍。

表 9-6　小组自评表

班级	
组别	
日期	
全体组员姓名	
评价名称	

评价项目		评价标准	分值	得分
考勤（10%）		小组少 1 人，扣 5 分	10	
工作过程（60%）	计划制订合理	工作方案合理可行，一次通过不扣分，每多 1 次评估通过扣 5 分	20	
	任务实施	现象描述，错误 1 次扣 10 分	20	
		检查或判断，错误 1 次扣 5 分	10	
		测量或判断，错误 1 次扣 5 分	10	
	工作态度	认真严谨，积极主动，安全生产，文明施工，违反 1 项 1 次扣 1 分	5	
	工作质量	能按照工作方案操作，按计划完成工作任务，未完成扣 3 分	5	
	团队合作	与小组成员、同学之间能合作交流，协调工作，违反 1 项 1 次扣 1 分	5	
项目成果（30%）	工作完整	不能按时完成工作任务的所有环节，扣 5 分	5	
	工作规范	在整个操作过程中出现不规范操作，违反 1 项 1 次扣 1 分	5	
	汇报展示	能准确表达、汇报工作成果，差一级扣 1 分	5	
合计			100	

总结与反思
（如：学习过程中遇到什么问题→如何解决的 / 解决不了的原因→心得体会）

Module 10

能力模块十
减速器原理与故障诊断

情境引入

踩下制动踏板，挂入 D 位后，再踩加速踏板发现电动汽车无法行驶。小林问驻车制动解除了吗，客户回答解除了，这车是前轮驱动，希望能检查和维修。

如果你是接车的技术人员，应如何解决本故障，修理方案应如何制定。

学习目标

能力目标

- 能画出纯电动汽车减速器的结构图。
- 能画出线控驻车档示意图，并能说明其工作原理。
- 能排除电动汽车驻车档无法解除故障。

素养目标

- 提升环保意识和安全意识。
- 培养严谨、规范、精益求精的大国工匠精神。

知识储备

知识点 电动汽车传动系统结构认知

一、纯电动汽车传动系统结构形式

采用不同的电力驱动系统可构成不同结构形式的电动汽车，下面介绍几种不同结构的驱动形式。

（1）电机横置前驱结构　在传统发动机横置前驱的燃油汽车上把发动机换为电机，将变速器换为多级主减速器，并将这个多级主减速器和差速器集成为一个整体，两根半轴连接驱动车轮。这种结构在早期电动轿车上应用最普遍。

（2）电机纵置后驱结构　由电机、固定速比的减速器和差速器组成电力驱动系统，没有离合器和可选的变速档位，转矩大小由逆变器控制输出。这种结构在电动客货车上应用比较普遍。

（3）双电机结构　采用两个电机通过固定速比的减速器分别驱动两个车轮，每个电机的转速可以独立地调节，可实现车轮电子差速，不必装有差速器。

（4）高速轮毂电机结构　采用高转速电机驱动行星齿轮机构的太阳轮，内齿圈固定，行星架减速输出。

（5）低速轮毂电机结构　采用低速外转子电机，取消行星齿轮机构减速，电机的外转子直接安装在车轮上。

由于电机转矩大，在小型、中型货车和轿车上一般取消了变速器，减速机构只有主减速器。

电机横置前驱结构和电机纵置后驱结构是实际应用最广的结构。

二、小型、中型货车传动系统

主减速器多为两级式主减速器，总传动比是两级传动比的乘积。单电机时差速器仍是必要的部件。图 10-1 所示为使用在小、中型货车上的电动减速驱动桥。

由于电机具有低速转矩大、工作转速范围宽的特点，倒车只需电机反转即可。因此，变速器的前进档（D 位）和

图 10-1　小、中型货车上的电动减速驱动桥

电机
电机轴齿轮
中间轴齿轮
主减速器主动齿轮
主减速器从动齿轮

倒档（R位）只是电机正转和反转的控制信号。

三、乘用车传动系统（D位）

图 10-2 所示为乘用车电力驱动系统，把电机、减速器、差速器和功率逆变器集成在一起，外部只有强电、弱电线束和冷却水管。

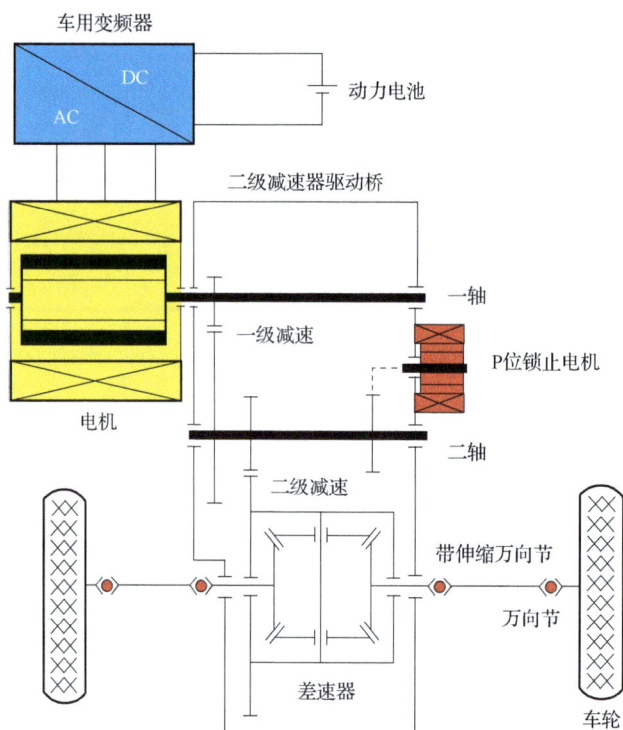

图 10-2　乘用车电力驱动系统

若前后轴各有一套这样的动力驱动系统，则为四轮驱动。

四、客货车传动系统

1. 客货车使用变速器的必要性

电机拥有很宽的工作转速范围，但和发动机一样，电机也有最佳工作转速区间，高于或低于这一区间效率就会下降。

（1）无变速器的电机效率　一台 40kW 电机在刚起动时效率仅有 60%~70%。随着转速提高效率逐步提高，在 3300~6000r/min 区间，效率能够达到 94% 以上，而在接近极限转速 10000r/min 时，效率又降到 70% 左右。由此可以看出，合理利用变速器，让电机工作在最佳转速区，对于提高效率十分有意义。

（2）无级变速器的效率　电动汽车采用无级变速器时会比固定速比的减速器能耗降低 5%~7%，噪声也减小很多。

（3）货车和客车是否采用变速器　电动客货车无变速器时，电机低速电流大、最高车速低、噪声大、耗电量大。此外，固定速比输出不能充分随路况变化改变转矩，造成对电机、蓄电池及控制器的严重破坏。所以，电动客货车仍要采用变速器。

（4）货车和客车采用二档或三档变速器　在电动客货车上配装变速器（图10-3），主要是为解决电机驱动力不足的问题。装变速器可以改变电机转矩，提升电机动力。纯电动客车配装的变速器相比燃油车型上的变速器结构大大简化，变速器档数由传统多档简化成2档或3档，电机和变速器之间可配有离合器，也可不配离合器。

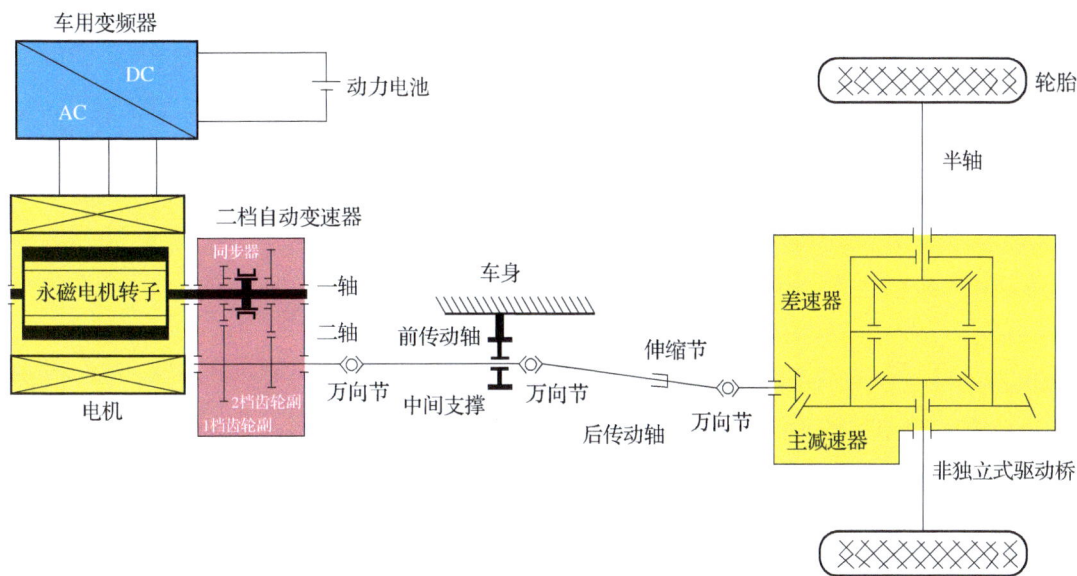

图 10-3　纯电动客货车变速器结构

2. 无同步器自动换档应用

传统变速器换档条件是离合器切断动力，同步器使从动齿轮和主动齿轮同步。新的设计理念是在无离合器条件下实现自动换档，为此设计出电机主动调速适应从动齿轮转速的自动换档变速器。图10-4所示为电机调速齿轮同步的自动换档动力总成。

电机调速齿轮同步的自动换档动力总成的工作原理是自动变速器ECU接收变速器输出轴转速传感器信号，同时也接收电机转速信号，在换档前，先调节电机转速至从动齿轮的转速，然后采用电控气动、液动或电动三种方式之一推动拨叉，由于主从动齿轮的转速相等，拨叉推动接合套直接挂入相应的主动齿轮。图10-5所示为一款电控电动换档执行装置。

图 10-4　电机调速齿轮同步的自动换档动力总成

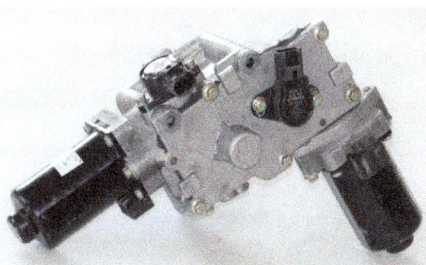

图 10-5　电控电动换档执行装置

知识点 02 减速器故障诊断

一、减速器

比亚迪 E6 电动汽车采用两级减速齿轮的减速器（没有变速器），减速器内的控制装置只有 P 位驻车电机控制的驻车锁止轮，如图 10-6 所示圈内。

图 10-6 P 位线控驻车机械锁止轮

电机的转速改变通过变频器调频实现，方向改变通过线控变速杆向变频器内的电机控制器发送信号实现。

技师指导 线控驻车电机故障包括驱动晶体管或电机故障、位置霍尔信号故障、备用霍尔故障等。

二、P 位电机控制器

P 位电机控制器位于驾驶人座椅地板处，用于控制 P 位电机，从而实现车辆动力系统的锁止和解锁。

P 位电机控制器的功能如下：接收驱动电机控制器的锁止命令，对电机执行相应的锁止操作，保证车辆停车的可靠性；接收驱动电机控制器的解锁命令，对电机执行相应的解锁操作，保证车辆的正常起步。它不同于传统的机械拉索控制锁止结构，通过控制电机转子转动时的伸出与缩进来控制是否锁止变速器。该系统主要包括控制器、电机、霍尔式位置传感器，霍尔式位置传感器和电机是集成在一块的。

P 位电机为开关磁阻电机，属于异步电机的范畴，该电机内部有叶轮和摆轮等部件，叶轮每旋转 60 圈，摆轮旋转一圈，摆轮通过花键与锁止机构相连将变速器锁止。

P 位电机控制器电源及搭铁线路如图 10-7 所示，有常电和点火开关供电及三条搭铁线。

P 位电机控制工作原理如图 10-8 所示。P 位电机控制器 K16-5 内部接地，P 位控制继电器线圈通电，继电器开关闭合给 P 位电机的三个线圈供电，三个线圈经 B13-7、B13-1、B13-6 到达 P 位电机控制器。为保证工作可靠，一个线圈采用了三个接口，可实现线圈内部接地。

图 10-7　P 位电机控制器电源及搭铁线路

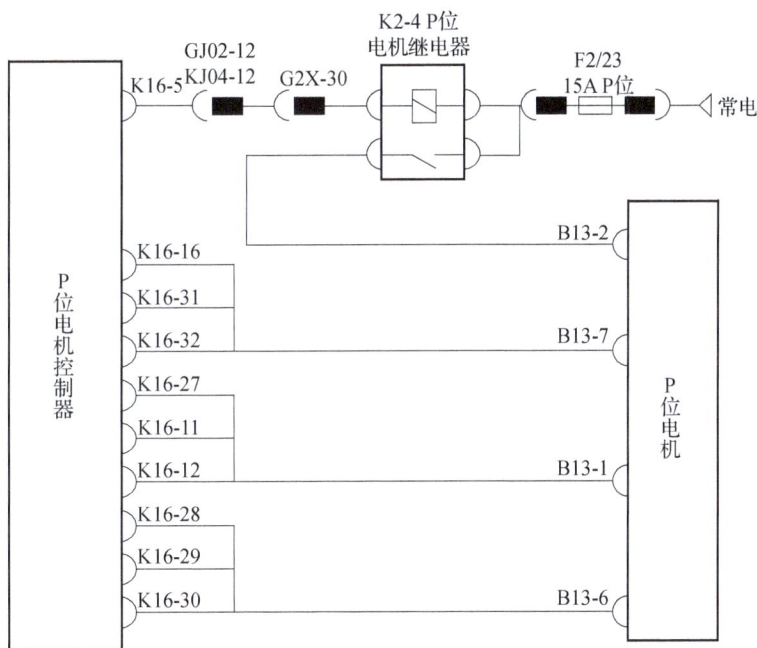

图 10-8　P 位电机控制工作原理

完成任务　P 位电机为三相电机，外接三根线的任意两根为两相线圈串联，由于对称性，检查 P 位电机时，三根线间的电阻值应为 $1.40 \sim 1.45\,\Omega$，三根线和电源线的电阻值应为 $0.70\,\Omega$。

P 位电机要实现准确的驻车锁止和解除功能，要求有准确的电机转子位置反馈（图 10-9），反馈方法是通过电机内部的三个霍尔式传感器 A、B、C 来监测电机转子的位置。电机转子的端部有一个多极磁环，当电机转子转动时，多极磁环扫描三个霍尔式传感器 A、B、C，实现 P 位电机控制器到 P 位电机的三根信号线与 P 位电机的间歇接地，从而在 P 位电机控制器内部形成接地信号，通过这个信号实现电机转子位置的监测。

P 位电机控制器接收来自 CAN 总线上的锁止 / 解锁的信号（图 10-10），来完成 P 位电机控制，同时 P 位电机控制器的故障信息也可通过 CAN 总线输出到总线上。

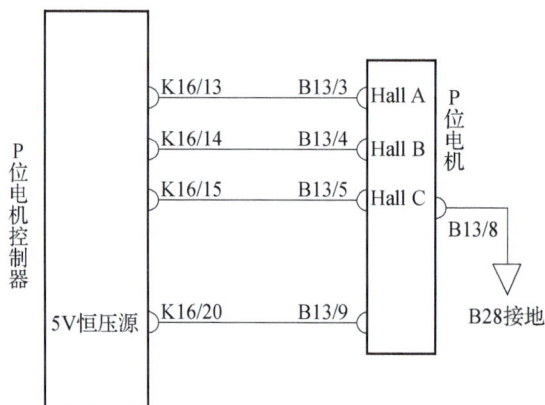

图 10-9　P 位电机转子位置反馈控制电路

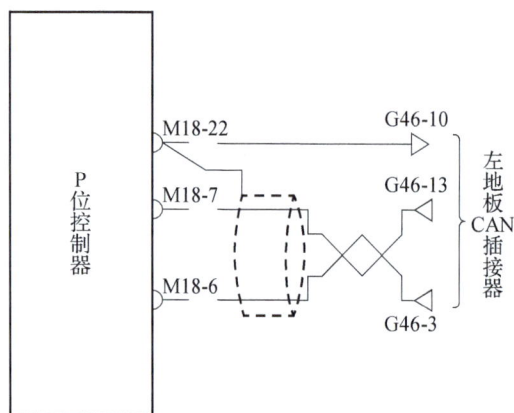

图 10-10　P 位锁止 / 解锁信号输入电路

P 位电机控制电路如图 10-11 所示。按下 P 位开关接地信号被微控制器接收，VT1 晶体管工作，P 位电机继电器工作，给磁阻电机的三个定子线圈供电。当 VT1、VT2、VT3 按顺序导通时，电机转子向一个方向转动。当 VT3、VT2、VT1 按顺序导通时，电机转子向另一个方向转动。电机转子上有多极磁环，用来扫描两个霍尔式传感器（Hall A 和 Hall B）。两个霍尔式传感器（Hall A 和 Hall B）可识别电机转子的转速和转动方向，两个信号可以给微控制器反馈转动的极位数，从而使电机在工作固定行程后停止工作，保证驻车棘爪准确切入棘轮和脱出棘轮。

三、驻车档无法解除故障的排除

1）诊断仪是否能从减速器控制器读取到挂 P 位的信号，若不能说明变速杆线控控制器未供电工作或本身损坏。

图 10-11 P 位电机控制电路

2）诊断仪若能从减速器控制器读取到挂 P 位的信号，仪表却不能显示 P 位，说明执行电机的动作未执行，原因是电机未供电或损坏。

3）若诊断仪显示"P 位电机的位置错误信号"表明带有位置传感器的 P 位电机内的位置传感器损坏或新更换的 P 位电机未进行基本设定。P 位电机的位置错误信号将使仪表板上向日葵形状的 P 位减速器控制器故障灯点亮（图 10-12），车辆将无法行驶。

图 10-12 减速器控制器故障灯点亮（红色向日葵形状）

学习任务单

一、填空题

1. 一台 40kW 电机在刚起动时效率仅有_____%~_____%。

2. 一台 40kW 电机在 3300 ~ 6000r/min 区间，效率能够达到_____%以上。

3. 一台 40kW 电机接近极限转速 10000r/min 时，效率又降到_____%左右。

4. 电动汽车采用无级变速器时会比固定速比的减速器能耗降低_____%~ _____%，噪声也减小很多。

5. 电动汽车采用了两级减速齿轮的减速器，没有_____。

二、判断题

1. 电机的转速改变通过变频器调频实现。 （　　）

2. 电机的转速方向改变通过线控变速杆向变频器内的电机控制器发送信号实现。 （　　）

3. P 位电机控制器用于控制 P 位电机，从而实现车辆动力系统的锁止和解锁。（　　）

4. P 位电机多采用开关磁阻式电机。 （　　）

5. 开关磁阻式电机属于异步电机的范畴。 （　　）

实践任务
电子驻车档故障排除

一、工作任务分配

按照前面所了解的知识内容，落实各项工作负责人（表 10-1），如任务实施前的准备工作、实施中主要操作及协助支持工作、实施过程中相关要点及数据的记录工作等。

表 10-1　工作任务分配

班级		组号		指导老师	
组长		学号			
组员角色分配					
操作员 1		学号			
操作员 2		学号			
记录员		学号			
安全员		学号			
任务分工					

（就组织讨论、工具准备、数据采集、数据记录、安全监督、成果展示等工作内容进行任务分工）

二、操作步骤合理性评估和纠正

教学提示　　教师提供资料或相类似的视频进行提示，以帮助学生完成主要工作步骤的填写（表 10-2）。教师评估通过后，方可进行具体操作实施。学生可先行在草纸上进行，任务实施中若有改变需经教师再次评估，以确认安全和可行。

表 10-2 主要工作步骤填写用表

内容	序号	为解决问题的主要操作步骤（不含准备及 5S）	通过 / 不通过
学生完成	1		
	2		
	3		
	4		
	5		
	6		
	7		
	8		
	9		
	10		
教师完成	1	安全可行	
	2	步骤可行	
	3	时间可行	
	4	成本可行	

三、任务实施前的设备准备

小组完成设备、工具和资料准备自检（表 10-3）。

表 10-3 设备、工具和资料准备自检表

序号	设备、工具、资料名称	数量	设备及工具是否完好
1			□是□否
2			□是□否
3			□是□否
4			□是□否
5			□是□否
6			□是□否
7			□是□否
8			□是□否

四、操作性的任务实施

小组在表 10-4 写出电子驻车档故障排除内容。

表 10-4　电子驻车档故障排除工作单

序号	检查、操作或测量项目名称	测量数值（单位：V）	是否正常
1			□是□否
2			□是□否
3			□是□否
4			□是□否
5			□是□否
6			□是□否
7			□是□否
8			□是□否
9			□是□否
10			□是□否
11			□是□否
12			□是□否
13			□是□否
14			□是□否
15			□是□否
16			□是□否
17			□是□否
18			□是□否
19			□是□否
20			□是□否
21			□是□否
22			□是□否
23			□是□否
24			□是□否

五、评价反馈

以小组为单位对本小组的操作过程与操作结果进行自评，并将结果填入表 10-5 中。

注：小组自评要能承受小组间互评的考验，互评阶段被其他小组找出扣分项，扣分加倍。

表 10-5　小组自评表

班级				
组别				
日期				
全体组员姓名				
评价名称				
评价项目		评价标准	分值	得分
考勤（10%）		小组少 1 人，扣 5 分	10	
工作过程（60%）	计划制订合理	工作方案合理可行，一次通过不扣分，每多 1 次评估通过扣 5 分	20	
	任务实施	现象描述，错误 1 次扣 10 分	20	
		检查或判断，错误 1 次扣 5 分	10	
		测量或判断，错误 1 次扣 5 分	10	
	工作态度	认真严谨，积极主动，安全生产，文明施工，违反 1 项 1 次扣 1 分	5	
	工作质量	能按照工作方案操作，按计划完成工作任务，未完成扣 3 分	5	
	团队合作	与小组成员、同学之间能合作交流，协调工作，违反 1 项 1 次扣 1 分	5	
项目成果（30%）	工作完整	不能按时完成工作任务的所有环节，扣 5 分	5	
	工作规范	在整个操作过程中出现不规范操作，违反 1 项 1 次扣 1 分	5	
	汇报展示	能准确表达、汇报工作成果，差一级扣 1 分	5	
合计			100	
总结与反思				

（如：学习过程中遇到什么问题→如何解决的 / 解决不了的原因→心得体会）

Module 11

能力模块十一
电动汽车故障分析方法

情境引入

电动汽车踩下制动踏板，按下供电开关，上电就绪（仪表 READY 指示灯亮），挂 D 位后，仪表自动切换为 N 位，仪表 READY 指示灯熄灭。

如果你是接车的技术人员，应如何解决本故障，修理方案应如何制定？

学习目标

能力目标

- 能说出电动汽车的故障现象。
- 能说出不同故障现象的可能原因。
- 能说出不同故障现象的诊断方法。
- 能利用故障分析方法排除电动汽车故障。

素养目标

- 培养利用信息化手段获取、处理和使用技术资料的能力。
- 培养认真分析和自行探索解决问题的能力。

知识储备

技能点 1　电动汽车无 IG 供电，仪表显示异常故障诊断

一、故障现象

第一次按下供电开关，收音机显示屏点亮，有的车型伴随一定的开机声音，说明 ACC 供电正常；但第二次按下供电开关仪表无显示（图 11-1）或显示屏显示信息不正常（图 11-2），有的汽车伴随有防盗提示，并且转向灯闪烁、鸣笛（图 11-3）。

图 11-1　典型吉利纯电动汽车无 IG1 供电故障现象

图 11-2　典型吉利纯电动汽车无 IG2 供电自动切屏后故障现象

图 11-3　典型吉利纯电动汽车无 IG2 供电初始故障现象

二、故障原因

1）电源管理系统无供电或搭铁。

2）电源管理系统执行器中的 IG 继电器未工作（图 11-4 和图 11-5）。

3）无 ACC 档，可能是供电开关（SSB）故障。

4）无 ACC 档，可能是电源管理系统故障。

图 11-4　IG1 继电器位置（上部继电器）

图 11-5　IG2 继电器位置（右侧 12 号继电器）

三、诊断过程

观察在操作供电开关时供电开关指示灯颜色是否正常，指示灯无显示说明电源管理系统未工作，检修电源管理系统常供电或搭铁故障。

🔧 技能点 2　电动汽车无法起动故障诊断

一、故障现象

踩下制动踏板，按下供电开关，仪表上电就绪指示灯"READY"无显示，踩下加速踏板汽车不能行驶。仪表显示整车控制器存储有故障码，并可能有电池故障灯亮起。

正常的上电就绪指示灯显示如图 11-6 所示，不能上电就绪时的显示如图 11-7 所示。

图 11-6　吉利 EV300 起动正常时的仪表显示

图 11-7　吉利 EV300 无法起动时的仪表显示（红色整车控制故障灯亮）

二、故障原因

1. 供电或搭铁

带无钥匙进入系统的电源管理系统常供电、IG 供电或搭铁故障。

2. 起动控制条件

1）制动开关信号不能正常输入。

2）变速杆不在 P 位。

3）供电开关故障。

4）电池管理系统（BMS）、车载充电机（OBC）、汽车变频器、整车控制器内存储有影响起动的故障码。

5）高压互锁故障。

6）低压互锁故障。

7）总线故障。

3. 执行器输出故障

1）起动继电器故障。

2）起动继电器电路故障。

三、诊断过程

观察在操作供电开关时供电开关指示灯颜色是否正常，指示灯无显示说明电源管理系统未工作，检查电源管理系统；踩下制动踏板检查制动灯是否亮起，亮说明制动开关正常；检查仪表显示的档位是否是 P 位，不是，将变速杆置于 P 位。

检查电源管理系统的起动继电器是否动作，注意起动继电器只是瞬间工作，触点闭合一下就断开。

读取电池管理系统是否有电池电芯老化、绝缘报警之类的故障码；读取电池管理系统是否有高压配电箱上电继电器故障。

读取整车控制单元内故障码，如有互锁故障，检查整车控制器、变频器、PTC 加热器、电动空调压缩机之间的互锁电路，用电压法或电阻法检查互锁线；读取车载充电机控制单元是否有互锁故障，有则用电压法或电阻法检查互锁线；读取电池管理系统是否有互锁故障，有则用电压法或电阻法检查互锁线。

最后断开 12V 蓄电池，并在 OBD 自诊断插头处检查 CAN 总线的 CAN-H 和 CAN-L 之间的总电阻是否是 60Ω，是说明总线终端的两个控制单元在网络上，网络可以运行。但 CAN 总线终端内的控制单元无法识别是否在网络上，可用诊断仪进入相应的控制单元，若能过入读取说明分支总线没问题，若不能读取则要检查相应控制单元的电源和搭铁。相应控制单元的电源和搭铁正常，则可通过断开相应控制单元的插头连接，找到 CAN 总线的 CAN-H 和 CAN-L，并从其他单元的 CAN 总线的 CAN-H 和 CAN-L 端测量本控制单元的 CAN 总线的 CAN-H 和 CAN-L 的导通情况。

🔧 技能点 3　电动汽车加速无力故障诊断

一、故障现象

踩下制动踏板，按下供电开关，仪表上电就绪指示灯"READY"正常，踩下加速踏板，汽车加速无力。

二、故障原因

1. 变频器冷却故障

变频器内逆变桥过热进入降功率输出模式，导致加速无力故障。

2. 电机故障

（1）电机过热引起变频器内逆变桥进入降功率输出模式，导致加速无力故障。
（2）永磁电机转子失磁引起加速无力。
（3）定子线圈局部匝间短路故障。

三、诊断过程

读取变频器的故障码和数据流，检查是否是逆变桥过热进入降功率输出模式，导致加速无力故障，是则检查电机的冷却系统。另外，读取变频器电机定子线圈的故障码和数据流，检查是否是电机定子线圈温度过高故障。通常这两种温度过高现象会同时出现，应做如下检查。

（1）冷却系统冷却液是否不足。
（2）电动冷却液泵是否损坏。
（3）电动冷却液泵继电器是否损坏。
（4）散热器风扇电路是否故障。
（5）线路是否故障。

在变频器无故障、冷却系统无故障的情况下，才怀疑电机转子和定子故障，应进行如下检查。

1）用磁通表测量电机转子表面的磁通量，检查是否失磁。

2）用 LCR 表测量定子各相线圈的电阻、电感是否平衡。

🔧 技能点4   电动汽车无法充电故障诊断

一、故障现象

打开交流充电口，插入小功率或大功率交流充电枪，仪表不显示充电连接符号或只显示充电连接符号，但不显示充电过程。在打开点火开关的情况下没有充电电流和充电时间显示。

如果充电时间过长，中途有降电流充电或间歇停充的现象，通常也称为无法充电故障。

正常关闭点火开关后的充电仪表显示如图 11-8 所示，有充电连接指示灯、正在充电指示灯、正在充电动态指示灯，这时仪表由 CC 信号先唤醒辅助控制模块（ACM），ACM 再唤醒电池管理系统（BMS），接通电池箱内的充电继电器。

图 11-8   CC 信号唤醒后正常充电时的仪表显示

打开点火开关后的充电仪表显示如图 11-9 所示，这时仪表有充电连接指示灯、正在充电指示灯和充电剩余时间显示。

图 11-9   点火开关唤醒后正常充电时的仪表显示

二、故障原因

1. 电池、电池管理系统（BMS）及高压配电箱有故障

1）纯电动汽车长期不行驶，无充放电过程导致电池电芯老化严重或电池箱进水绝缘下降。

2）电池管理系统（BMS）供电和搭铁故障。

3）高压配电箱内置在电池箱中时，电池管理系统（BMS）自诊断出上电继电器故障。

2. 充电机系统有故障

1）充电机控制单元供电和搭铁有故障。

2）充电机控制单元未被电池管理系统（BMS）唤醒。

3）充电机高压熔丝断开。

4）CC 充电口和充电枪连接故障。

5）交流充电桩 CP 和辅助控制模块（ACM）故障，ACM 位置如图 11-10 所示。

6）电池管理系统（BMS）未唤醒车载充电机（OBC）故障，OBC 位置如图 11-11 所示。

7）线路故障。

3. 辅助控制模块（ACM）系统故障

1）辅助控制模块（ACM）系统未被 CC 唤醒故障。

2）辅助控制模块（ACM）系统未接收到来自 CP 端的导引脉冲信号。

3）线路故障。

4. 充电枪故障

1）充电枪 L、N、PE 与枪座间接触不良，在充电时发热，充电枪温度传感器检测到充电枪温度升高。

2）辅助控制模块（ACM）系统未接收到来自 CP 端的导引脉冲信号。

3）线路故障。

图 11-10　辅助控制模块位置（左侧黑色盒）

图 11-11　车载充电机内置充电机控制单元

5.冷却系统故障导致充电时间过长的故障

1）冷却系统冷却液不足。

2）电动冷却液泵损坏。

3）电动冷却液泵继电器损坏。

4）散热器风扇电路故障。

5）线路故障。

三、诊断过程

先确定是不充电还是充电时间长。若是充电时间长则重点在冷却系统查找故障，比如：摸一下充电机壳体是否过热，若过热则进行如下检查。

1）检查冷却液在储液罐内的高度（图11-12），若不足补加到正常高度范围。

2）用听诊器听水泵是否转动，并听泵内是否有气体"打嗝"的声音（图11-13），若有气体"打嗝"的声音则需要对管路进行排气。

图 11-12　储液罐液面高度检查

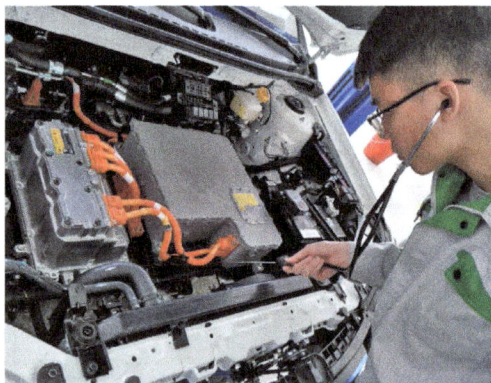

图 11-13　冷却系统气体"打嗝"检查

3）当冷却液管烫手时，散热器风扇应高速转动。

若是不充电故障，则按以下顺序排除故障。

1）电池、电池管理系统及高压配电箱故障。特别是电池老化故障，要更换电池。对于行驶里程较长的电动汽车，初次出现的电池老化不能充电故障，在接下来的充电、行驶、充电中故障可能会消失。

2）充电枪故障。比如充电枪和充电座间隙增加，充电时过热，这时应更换新的充电枪和充电座。

3）电池管理系统（BMS）线路、车载充电机（OBC）线路、辅助控制模块（ACM）线路及控制单元本身故障。

学习任务单

简答题

1. 简述低压不供电的故障现象。

2. 简述电动汽车无法起动的故障现象。

3. 简述电动汽车加速无力的故障现象。

4. 简述电动汽车无法充电的故障现象。

实践任务
电动汽车高压能上电，挂档不能行驶的故障排除

一、工作任务分配

按照前面所了解的知识内容，落实各项工作负责人（表 11-1），如任务实施前的准备工作、实施中主要操作及协助支持工作、实施过程中相关要点及数据的记录工作等。

表 11-1 工作任务分配

班级		组号		指导老师	
组长		学号			
组员角色分配					
操作员 1		学号			
操作员 2		学号			
记录员		学号			
安全员		学号			
任务分工					

（就组织讨论、工具准备、数据采集、数据记录、安全监督、成果展示等工作内容进行任务分工）

二、操作步骤合理性评估和纠正

教学提示 教师提供资料或相类似的视频进行提示，以帮助学生完成主要工作步骤的填写（表 11-2）。教师评估通过后，方可进行具体操作实施。学生可先行在草纸上进行，任务实施中若有改变需经教师再次评估，以确认安全和可行。

表 11-2　主要工作步骤填写用表

内容	序号	为解决问题的主要操作步骤（不含准备及 5S）	通过 / 不通过
学生完成	1		
	2		
	3		
	4		
	5		
	6		
	7		
	8		
	9		
	10		
教师完成	1	安全可行	
	2	步骤可行	
	3	时间可行	
	4	成本可行	

三、任务实施前的设备准备

小组完成设备、工具和资料准备自检（表 11-3）。

表 11-3　设备、工具和资料准备自检表

序号	设备、工具、资料名称	数量	设备及工具是否完好
1			□是□否
2			□是□否
3			□是□否
4			□是□否
5			□是□否
6			□是□否
7			□是□否
8			□是□否

四、操作性的任务实施

小组在表 11-4 完成电动汽车高压能上电，但挂档不能行驶的故障排除工作单。

表 11-4　电动汽车高压能上电，挂档不能行驶的故障排除工作单

序号	测量项目名称	测量数值（单位：V）	是否正常
1			□是□否
2			□是□否
3			□是□否
4			□是□否
5			□是□否
6			□是□否
7			□是□否
8			□是□否
9			□是□否
10			□是□否
11			□是□否
12			□是□否
13			□是□否
14			□是□否
15			□是□否
16			□是□否
17			□是□否
18			□是□否
19			□是□否
20			□是□否
21			□是□否
22			□是□否
23			□是□否
24			□是□否

五、评价反馈

以小组为单位对本小组的操作过程与操作结果进行自评，并将结果填入表 11-5 中。
注：小组自评要能承受小组间互评的考验，互评阶段被其他小组找出扣分项，扣分加倍。

表 11-5　小组自评表

班级				
组别				
日期				
全体组员姓名				
评价名称				
评价项目		评价标准	分值	得分
考勤（10%）		小组少 1 人，扣 5 分	10	
工作过程（60%）	计划制订合理	工作方案合理可行，一次通过不扣分，每多 1 次评估通过扣 5 分	20	
	任务实施	现象描述，错误 1 次扣 10 分	20	
		检查或判断，错误 1 次扣 5 分	10	
		测量或判断，错误 1 次扣 5 分	10	
	工作态度	认真严谨、积极主动，安全生产，文明施工，违反 1 项 1 次扣 1 分	5	
	工作质量	能按照工作方案操作，按计划完成工作任务，未完成扣 3 分	5	
	团队合作	与小组成员、同学之间能合作交流，协调工作，违反 1 项 1 次扣 1 分	5	
项目成果（30%）	工作完整	不能按时完成工作任务的所有环节，扣 5 分	5	
	工作规范	在整个操作过程中出现不规范操作，违反 1 项 1 次扣 1 分	5	
	汇报展示	能准确表达、汇报工作成果，差一级扣 1 分	5	
合计			100	

总结与反思

（如：学习过程中遇到什么问题→如何解决的 / 解决不了的原因→心得体会）

附录 纯电动汽车电路图

1. 吉利 EV300 纯电动汽车电路图

交流充电系统

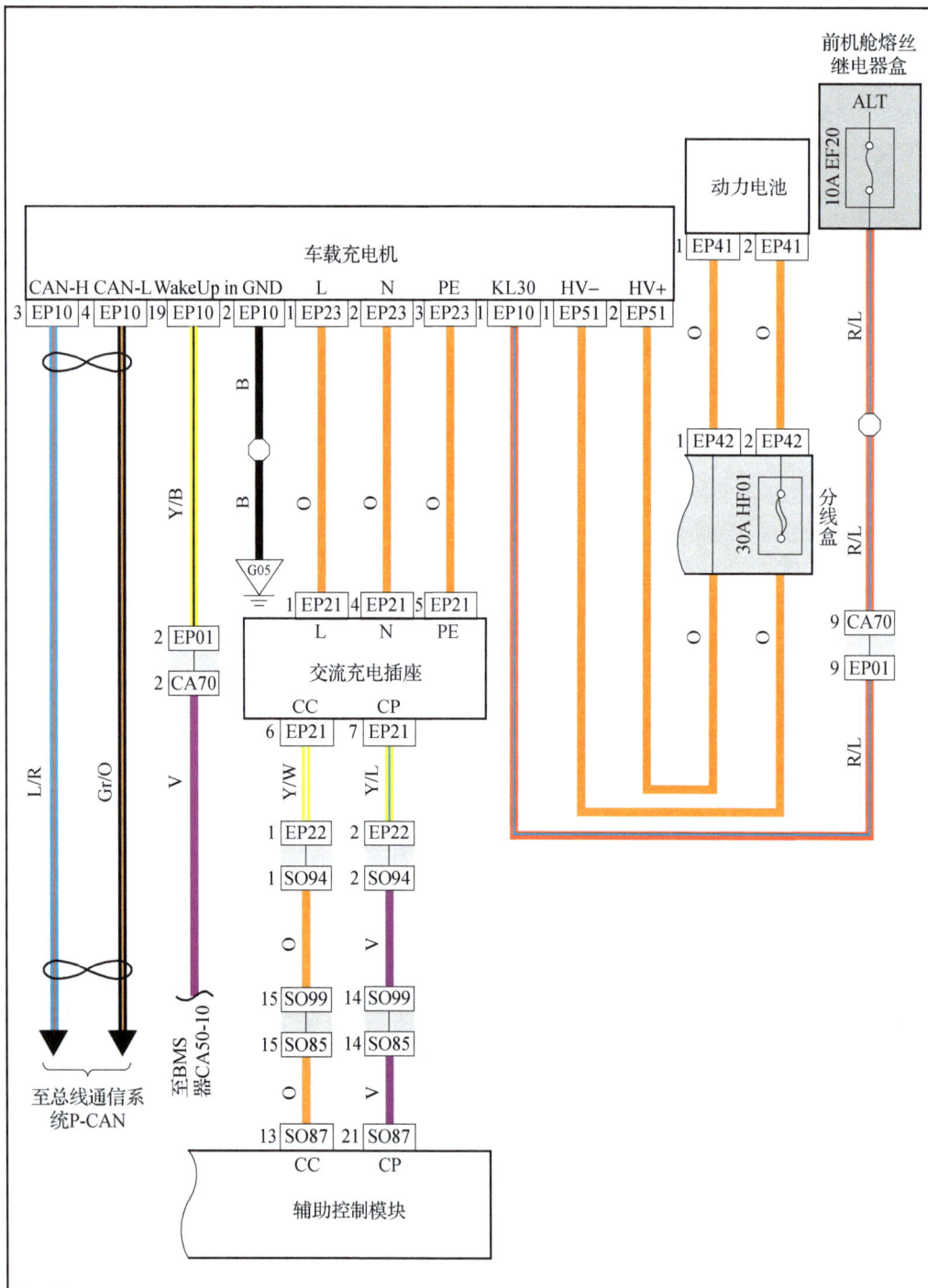

192

交流充电系统 水冷配置

辅助控制系统

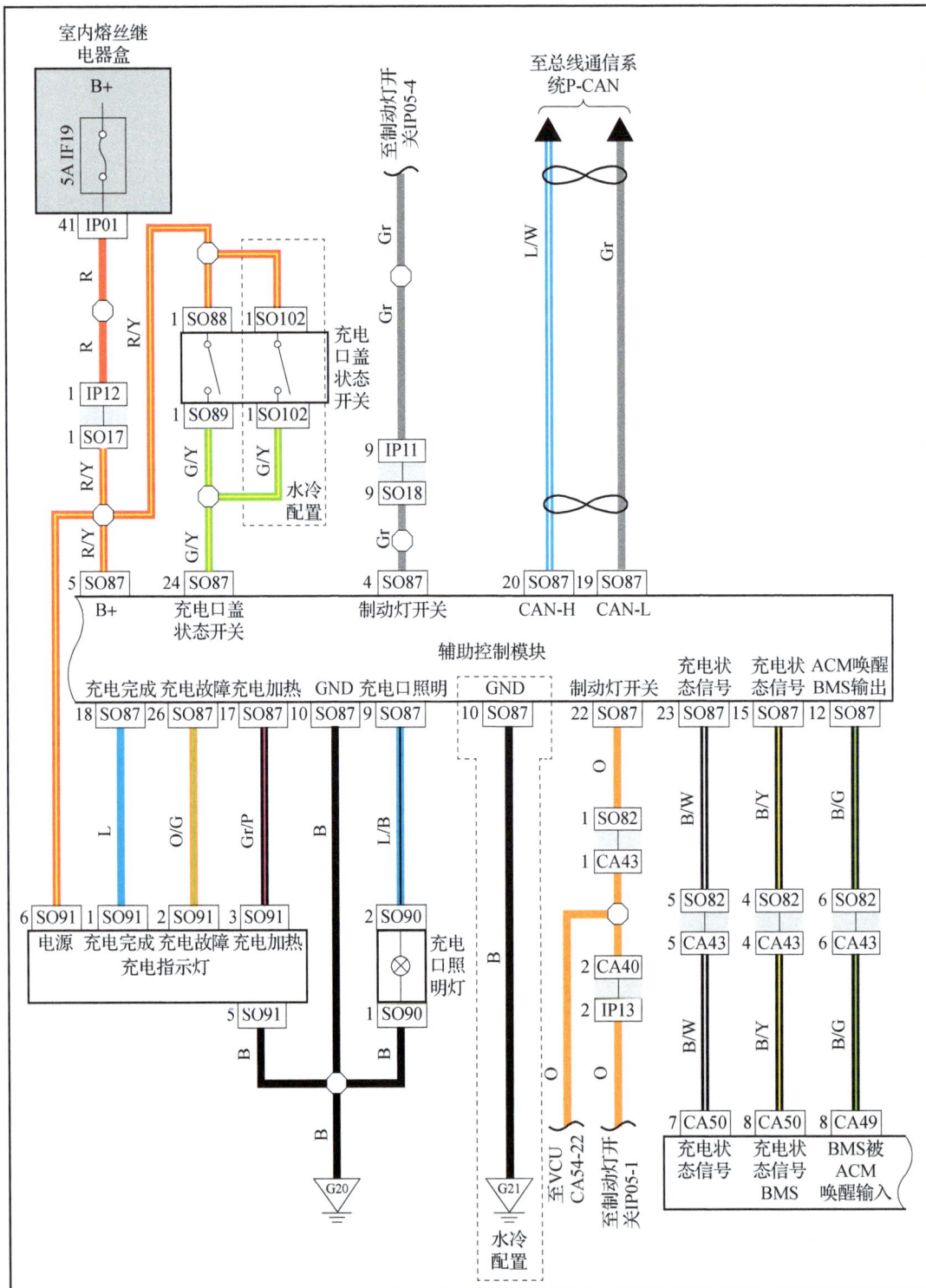

动力电池控制系统

动力电池控制系统 水冷配置

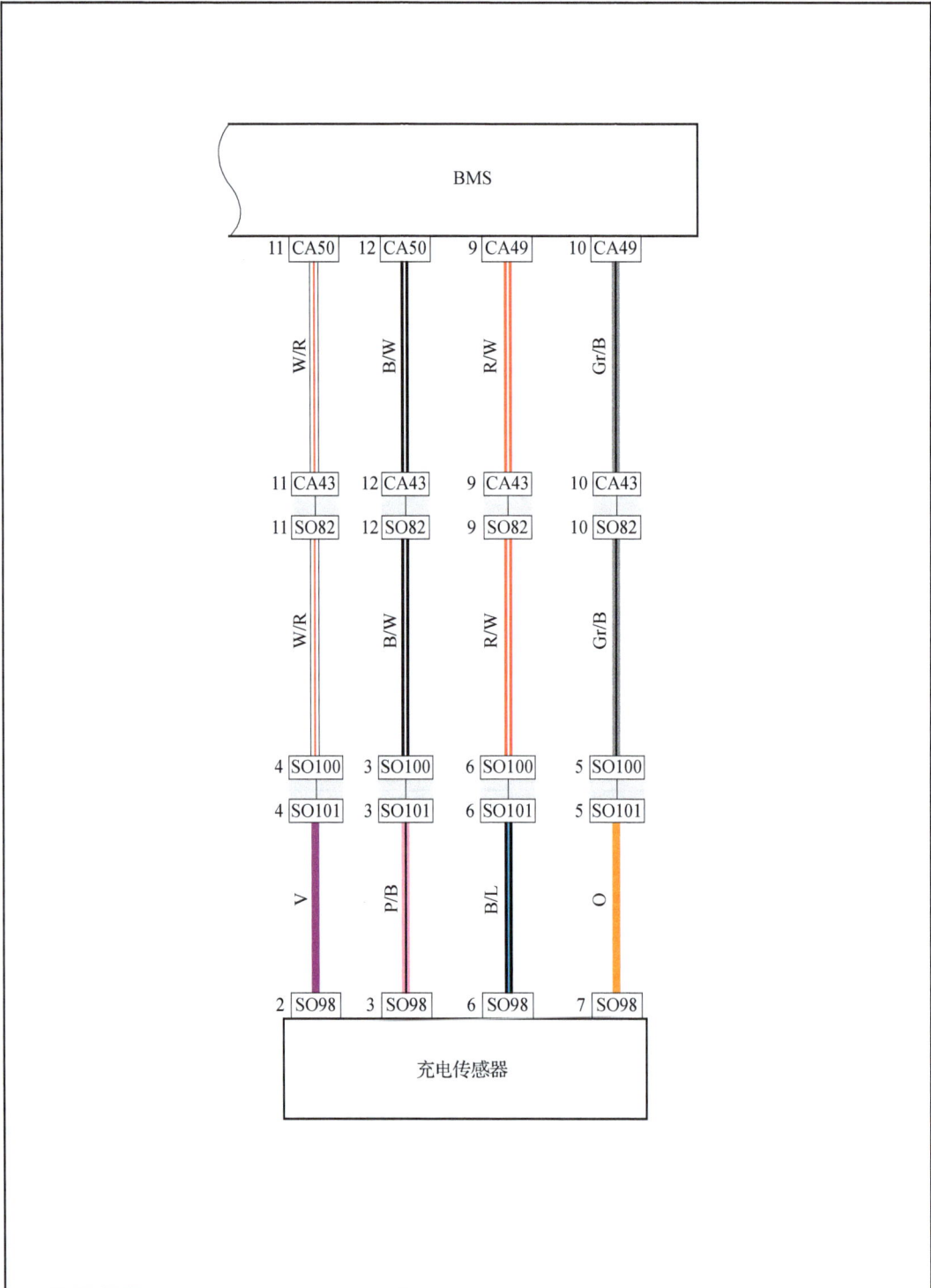

VCU（大陆）电源、接地、数据线I

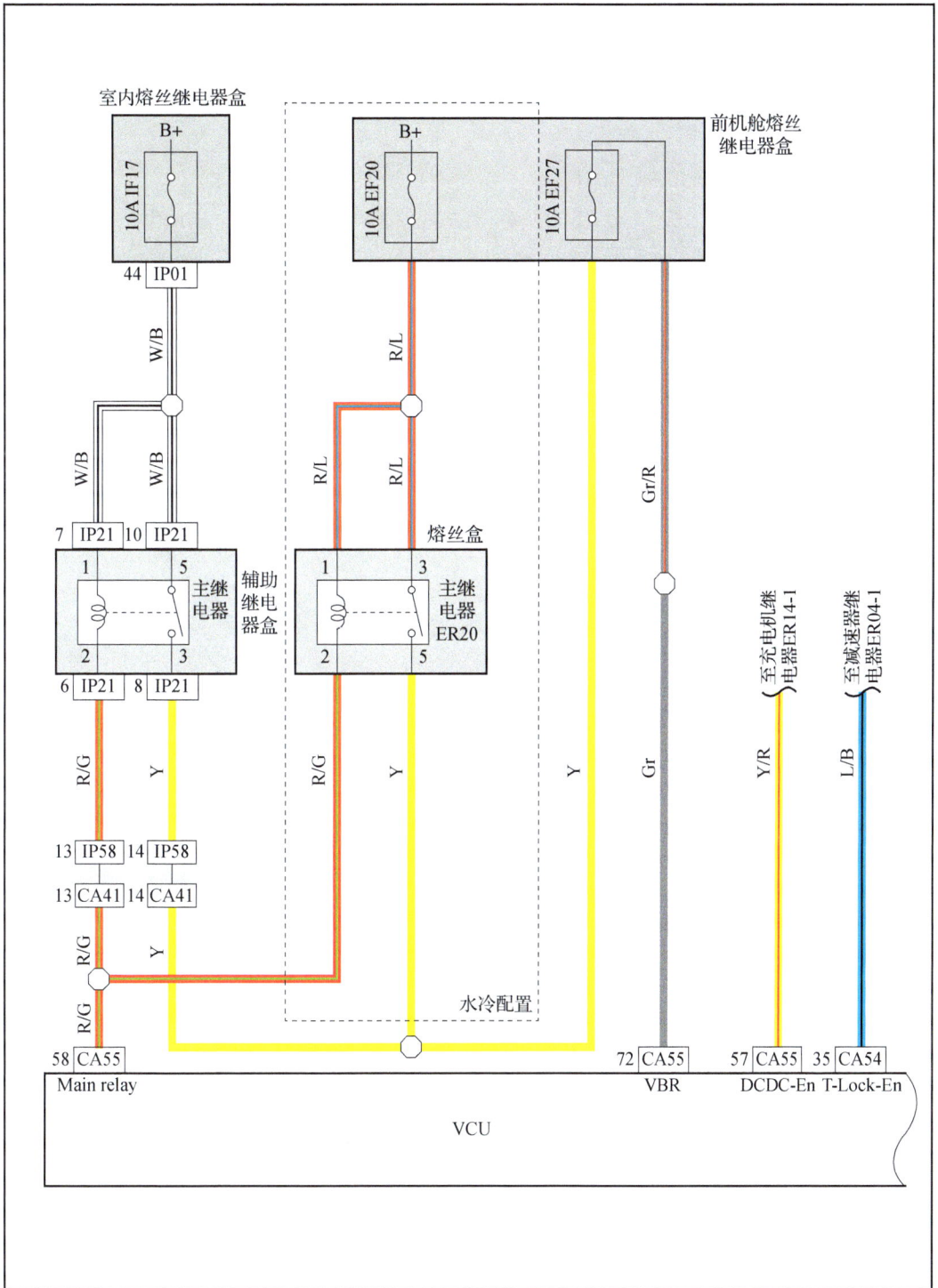

室内熔丝继电器盒

10A IF17
B+

44 IP01

前机舱熔丝
继电器盒

10A EF20
B+

10A EF27

W/B

R/L

Gr/R

W/B W/B

7 IP21 10 IP21

辅助
继电
器

主继
电器
盒

R/L R/L

熔丝盒

1 5
2 3

1 3
2 5

主继
电器
ER20

6 IP21 8 IP21

R/G Y

R/G Y

Gr

Y/R

L/B

至充电机继
电器ER14-1

至减速器继
电器ER04-1

13 IP58 14 IP58

13 CA41 14 CA41

R/G Y

R/G

Y

水冷配置

58 CA55
Main relay

72 CA55
VBR

57 CA55
DCDC-En

35 CA54
T-Lock-En

VCU

VCU（大陆）电源、接地、数据线2

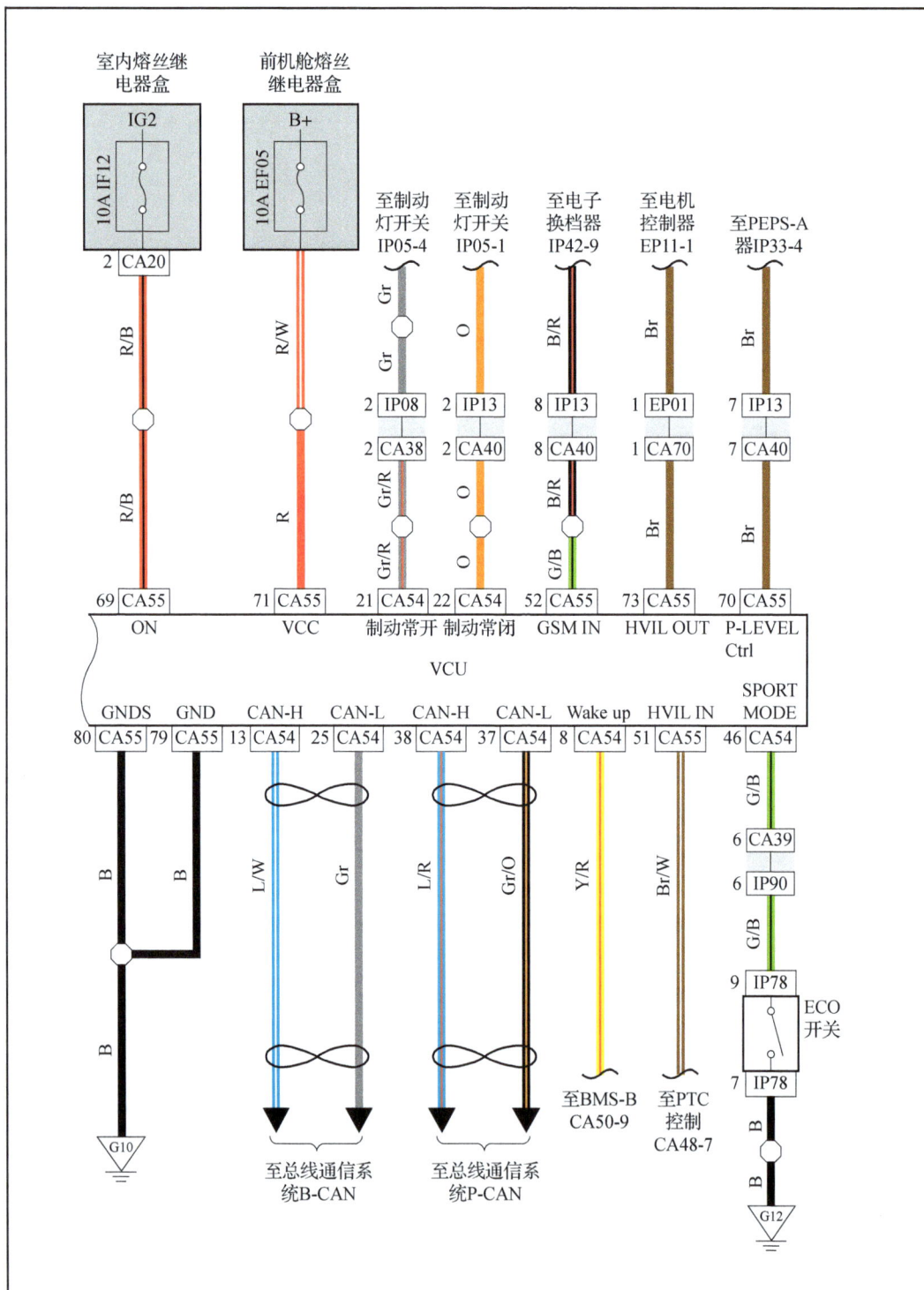

室内熔丝继电器盒

前机舱熔丝继电器盒

IG2

B+

10A IF12

10A EF05

2 CA20

R/B

R/W

R/B

R

至制动灯开关 IP05-4

至制动灯开关 IP05-1

至电子换档器 IP42-9

至电机控制器 EP11-1

至PEPS-A器IP33-4

Gr

Gr

B/R

Br

Br

2 IP08

2 IP13

8 IP13

1 EP01

7 IP13

2 CA38

2 CA40

8 CA40

1 CA70

7 CA40

Gr/R

B/R

Br

Br

Gr/R

G/B

Br

Br

69 CA55

71 CA55

21 CA54

22 CA54

52 CA55

73 CA55

70 CA55

ON

VCC

制动常开

制动常闭

GSM IN

HVIL OUT

P-LEVEL Ctrl

VCU

SPORT MODE

GNDS

GND

CAN-H

CAN-L

CAN-H

CAN-L

Wake up

HVIL IN

80 CA55

79 CA55

13 CA54

25 CA54

38 CA54

37 CA54

8 CA54

51 CA55

46 CA54

B

B

L/W

Gr

L/R

Gr/O

Y/R

Br/W

G/B

6 CA39

6 IP90

G/B

B

9 IP78

ECO 开关

7 IP78

G10

至BMS-B CA50-9

至PTC控制 CA48-7

B

B

G12

至总线通信系统B-CAN

至总线通信系统P-CAN

VCU（大陆）加速控制

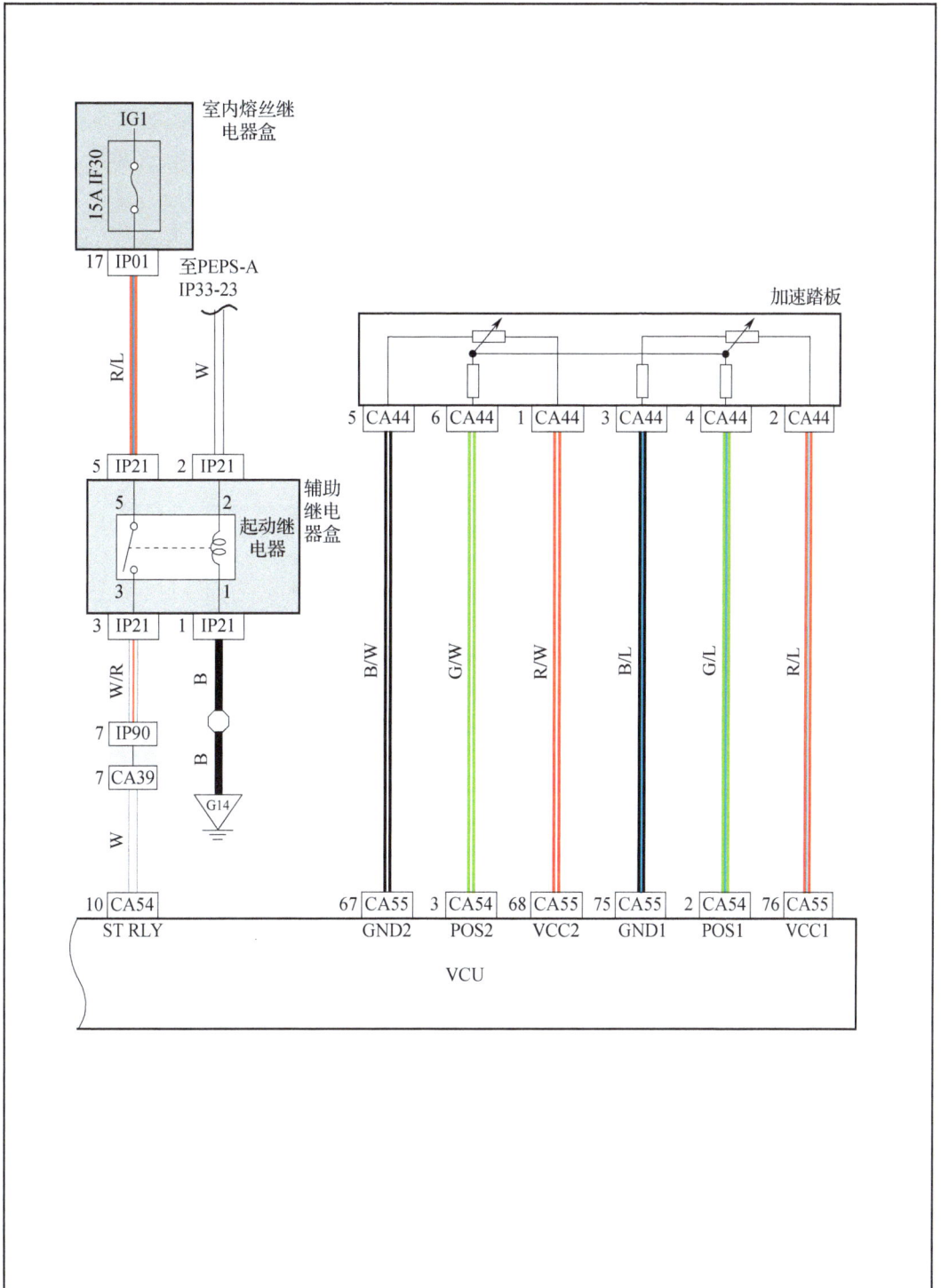

VCU（大陆）加速控制 水冷配置

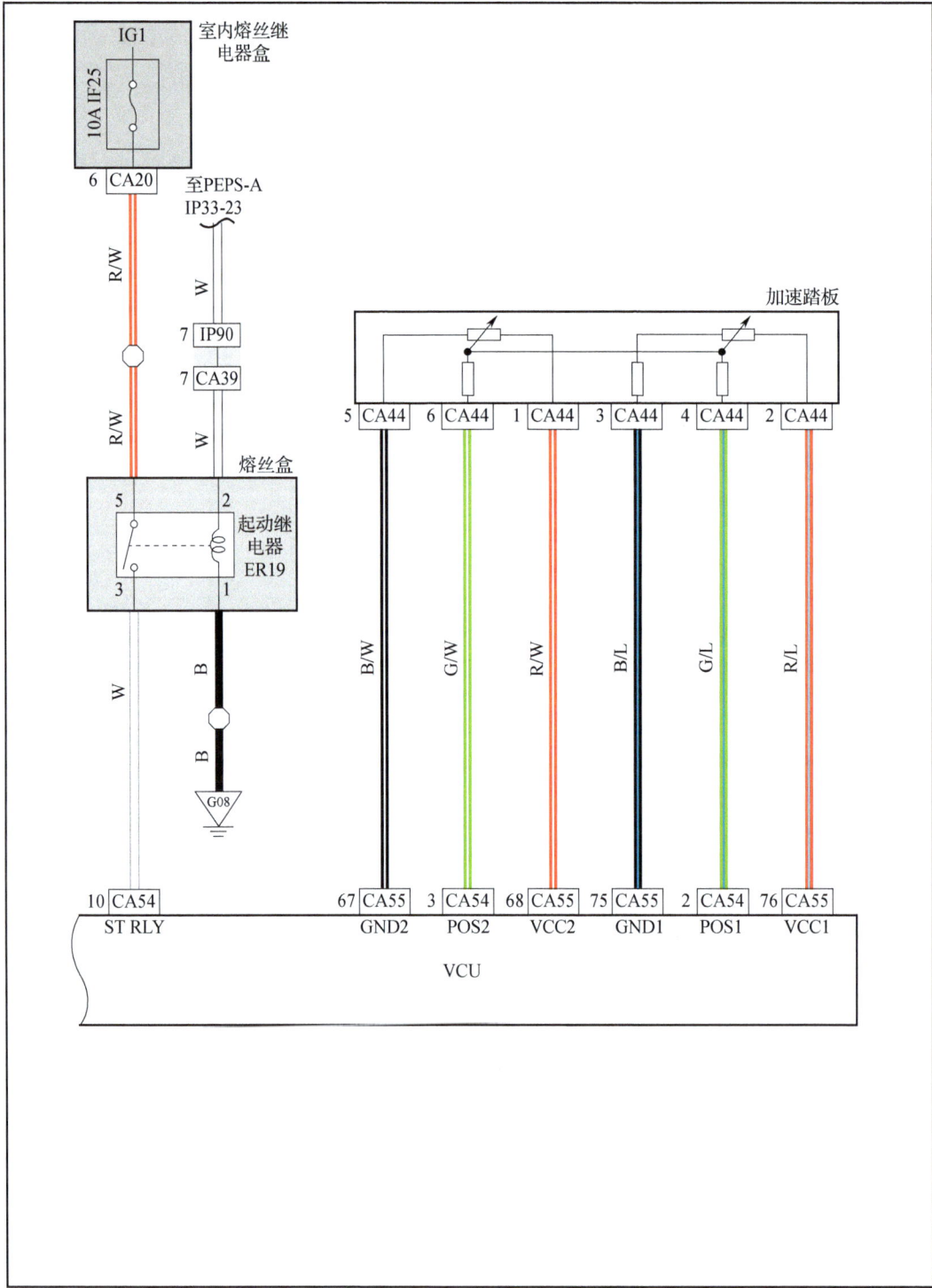

IG1		室内熔丝继电器盒

10A IF25

6 CA20

至PEPS-A
IP33-23

R/W

W

7 IP90

7 CA39

R/W

W

加速踏板

5 CA44　6 CA44　1 CA44　3 CA44　4 CA44　2 CA44

熔丝盒

5	2
	起动继电器 ER19
3	1

W

B

B

G08

B/W　G/W　R/W　B/L　G/L　R/L

10 CA54　　67 CA55　3 CA54　68 CA55　75 CA55　2 CA54　76 CA55

ST RLY　　GND2　POS2　VCC2　GND1　POS1　VCC1

VCU

冷却系统（大陆VCU）

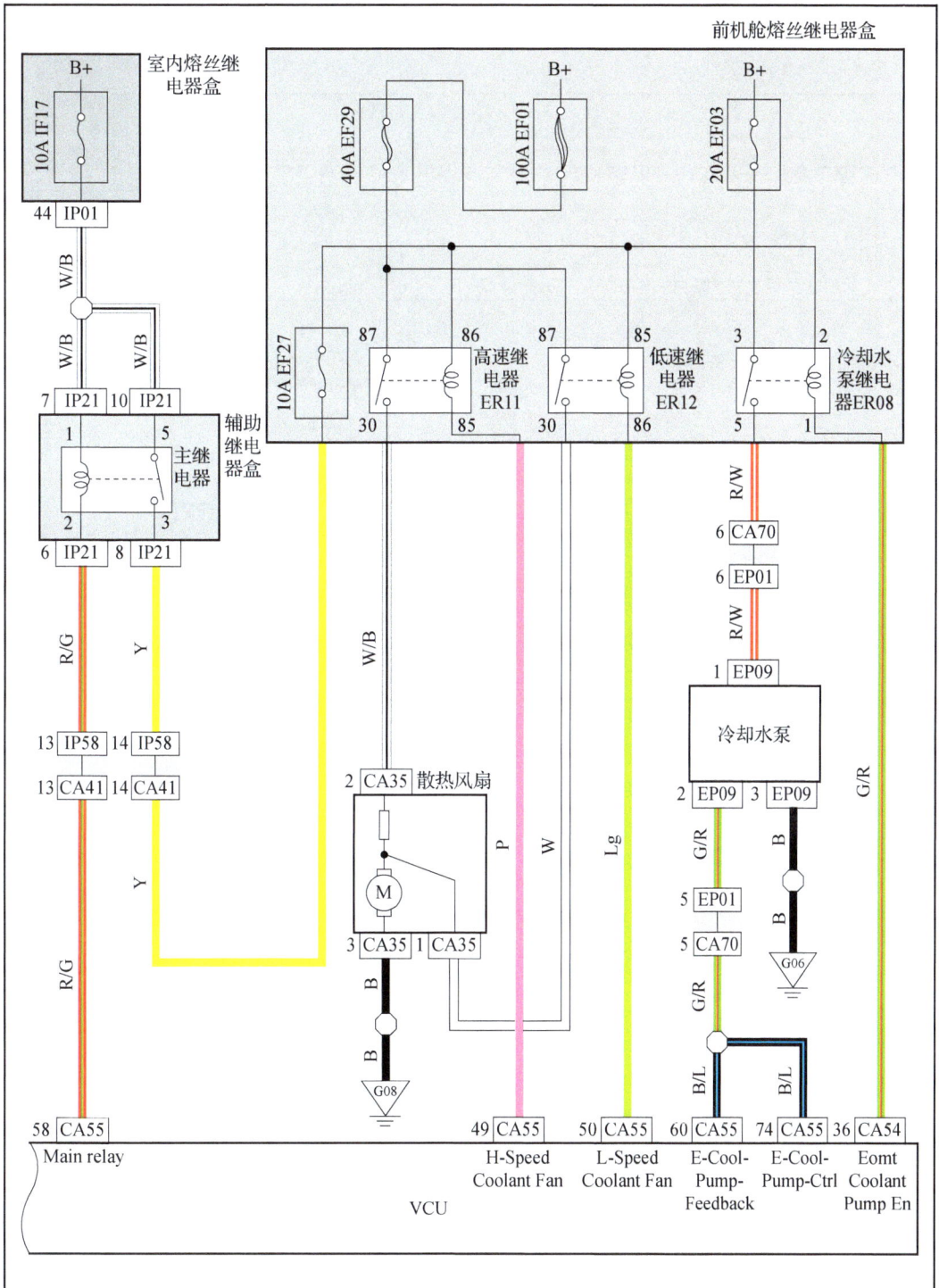

前机舱熔丝继电器盒

室内熔丝继电器盒

10A IF17

B+

44 IP01

W/B

W/B   W/B

7 IP21   10 IP21   辅助继电器盒

主继电器

6 IP21   8 IP21

R/G   Y

13 IP58   14 IP58

13 CA41   14 CA41

Y

R/G

40A EF29   B+   100A EF01   B+   20A EF03   B+

10A EF27

87   86   高速继电器 ER11   87   85   低速继电器 ER12   3   2   冷却水泵继电器ER08

30   85   30   86   5   1

W/B

R/W

6 CA70

6 EP01

R/W

1 EP09

冷却水泵

2 CA35   散热风扇

M

3 CA35   1 CA35

B

G08

2 EP09   3 EP09

G/R   B

5 EP01   B

5 CA70

G06

G/R

B/L   B/L

P   W   Lg

58 CA55   49 CA55   50 CA55   60 CA55   74 CA55   36 CA54

Main relay   H-Speed Coolant Fan   L-Speed Coolant Fan   E-Cool-Pump-Feedback   E-Cool-Pump-Ctrl   Eomt Coolant Pump En

VCU

冷却系统（大陆VCU）水冷配置1

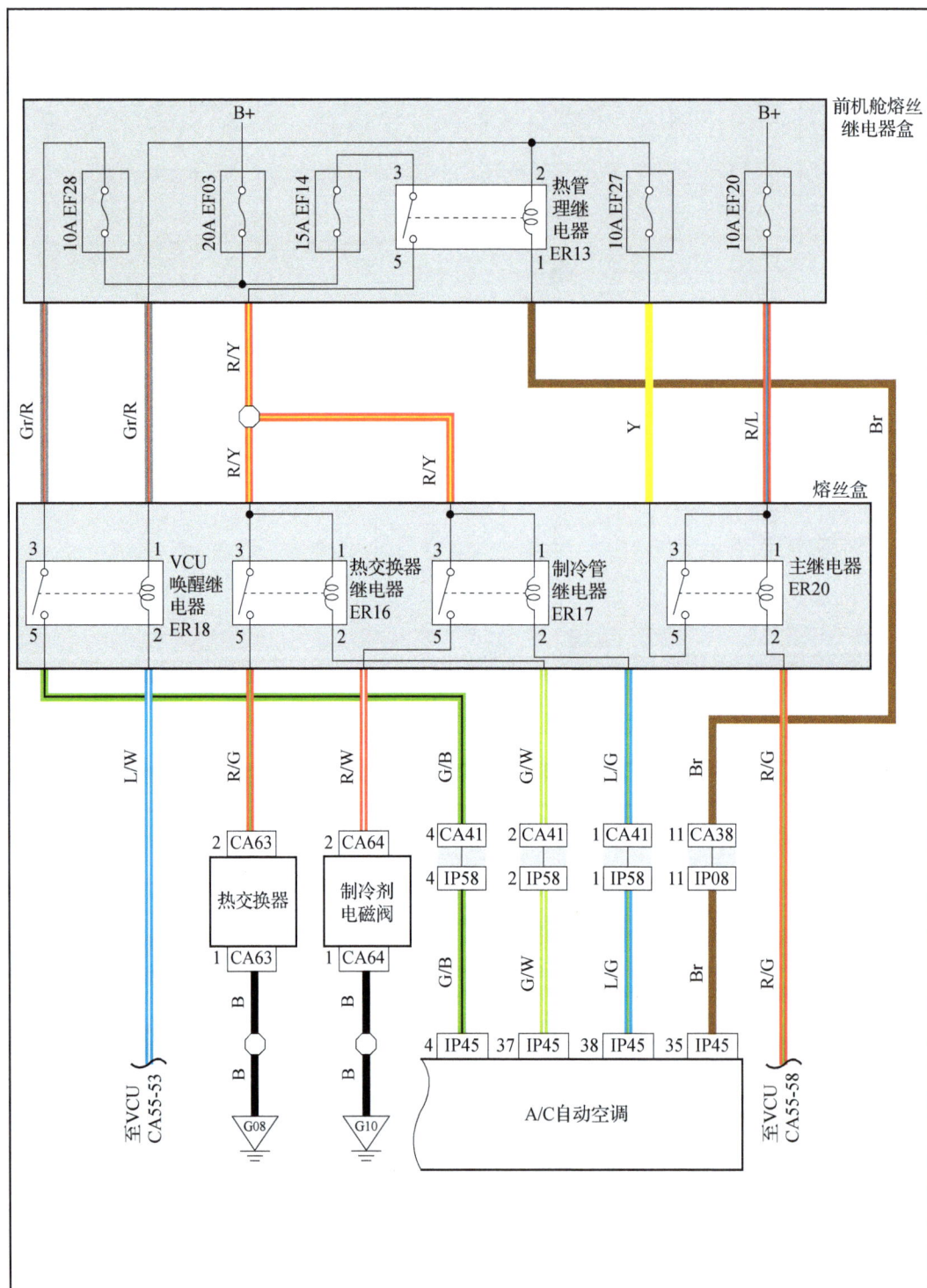

冷却系统（大陆VCU）水冷配置2

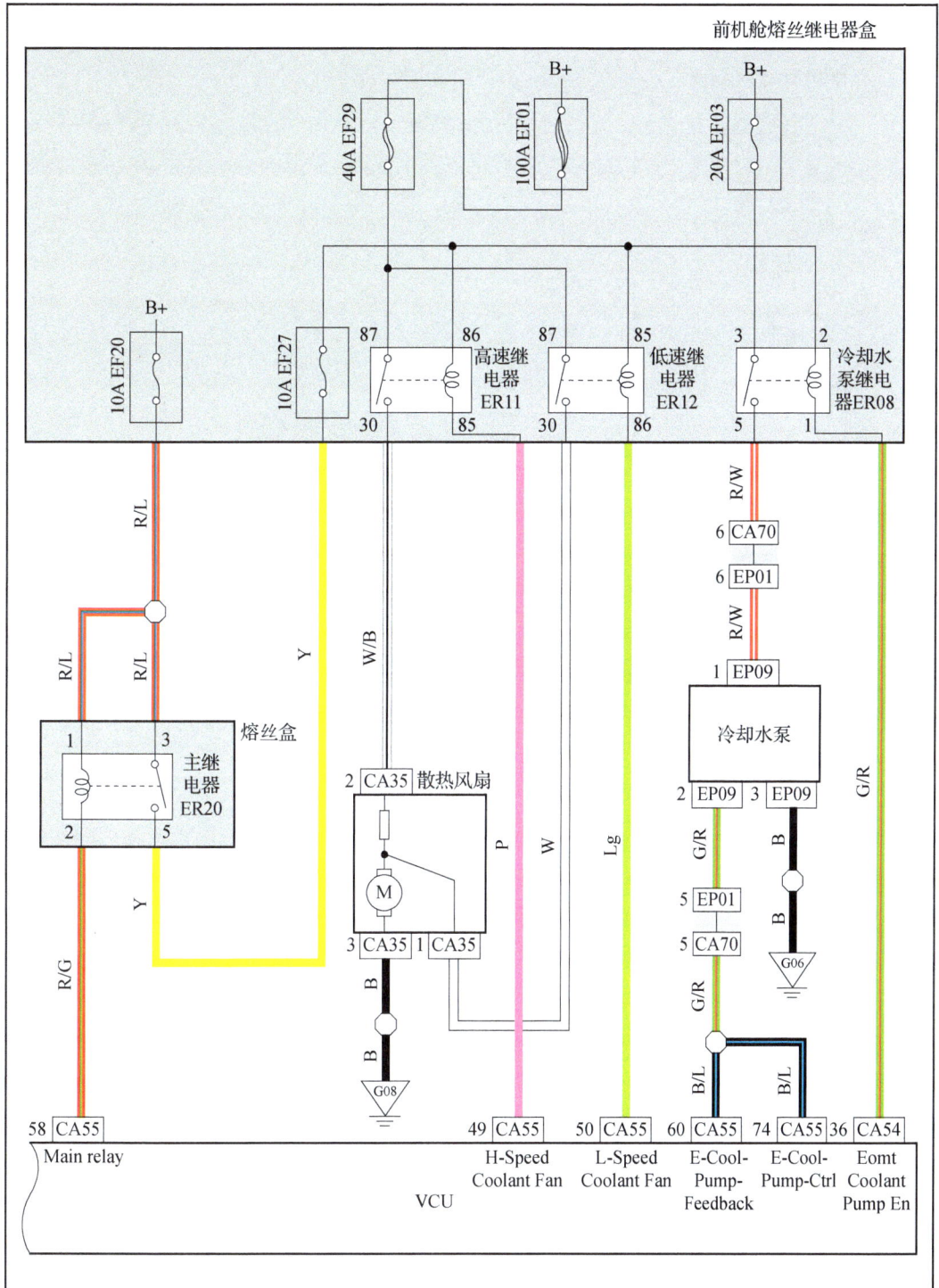

前机舱熔丝继电器盒

40A EF29

100A EF01　B+

20A EF03　B+

10A EF20　B+

10A EF27

87　86　高速继电器 ER11　87　85　低速继电器 ER12　3　2　冷却水泵继电器ER08

30　85　30　86　5　1

R/L

Y

W/B

R/W

6 CA70

6 EP01

R/W

1 EP09

冷却水泵

2 EP09　3 EP09

G/R　B

5 EP01

5 CA70

G/R

熔丝盒

1　3　主继电器 ER20

2　5

Y

2 CA35　散热风扇

M

3 CA35　1 CA35

B

B

G08

R/G

P　W

Lg

B

B

G06

G/R　G/R

B/L　B/L

58 CA55

Main relay

49 CA55　50 CA55　60 CA55　74 CA55　36 CA54

H-Speed Coolant Fan　L-Speed Coolant Fan　E-Cool-Pump-Feedback　E-Cool-Pump-Ctrl　Eomt Coolant Pump En

VCU

VCU（自主）电源、接地、数据线1

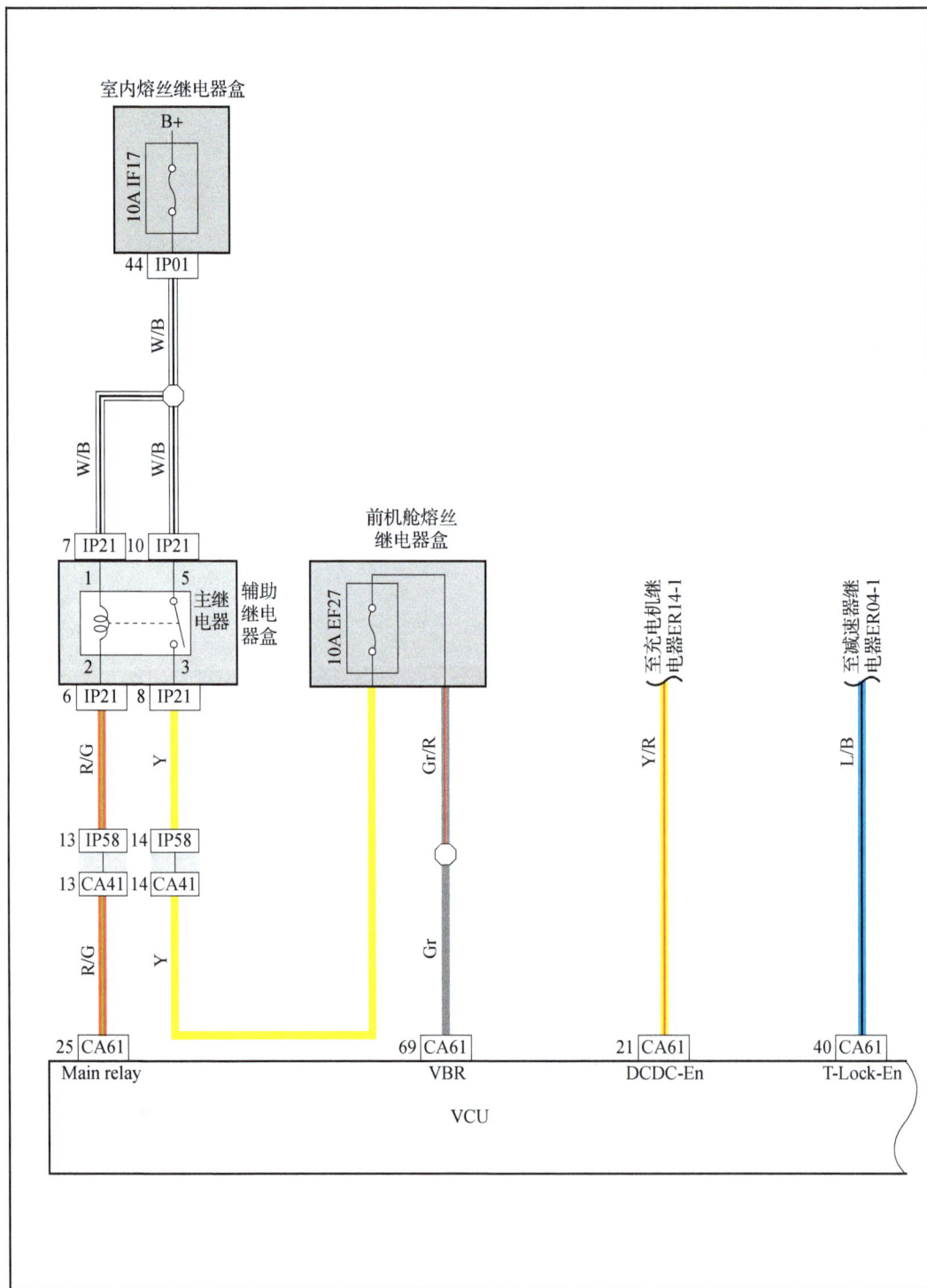

VCU（自主）电源、接地、数据线2

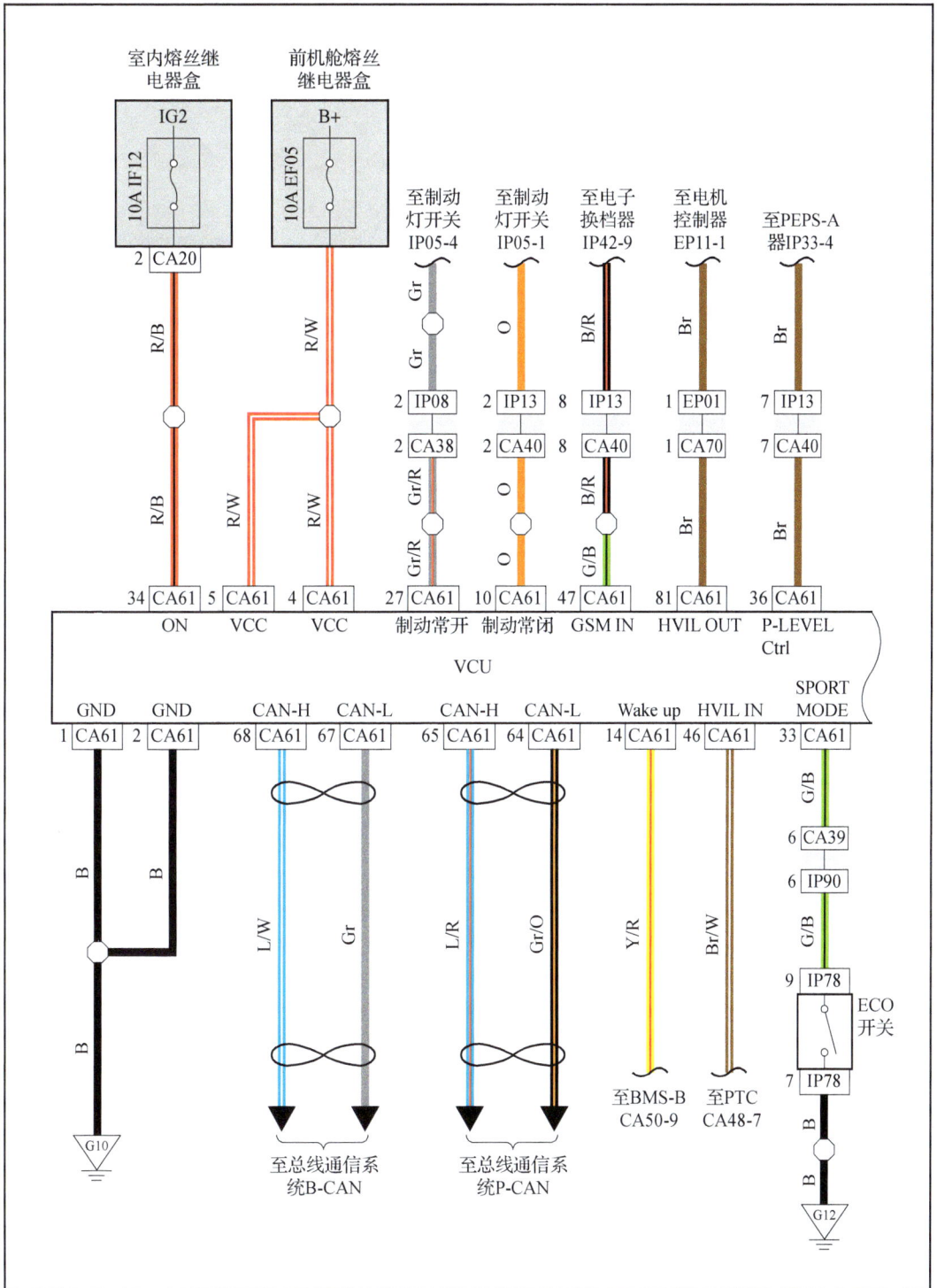

VCU（自主）加速控制

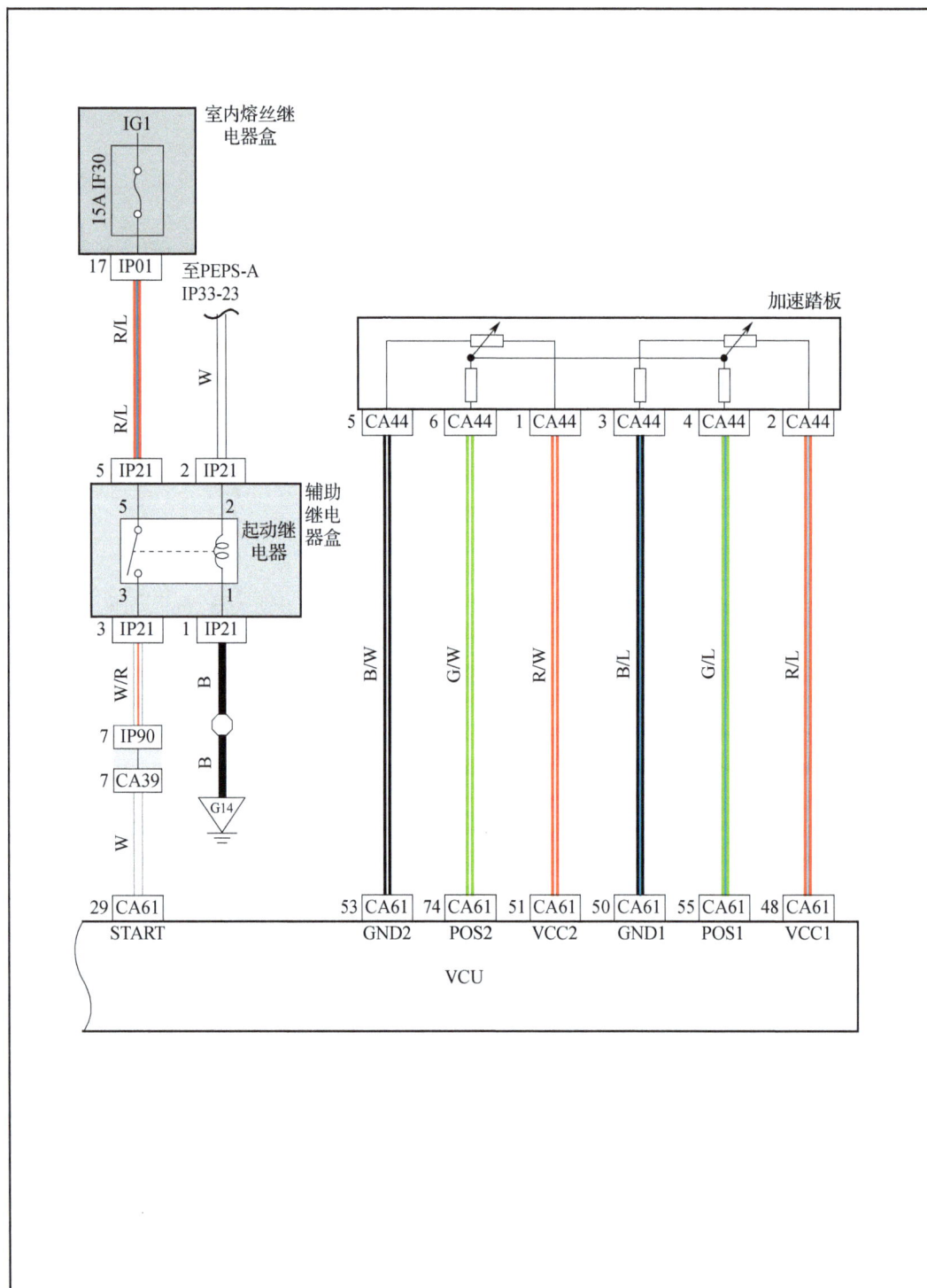

室内熔丝继电器盒

IG1

15A IF30

17 IP01

至PEPS-A
IP33-23

R/L

R/L

W

加速踏板

5 CA44 6 CA44 1 CA44 3 CA44 4 CA44 2 CA44

5 IP21 2 IP21

辅助继电器盒

5 2

起动继电器

3 1

3 IP21 1 IP21

W/R

B

7 IP90

7 CA39

B

G14

W

B/W

G/W

R/W

B/L

G/L

R/L

29 CA61 53 CA61 74 CA61 51 CA61 50 CA61 55 CA61 48 CA61

START GND2 POS2 VCC2 GND1 POS1 VCC1

VCU

冷却系统（自主VCU）

室内熔丝继电器盒

前机舱熔丝继电器盒

B+

10A IF17

44 IP01

W/B

W/B　W/B

7 IP21　10 IP21

辅助继电器盒

主继电器

1　5

2　3

6 IP21　8 IP21

R/G　Y

13 IP58　14 IP58

13 CA41　14 CA41

R/G　Y

25 CA61

Main relay

B+

40A EF29

B+

100A EF01

B+

20A EF03

10A EF27

87　86
高速继电器
ER11
30　85

87　85
低速继电器
ER12
30　86

3　2
冷却水泵继电器ER08
5　1

R/W

6 CA70

6 EP01

R/W

1 EP09

冷却水泵

2 EP09　3 EP09

G/R　B

5 EP01

5 CA70

G/R

B

G06

G/R

B/L　B/L

W/B

2 CA35　散热风扇

M

3 CA35　1 CA35

B

G08

P　W

23 CA61　17 CA61

H-Speed　L-Speed
Coolant Fan　Coolant Fan

VCU

Lg

45 CA61　19 CA61　16 CA61

E-Cool-　E-Cool-　Eomt
Pump-　Pump-Ctrl　Coolant
Feedback　Pump En

G/R

电机控制器1

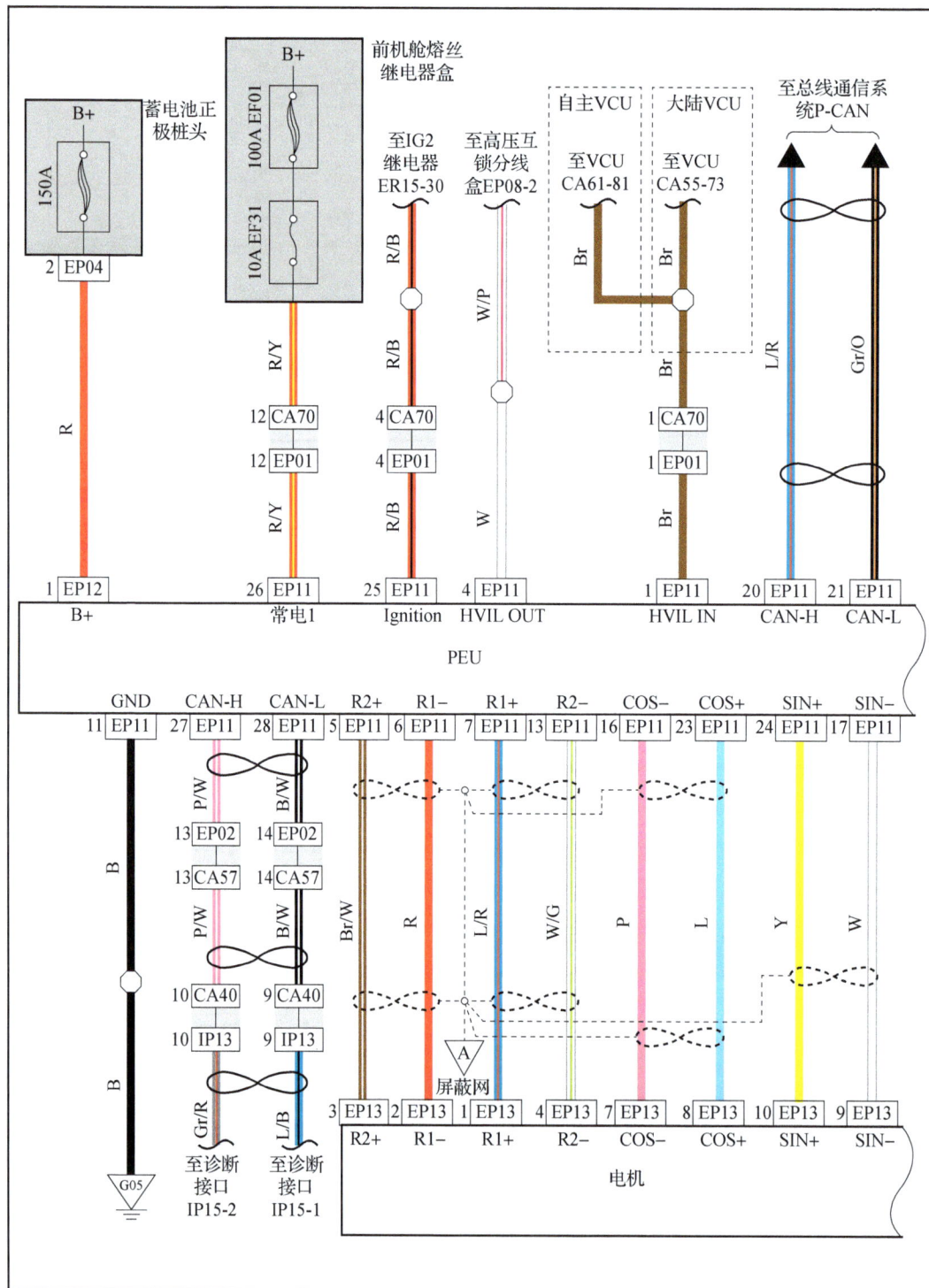

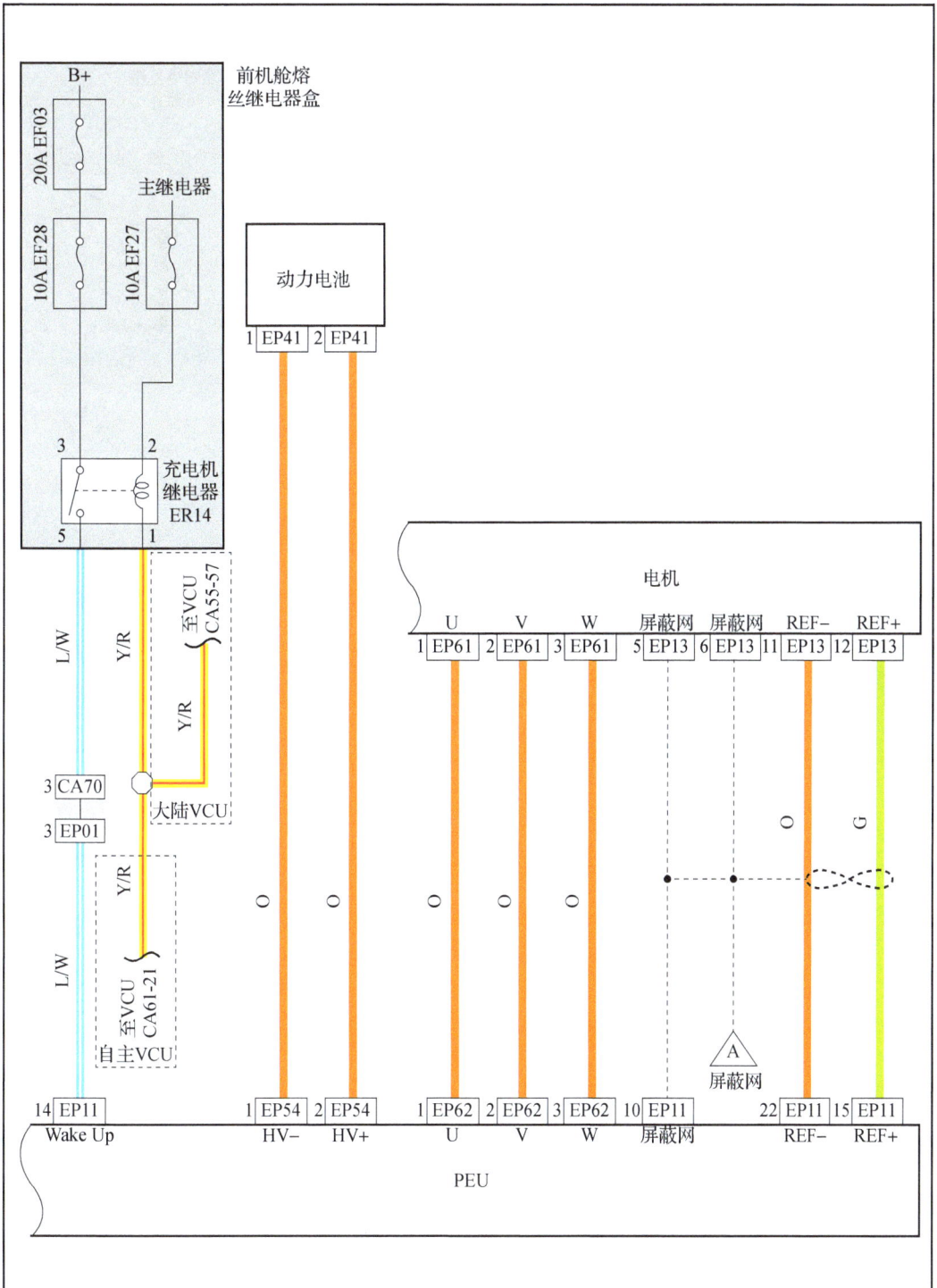

电机控制器2

前机舱熔
丝继电器盒

B+

20A EF03

10A EF28   10A EF27

主继电器

充电机
继电器
ER14

动力电池

1 EP41   2 EP41

电机

U   V   W   屏蔽网   屏蔽网   REF−   REF+

1 EP61   2 EP61   3 EP61   5 EP13   6 EP13   11 EP13   12 EP13

至VCU
CA55-57

Y/R

L/W   Y/R

3 CA70

大陆VCU

3 EP01

Y/R

L/W

至VCU
CA61-21

自主VCU

O   G

A
屏蔽网

14 EP11   1 EP54   2 EP54   1 EP62   2 EP62   3 EP62   10 EP11   22 EP11   15 EP11

Wake Up   HV−   HV+   U   V   W   屏蔽网   REF−   REF+

PEU

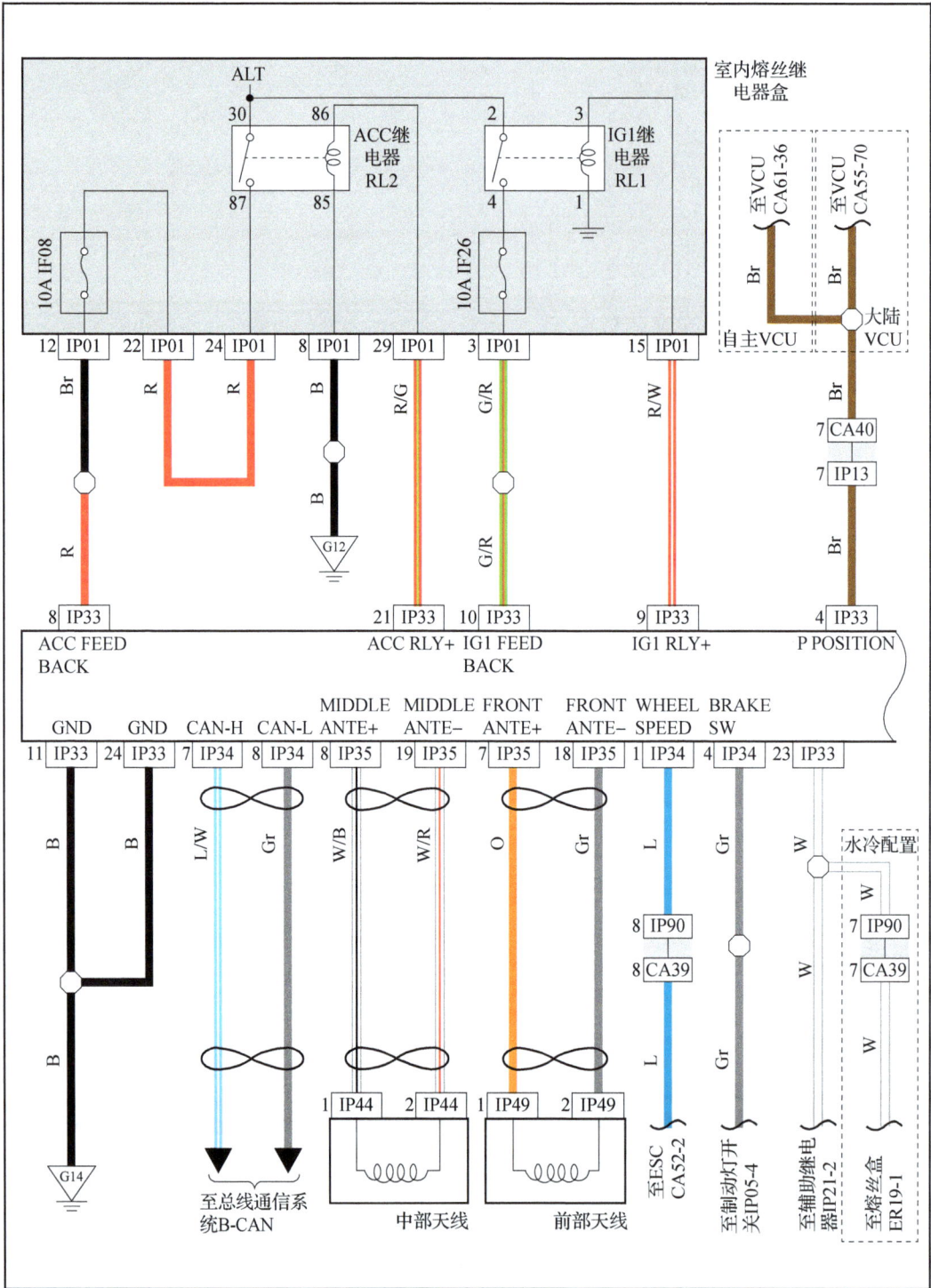

PEPS1

室内熔丝继电器盒

ALT

ACC继电器 RL2
30 86
87 85

IG1继电器 RL1
2 3
4 1

10A IF08

10A IF26

至VCU CA61-36
至VCU CA55-70

自主VCU 大陆VCU

12 IP01	22 IP01	24 IP01	8 IP01	29 IP01	3 IP01	15 IP01	
Br	R	R	B	R/G	G/R	R/W	Br

Br
7 CA40
7 IP13
Br

B
G12

8 IP33				21 IP33	10 IP33	9 IP33	4 IP33
ACC FEED BACK				ACC RLY+	IG1 FEED BACK	IG1 RLY+	P POSITION

GND	GND	CAN-H	CAN-L	MIDDLE ANTE+	MIDDLE ANTE−	FRONT ANTE+	FRONT ANTE−	WHEEL SPEED	BRAKE SW	
11 IP33	24 IP33	7 IP34	8 IP34	8 IP35	19 IP35	7 IP35	18 IP35	1 IP34	4 IP34	23 IP33
B	B	L/W	Gr	W/B	W/R	O	Gr	L	Gr	W

8 IP90
8 CA39

水冷配置
W
7 IP90
7 CA39
W

B
G14

至总线通信系统B-CAN

1 IP44 2 IP44
中部天线

1 IP49 2 IP49
前部天线

至ESC CA52-2

至制动灯开关IP05-4

至辅助继电器IP21-2

至熔丝盒 ER19-1

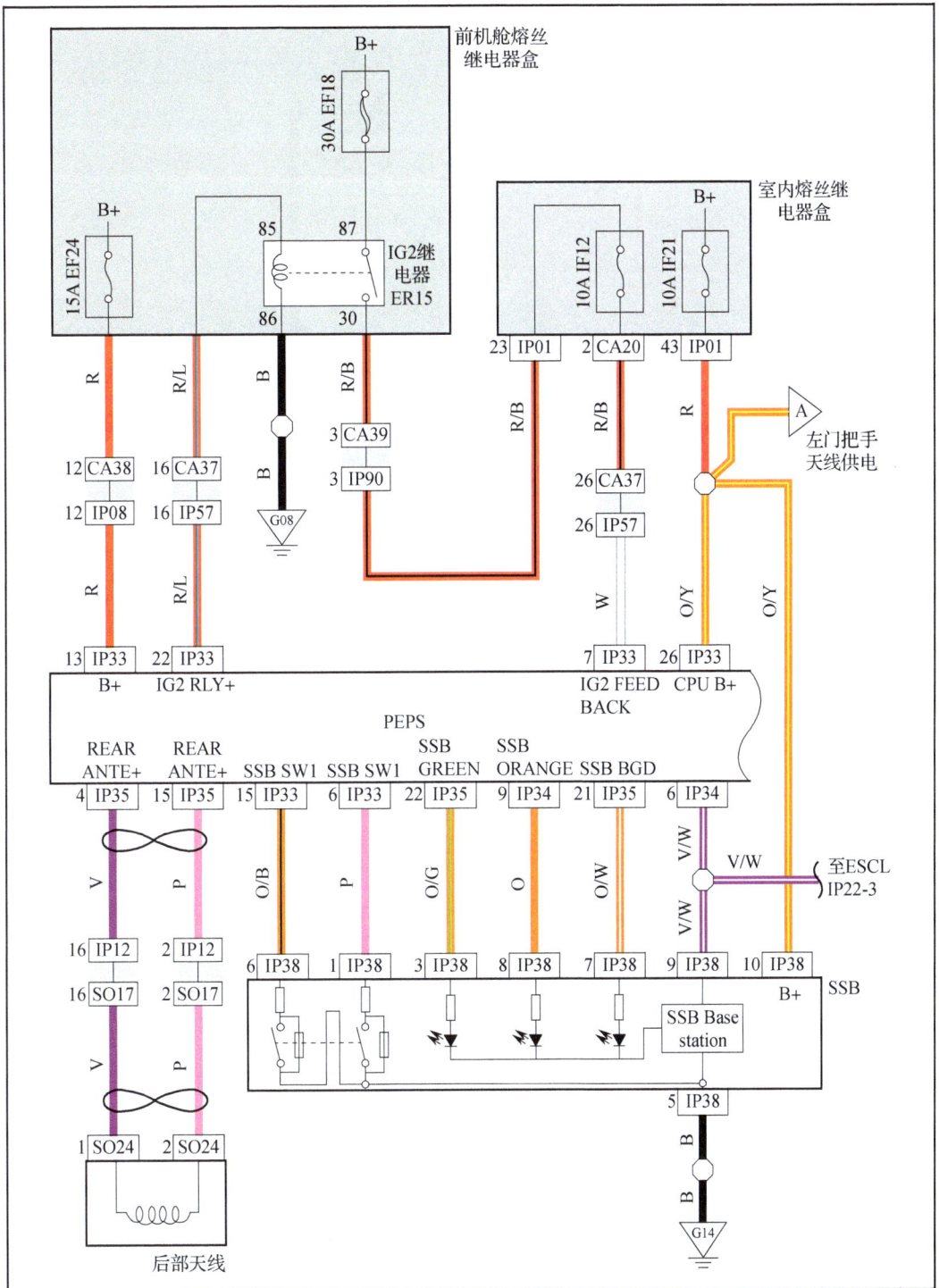

PEPS2

前机舱熔丝
继电器盒

B+

30A EF18

B+

15A EF24

室内熔丝继
电器盒

B+

85　　87
IG2继
电器
ER15
86　　30

10A IF12　10A IF21

23 IP01　2 CA20　43 IP01

R　　R/L　　B　　R/B

R/B　　R/B　　R

A

左门把手
天线供电

12 CA38　16 CA37

12 IP08　16 IP57

B

3 CA39

3 IP90

26 CA37

26 IP57

B

G08

R　　R/L

R/B　　W　　O/Y　　O/Y

13 IP33　22 IP33

B+　　IG2 RLY+

7 IP33　26 IP33

IG2 FEED　CPU B+
BACK

PEPS

REAR
ANTE+

REAR
ANTE+

SSB SW1 SSB SW1

SSB
GREEN

SSB
ORANGE SSB BGD

4 IP35　15 IP35　15 IP33　6 IP33　22 IP35　9 IP34　21 IP35　6 IP34

V　　P

O/B　　P　　O/G　　O　　O/W　　V/W

V/W

V/W

至ESCL
IP22-3

16 IP12　2 IP12

16 SO17　2 SO17

V/W

6 IP38　1 IP38　3 IP38　8 IP38　7 IP38　9 IP38　10 IP38

V　　P

SSB Base
station

B+　SSB

1 SO24　2 SO24

5 IP38

后部天线

B

B

G14

TCU电源、接地、数据线

前机舱熔丝继电器盒

B+

20A EF15

至总线通信系统B-CAN

R/B

12 CA41
12 IP58

R

L/R | Gr/O
L/R | Gr/O

R | R

13 IP76 | 26 IP76 | 8 IP76 | 9 IP76
B+ | B+ | PCAN-H | PCAN-L

减速器控制器

GND	GND	MOTOR H-L	MOTOR H-L	MOTOR L-H	MOTOR L-H	POS.2 MOTOR	POS.4 MOTOR	POS.2 MOTOR	POS.3 MOTOR	POSITION RETURN
12 IP76	25 IP76	1 IP76	14 IP76	2 IP76	15 IP76	5 IP76	17 IP76	18 IP76	19 IP76	20 IP76

B | B

O | O | Y | Y

Br/W | V | O/W | W | Y/W

5 IP58 | 6 IP58 | 11 IP58 | 8 IP58 | 9 IP58 | 10 IP58 | 7 IP58
5 CA41 | 6 CA41 | 11 CA41 | 8 CA41 | 9 CA41 | 10 CA41 | 7 CA41

O | Y | Br/W | V | O/W | W | Y/W

11 CA70 | 10 CA70 | 15 CA57 | 8 CA57 | 11 CA57 | 12 CA57 | 7 CA57
11 EP01 | 10 EP01 | 15 EP02 | 8 EP02 | 11 EP02 | 12 EP02 | 7 EP02

B

O | Y | Br/W | V | O/W | W | Y/W

G13

D EP06 | E EP06 | C EP06 | G EP06 | B EP06 | H EP06 | A EP06

MOTOR H-L		MOTOR L-H	MOTOR L-H	POS.2 MOTOR	POS.4 MOTOR	POS.2 MOTOR	POS.3 MOTOR	POSITION RETURN

减速器

TCU控制

前机舱熔丝
继电器盒

B+

20A EF03

10A EF28

3

减速器
继电器
ER04

2

10A EF27

5   1

室内熔丝继
电器盒

B+

10A IF17

44 IP01

W/B

W/B   W/B

7 IP21   10 IP21

辅助继
电器盒

1   5

主继
电器

2   3

8 IP21   6 IP21

Y   R/G

14 IP58   13 IP58

14 CA41   13 CA41

Y   R/G

R/G   L/B

8 CA37

8 IP57

R/G

23 IP76

TCU

L/B   R/G   L/B   R/G

至VCU   至VCU   至VCU   至VCU
CA54-35   CA55-58   CA61-40   CA61-25

大陆VCU   自主VCU

TCU控制 水冷配置

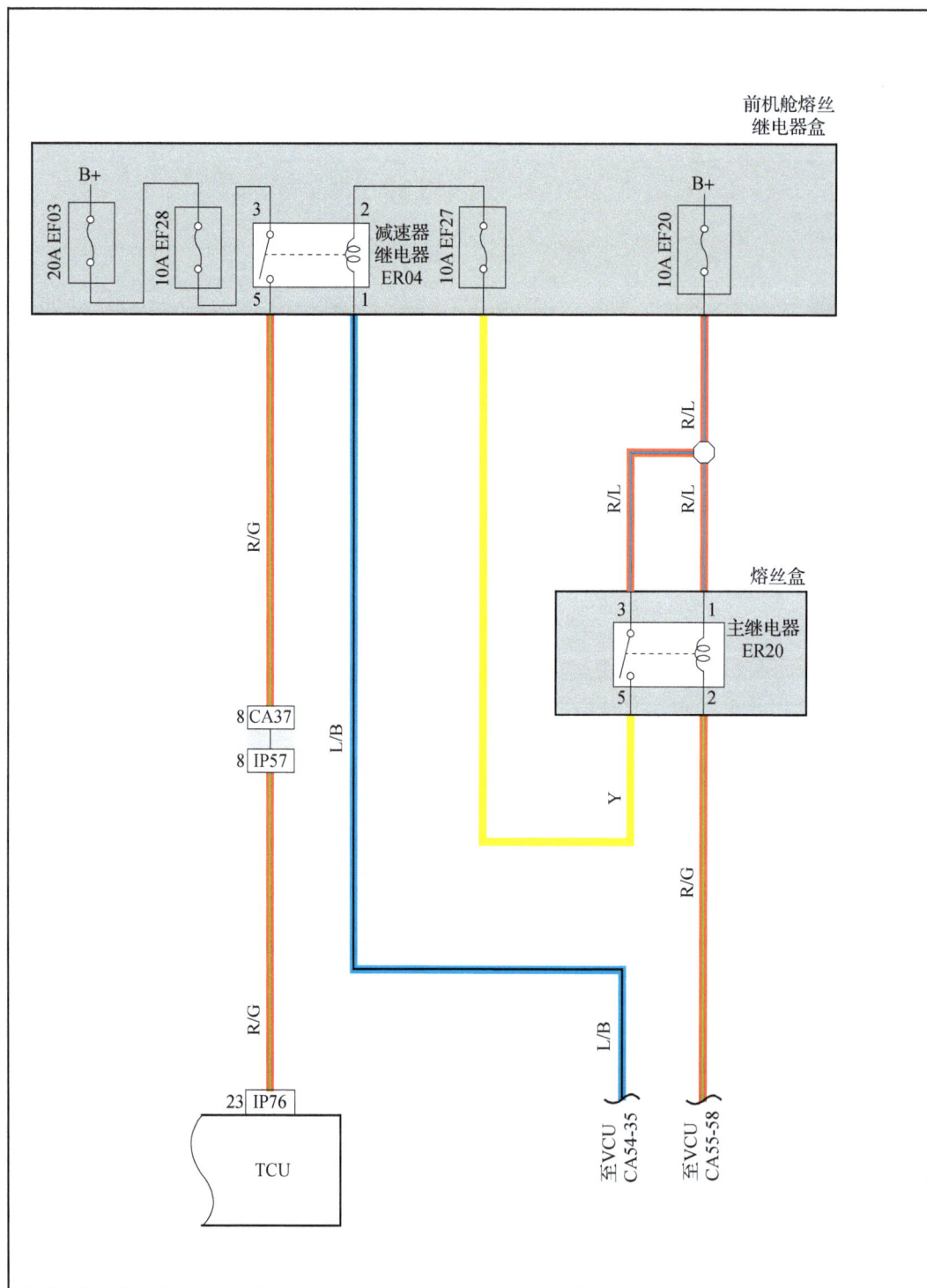

前机舱熔丝
继电器盒

20A EF03　B+

10A EF28

减速器
继电器
ER04

10A EF27

B+

10A EF20

R/L

R/L　R/L

R/G

L/B

8 CA37

8 IP57

熔丝盒

主继电器
ER20

Y

R/G

R/G

L/B

23 IP76

TCU

至VCU
CA54-35

至VCU
CA55-58

电子换档器

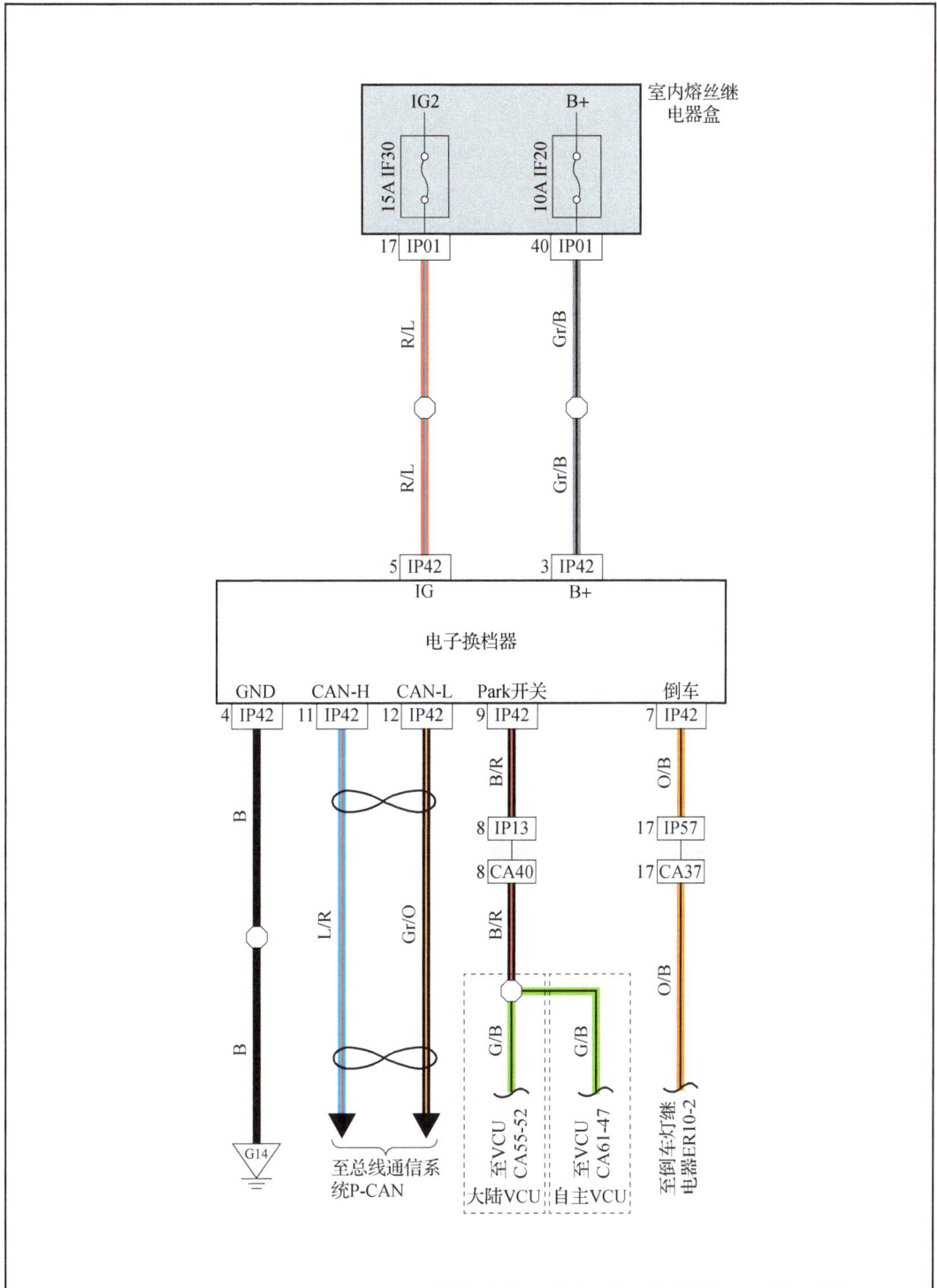

室内熔丝继电器盒

IG2　　　　B+

15A IF30　　　10A IF20

17 IP01　　　40 IP01

R/L　　　　　Gr/B

R/L　　　　　Gr/B

5 IP42　　　　3 IP42

IG　　　　　　B+

电子换档器

GND　CAN-H　CAN-L　Park开关　　　倒车

4 IP42　11 IP42　12 IP42　9 IP42　　　7 IP42

B　　　　　　　　　　B/R　　　　　O/B

8 IP13　　　17 IP57

8 CA40　　　17 CA37

B　　L/R　Gr/O　B/R　　　　　　　O/B

G/B　　G/B

G14

至总线通信系统P-CAN

至VCU CA55-52　　至VCU CA61-47

大陆VCU　　　　自主VCU

至倒车灯继电器ER10-2

215

ESC4

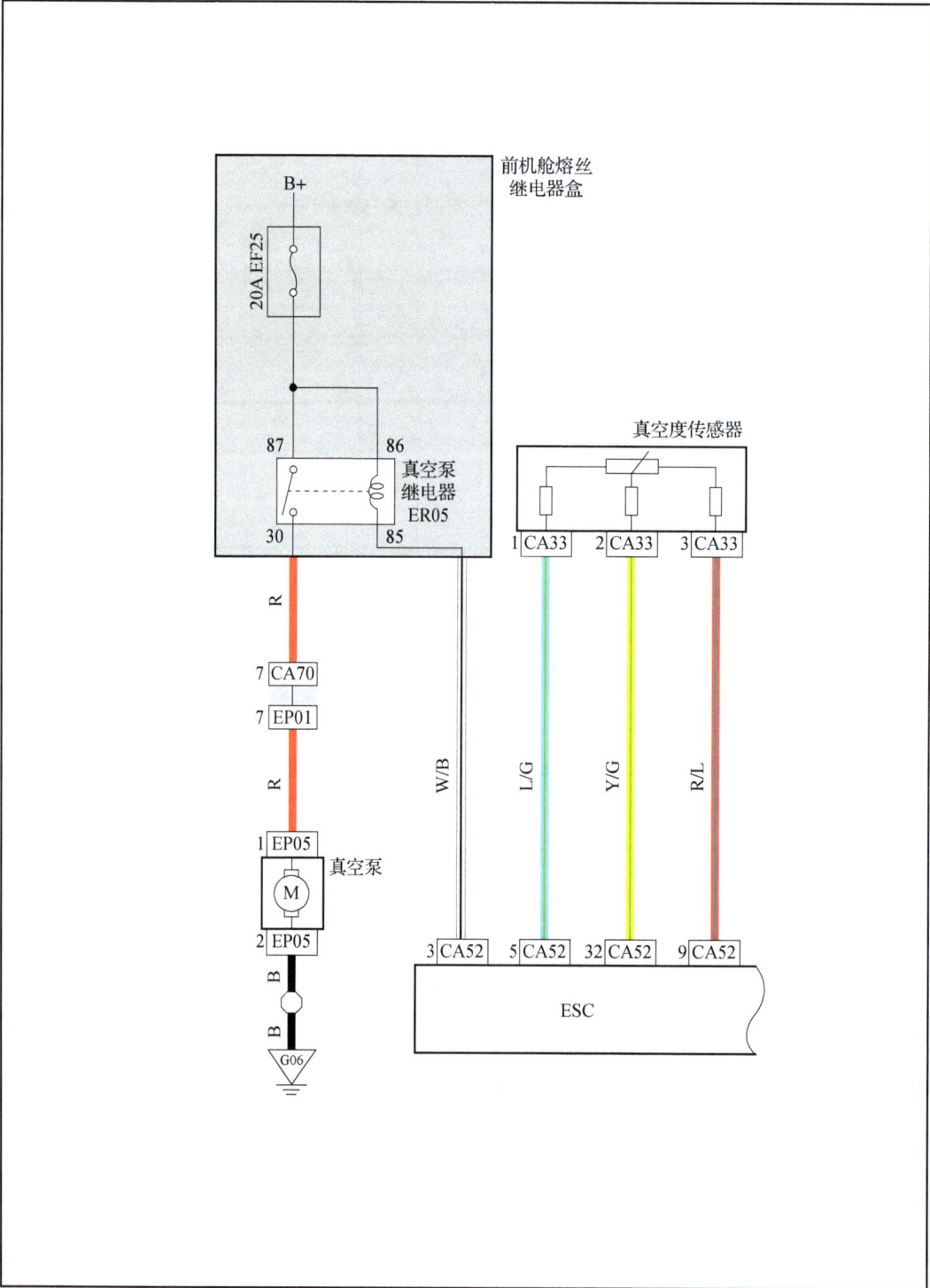

2. 吉利 EV350/450 纯电动汽车电路

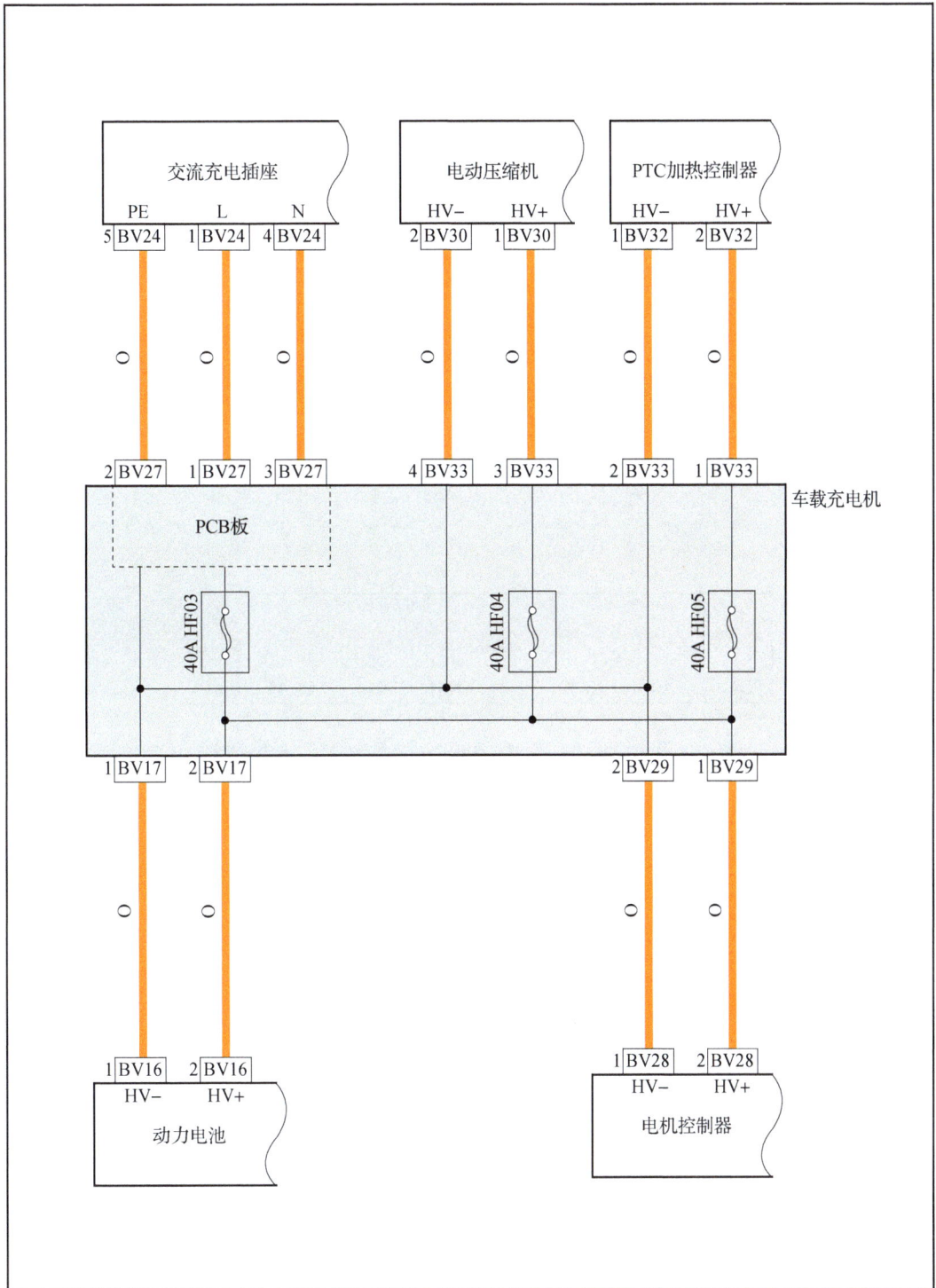

交流充电插座			电动压缩机		PTC加热控制器	
PE	L	N	HV−	HV+	HV−	HV+
5 BV24	1 BV24	4 BV24	2 BV30	1 BV30	1 BV32	2 BV32

2 BV27	1 BV27	3 BV27	4 BV33	3 BV33	2 BV33	1 BV33

车载充电机

PCB板

40A HF03　　40A HF04　　40A HF05

1 BV17	2 BV17	2 BV29	1 BV29

1 BV16	2 BV16	1 BV28	2 BV28
HV−	HV+	HV−	HV+
动力电池		电机控制器	

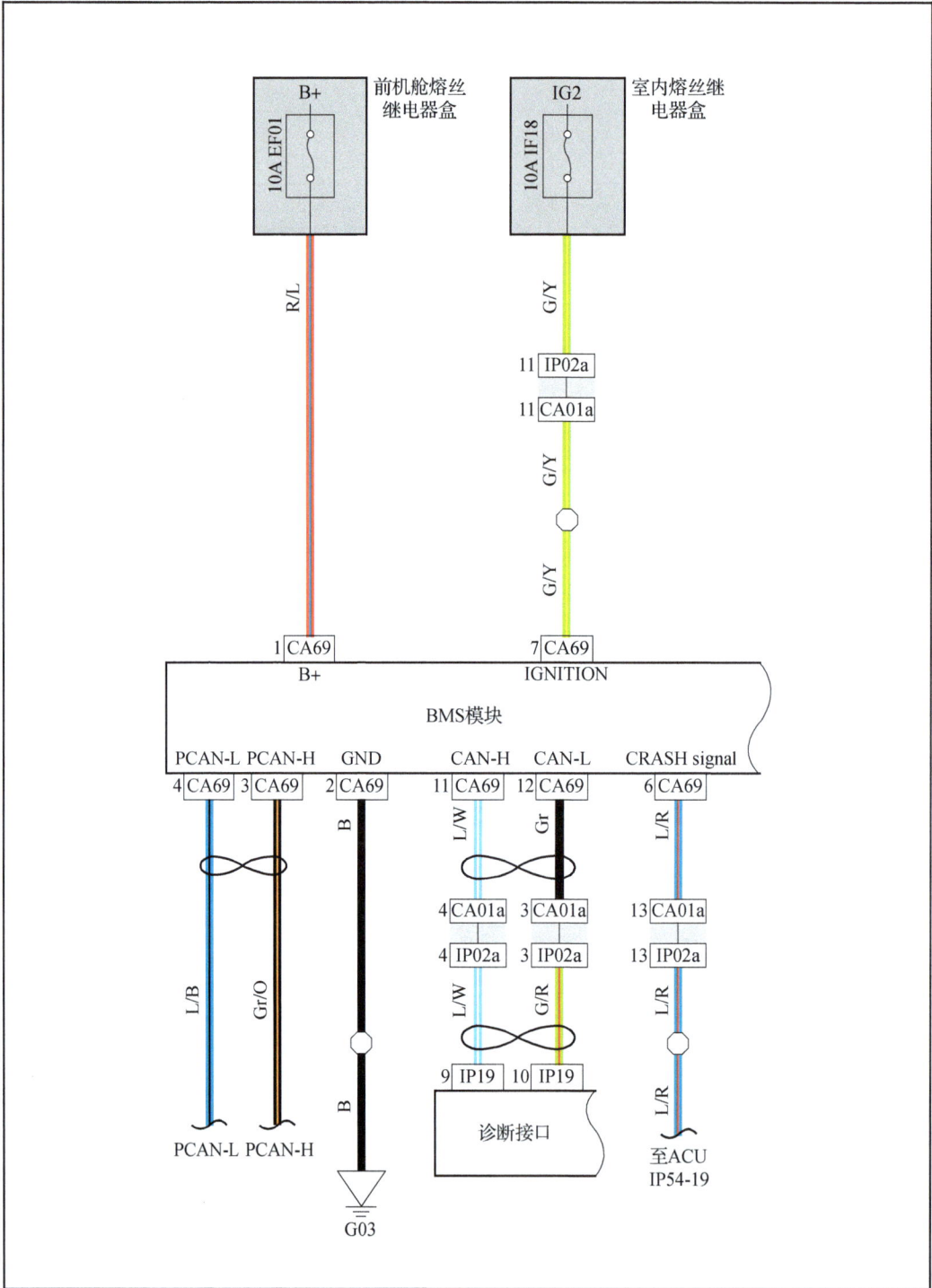

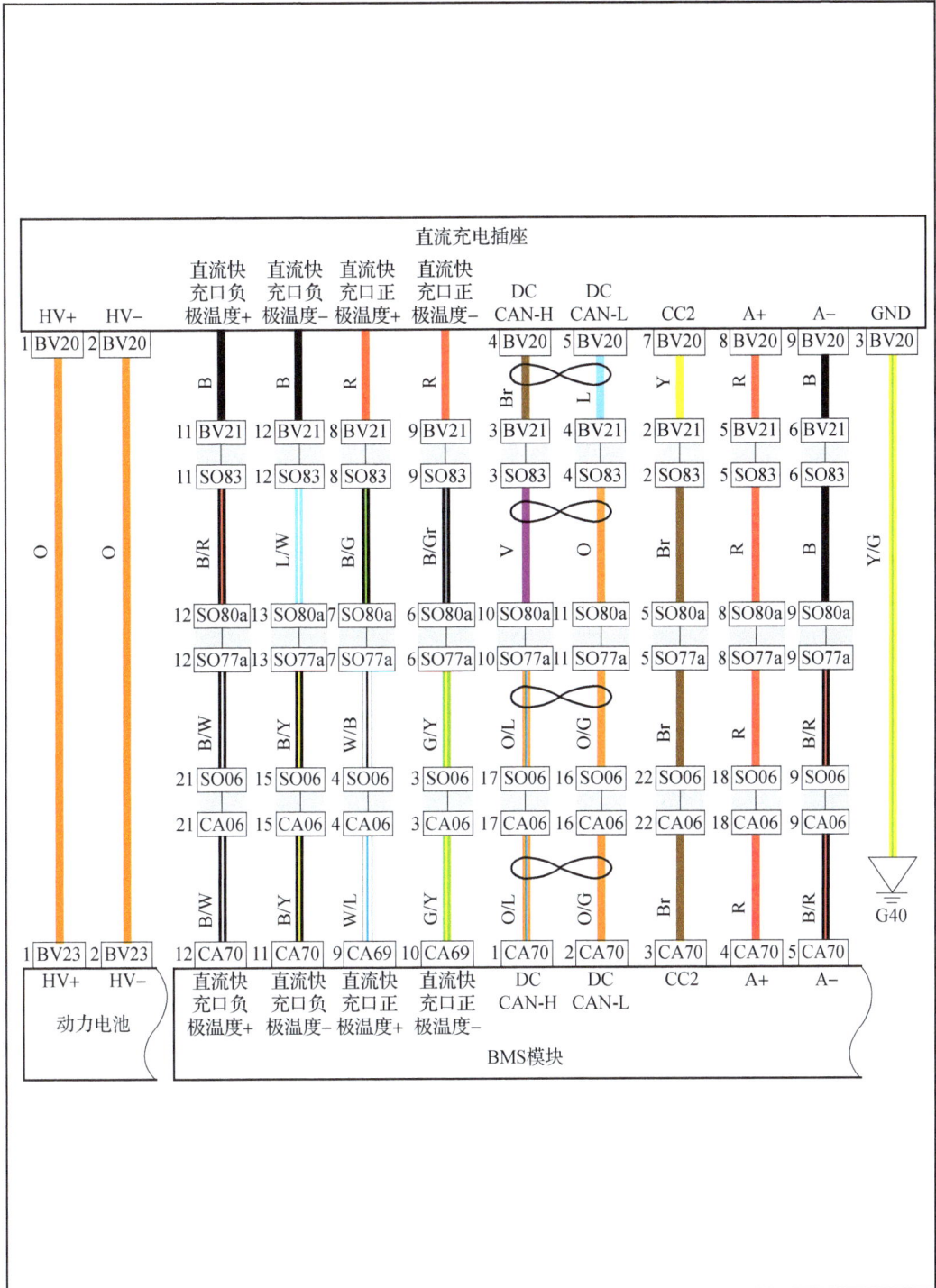

		直流充电插座									
HV+	HV−	直流快充口负极温度+	直流快充口负极温度−	直流快充口正极温度+	直流快充口正极温度−	DC CAN-H	DC CAN-L	CC2	A+	A−	GND
1 BV20	2 BV20	4 BV20				4 BV20	5 BV20	7 BV20	8 BV20	9 BV20	3 BV20
O	O	B	B	R	R	Br	L	Y	R	B	
		11 BV21	12 BV21	8 BV21	9 BV21	3 BV21	4 BV21	2 BV21	5 BV21	6 BV21	
		11 SO83	12 SO83	8 SO83	9 SO83	3 SO83	4 SO83	2 SO83	5 SO83	6 SO83	
		B/R	L/W	B/G	B/Gr	V	O	Br	R	B	Y/G
		12 SO80a	13 SO80a	7 SO80a	6 SO80a	10 SO80a	11 SO80a	5 SO80a	8 SO80a	9 SO80a	
		12 SO77a	13 SO77a	7 SO77a	6 SO77a	10 SO77a	11 SO77a	5 SO77a	8 SO77a	9 SO77a	
		B/W	B/Y	W/B	G/Y	O/L	O/G	Br	R	B/R	
		21 SO06	15 SO06	4 SO06	3 SO06	17 SO06	16 SO06	22 SO06	18 SO06	9 SO06	
		21 CA06	15 CA06	4 CA06	3 CA06	17 CA06	16 CA06	22 CA06	18 CA06	9 CA06	
		B/W	B/Y	W/L	G/Y	O/L	O/G	Br	R	B/R	G40
1 BV23	2 BV23	12 CA70	11 CA70	9 CA69	10 CA69	1 CA70	2 CA70	3 CA70	4 CA70	5 CA70	
HV+	HV−	直流快充口负极温度+	直流快充口负极温度−	直流快充口正极温度+	直流快充口正极温度−	DC CAN-H	DC CAN-L	CC2	A+	A−	
动力电池		BMS模块									

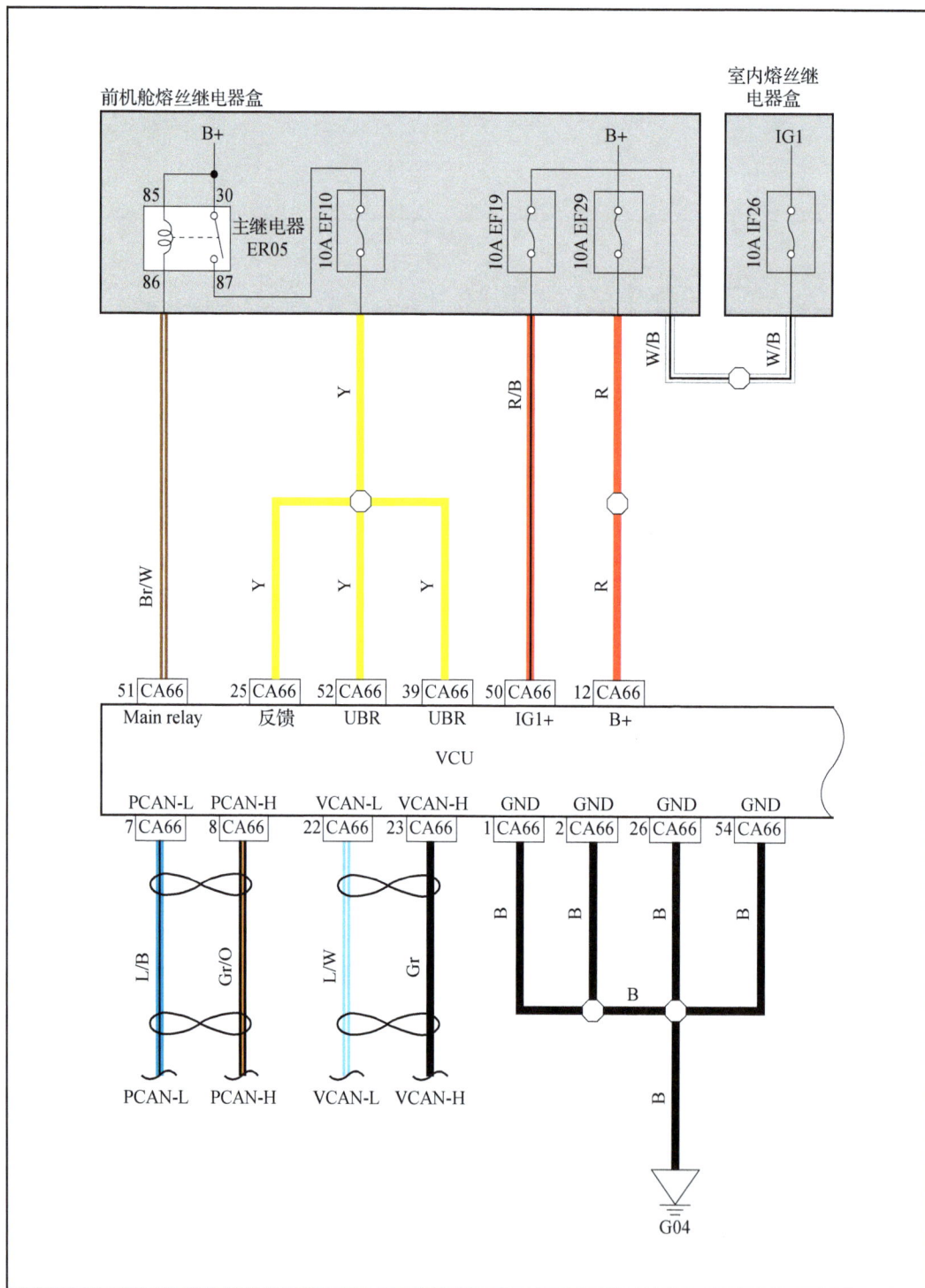

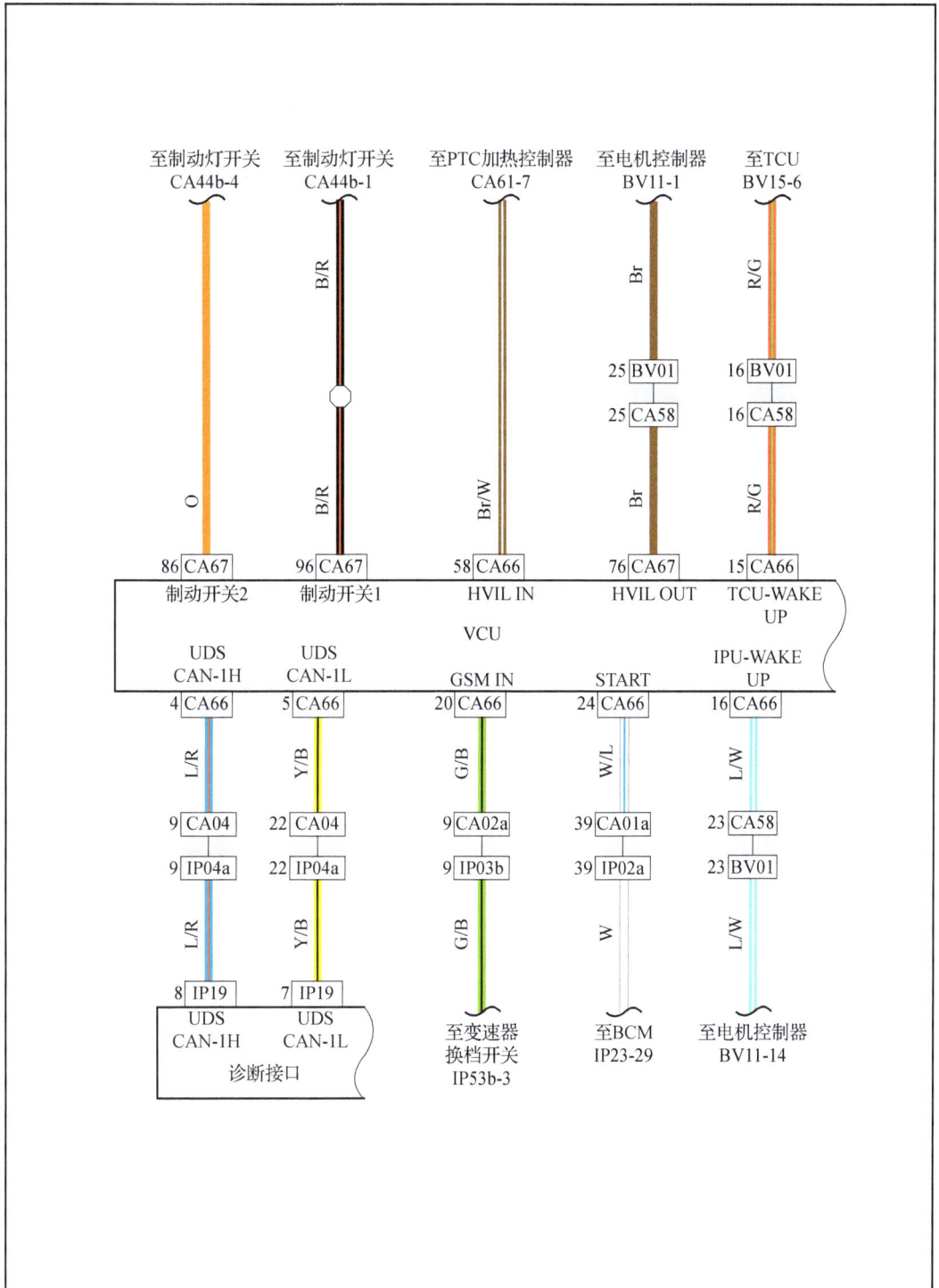

至制动灯开关
CA44b-4

至制动灯开关
CA44b-1

至PTC加热控制器
CA61-7

至电机控制器
BV11-1

至TCU
BV15-6

B/R

Br

R/G

25 BV01

16 BV01

25 CA58

16 CA58

O

B/R

Br/W

Br

R/G

86 CA67	96 CA67	58 CA66	76 CA67	15 CA66
制动开关2	制动开关1	HVIL IN	HVIL OUT	TCU-WAKE UP

VCU

UDS CAN-1H	UDS CAN-1L	GSM IN	START	IPU-WAKE UP
4 CA66	5 CA66	20 CA66	24 CA66	16 CA66

L/R

Y/B

G/B

W/L

L/W

| 9 CA04 | 22 CA04 | 9 CA02a | 39 CA01a | 23 CA58 |
| 9 IP04a | 22 IP04a | 9 IP03b | 39 IP02a | 23 BV01 |

L/R

Y/B

G/B

W

L/W

| 8 IP19 | 7 IP19 | | | |

| UDS CAN-1H | UDS CAN-1L | 至变速器换档开关 IP53b-3 | 至BCM IP23-29 | 至电机控制器 BV11-14 |

诊断接口

电子加速踏板

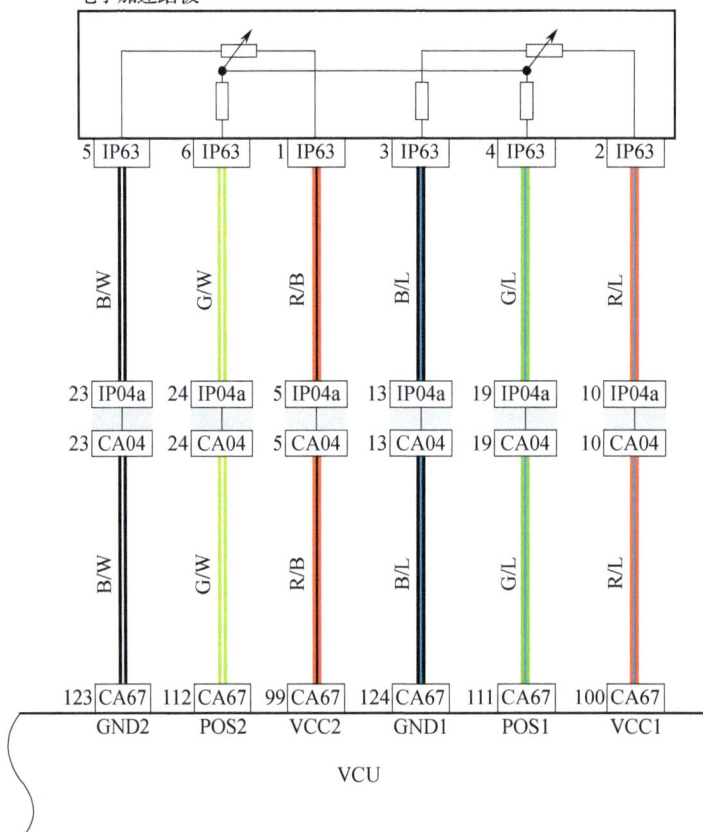

| 5 | IP63 | 6 | IP63 | 1 | IP63 | 3 | IP63 | 4 | IP63 | 2 | IP63 |

B/W　G/W　R/B　B/L　G/L　R/L

| 23 | IP04a | 24 | IP04a | 5 | IP04a | 13 | IP04a | 19 | IP04a | 10 | IP04a |
| 23 | CA04 | 24 | CA04 | 5 | CA04 | 13 | CA04 | 19 | CA04 | 10 | CA04 |

B/W　G/W　R/B　B/L　G/L　R/L

| 123 | CA67 | 112 | CA67 | 99 | CA67 | 124 | CA67 | 111 | CA67 | 100 | CA67 |

GND2　POS2　VCC2　GND1　POS1　VCC1

VCU

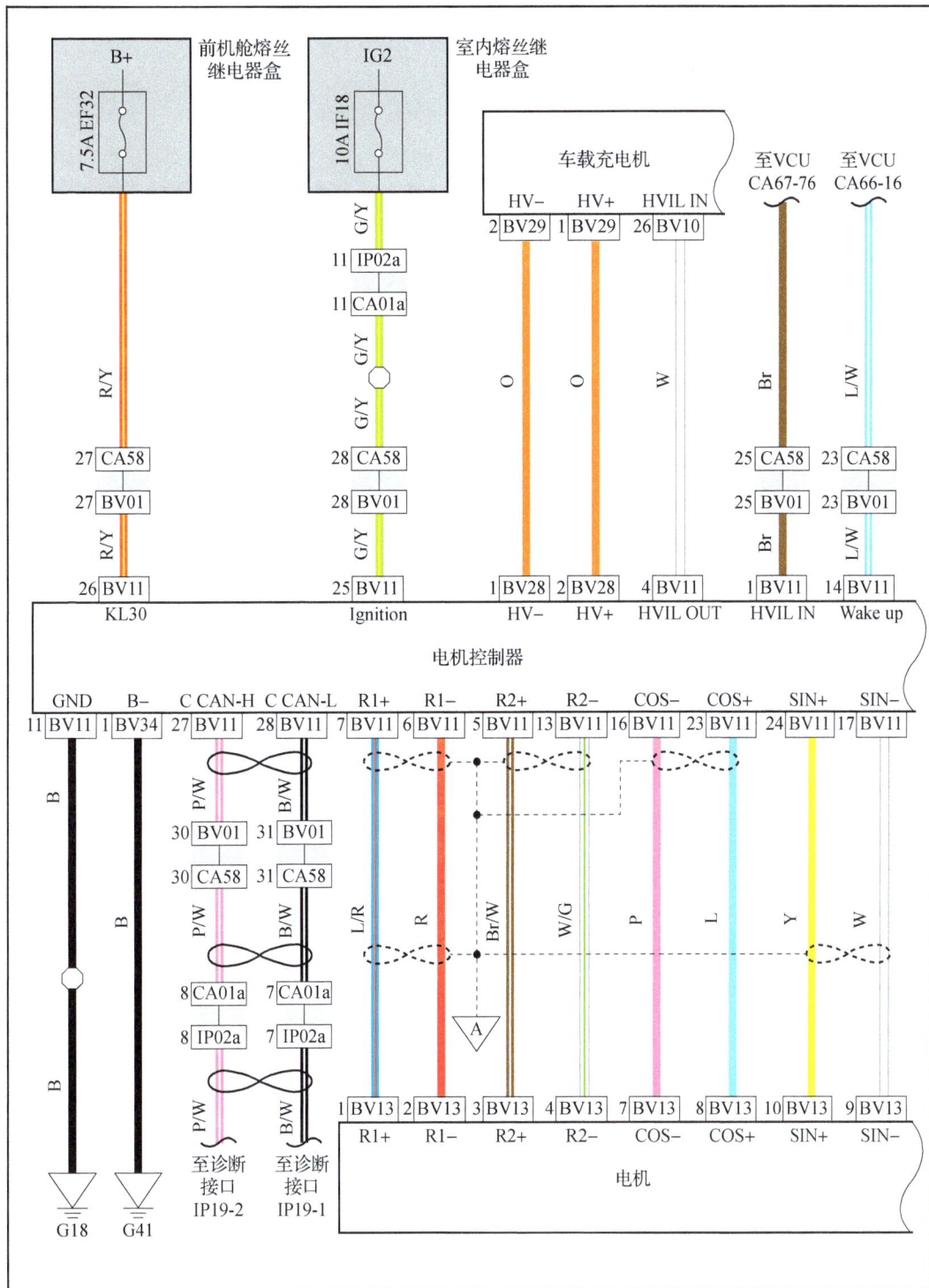

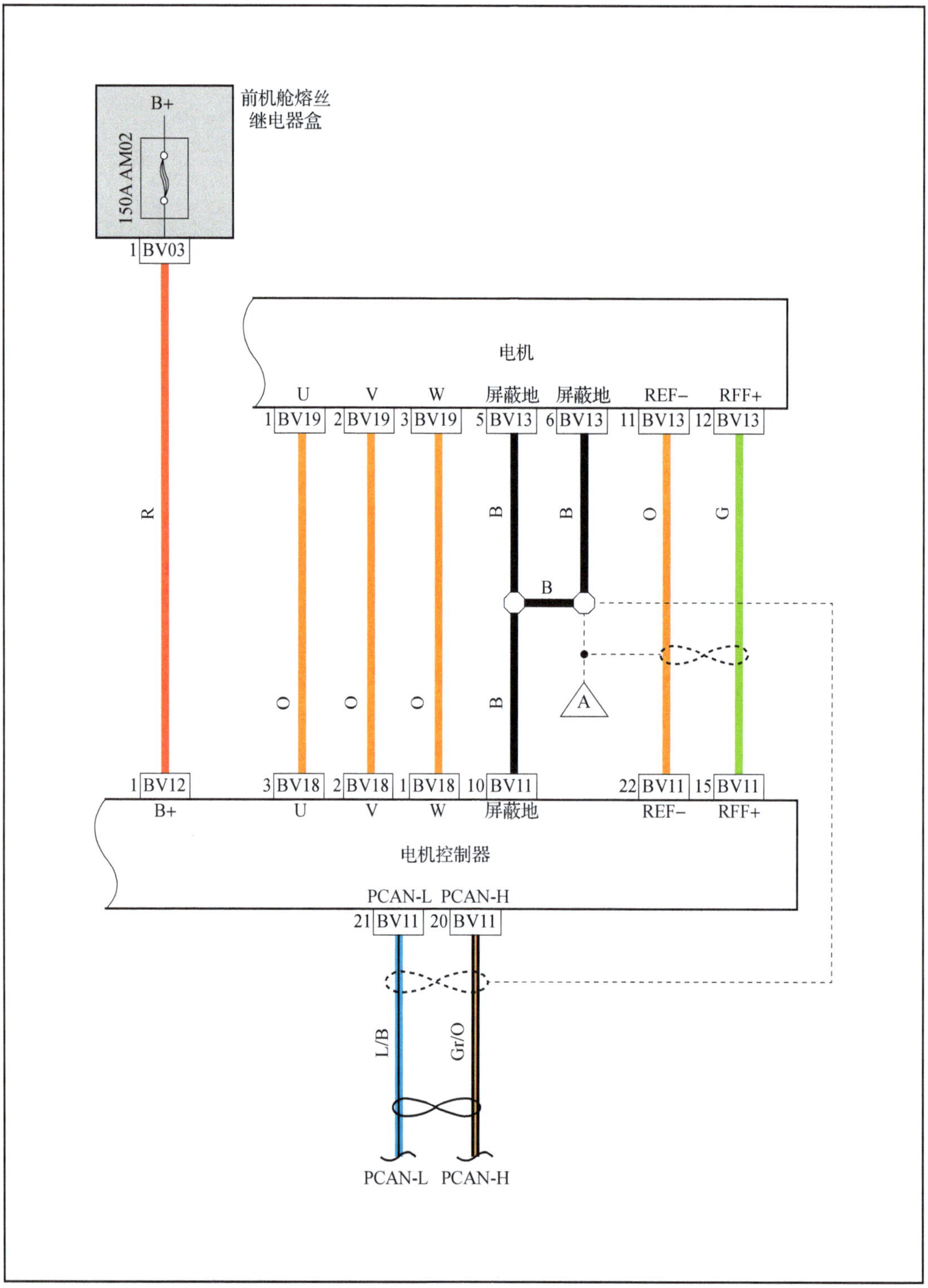

前机舱熔丝
继电器盒

B+

150A AM02

1 BV03

电机

U	V	W	屏蔽地	屏蔽地		REF-	RFF+
1 BV19	2 BV19	3 BV19	5 BV13	6 BV13		11 BV13	12 BV13

R

B   B   O   G

B

△A

O   O   O   B   O   G

1 BV12	3 BV18	2 BV18	1 BV18	10 BV11		22 BV11	15 BV11
B+	U	V	W	屏蔽地		REF-	RFF+

电机控制器

PCAN-L PCAN-H

21 BV11   20 BV11

L/B   Gr/O

PCAN-L PCAN-H

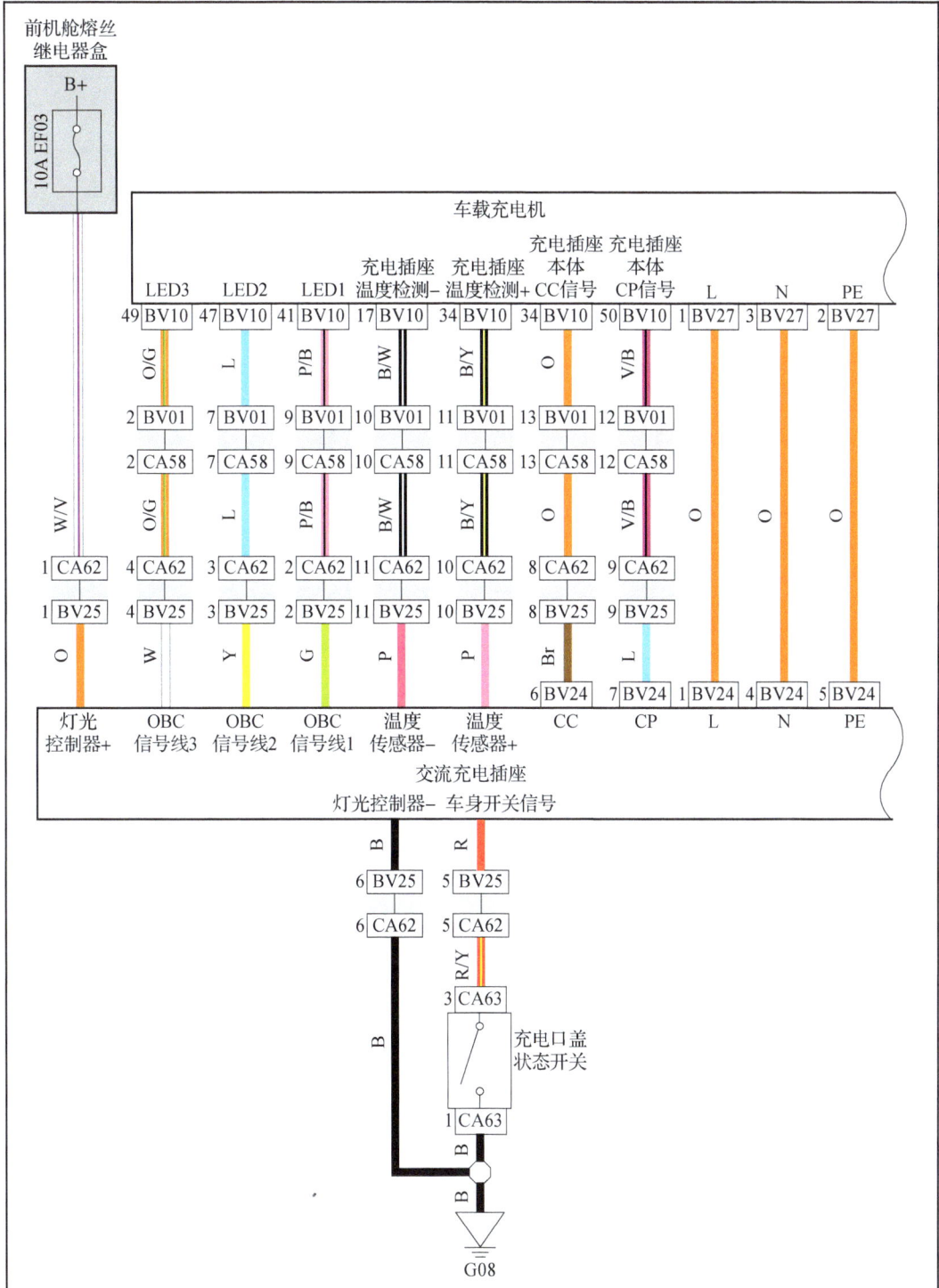

前机舱熔丝
继电器盒

B+

10A EF03

车载充电机

| | | | 充电插座
温度检测– | 充电插座
温度检测+ | 充电插座
本体
CC信号 | 充电插座
本体
CP信号 | | | |
| LED3 | LED2 | LED1 | | | | | L | N | PE |

| 49 BV10 | 47 BV10 | 41 BV10 | 17 BV10 | 34 BV10 | 34 BV10 | 50 BV10 | 1 BV27 | 3 BV27 | 2 BV27 |

| O/G | L | P/B | B/W | B/Y | O | V/B | | | |

| 2 BV01 | 7 BV01 | 9 BV01 | 10 BV01 | 11 BV01 | 13 BV01 | 12 BV01 | | | |

| 2 CA58 | 7 CA58 | 9 CA58 | 10 CA58 | 11 CA58 | 13 CA58 | 12 CA58 | | | |

W/V

| O/G | L | P/B | B/W | B/Y | O | V/B | O | O | O |

| 1 CA62 | 4 CA62 | 3 CA62 | 2 CA62 | 11 CA62 | 10 CA62 | 8 CA62 | 9 CA62 | | |

| 1 BV25 | 4 BV25 | 3 BV25 | 2 BV25 | 11 BV25 | 10 BV25 | 8 BV25 | 9 BV25 | | |

| O | W | Y | G | P | P | Br | L | | |

| | | | | | | 6 BV24 | 7 BV24 | 1 BV24 | 4 BV24 | 5 BV24 |

| 灯光
控制器+ | OBC
信号线3 | OBC
信号线2 | OBC
信号线1 | 温度
传感器– | 温度
传感器+ | CC | CP | L | N | PE |

交流充电插座

灯光控制器– 车身开关信号

B	R
6 BV25	5 BV25
6 CA62	5 CA62

R/Y

3 CA63

充电口盖
状态开关

1 CA63

B

B

B

G08

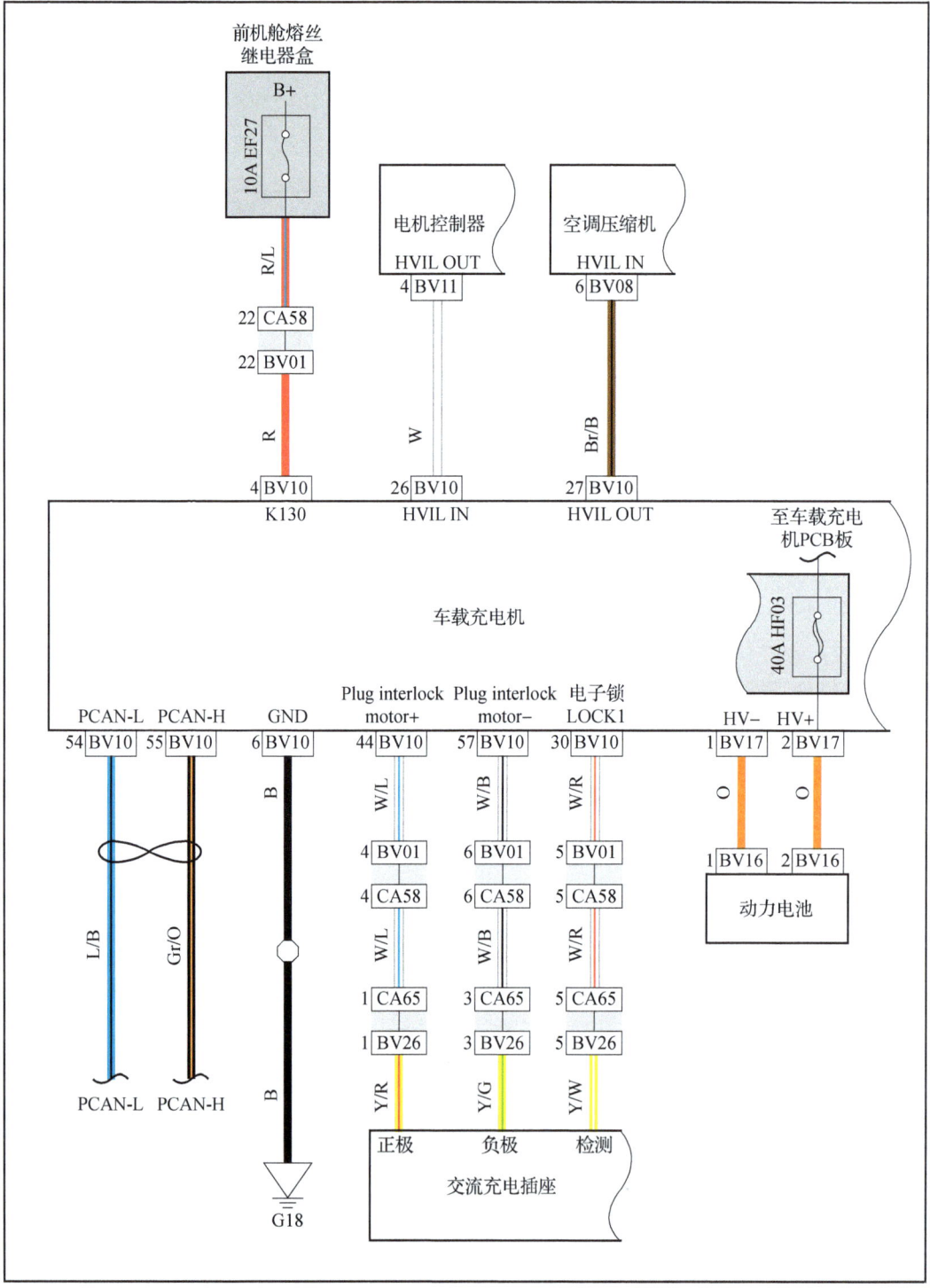

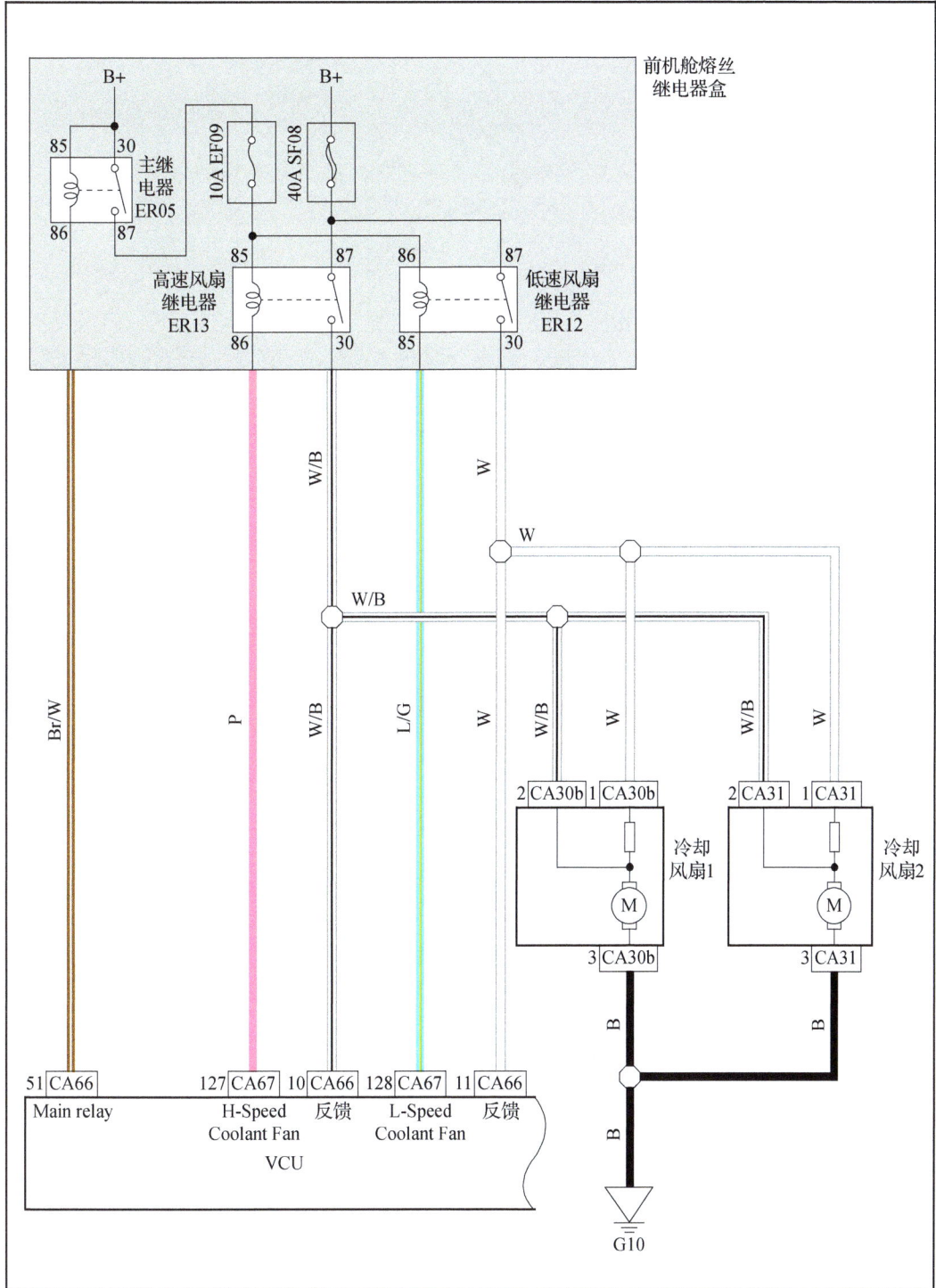

前机舱熔丝
继电器盒

85　30　主继
电器
ER05

86　87

2　3　冷却水泵
继电器
ER04

1　5

5A EF08

10A EF06

B+　B+

Br/W

G/Y

R/W

R/W

36 CA58

36 BV01

R/W

3 BV14

电机水泵
PMW

2 BV14　1 BV14

G/R　B

35 BV01

35 CA58

G/R　B

51 CA66　115 CA67　83 CA67　101 CA67

Main relay　Eomt Coolant 反馈　PMW
Pump En

VCU

G18

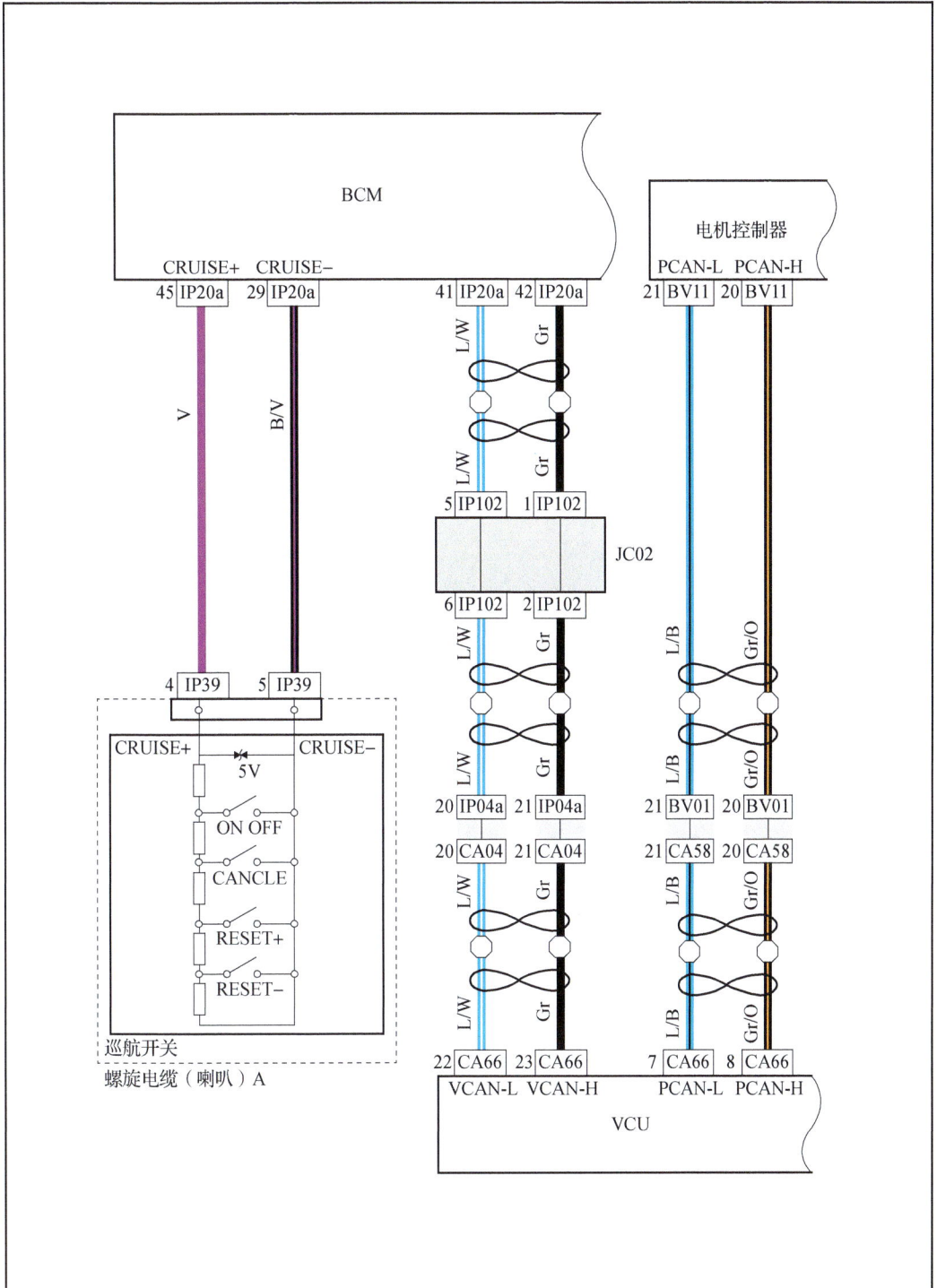

BCM

CRUISE+　CRUISE−

45 | IP20a　29 | IP20a

41 | IP20a　42 | IP20a

电机控制器

PCAN-L　PCAN-H

21 | BV11　20 | BV11

V

B/V

L/W

Gr

L/W

Gr

5 | IP102　1 | IP102

JC02

6 | IP102　2 | IP102

4 | IP39　5 | IP39

L/W

Gr

L/B

Gr/O

CRUISE+　　　CRUISE−

5V

ON OFF

CANCLE

RESET+

RESET−

巡航开关

螺旋电缆（喇叭）A

20 | IP04a　21 | IP04a

20 | CA04　21 | CA04

21 | BV01　20 | BV01

21 | CA58　20 | CA58

L/W

Gr

L/B

Gr/O

L/W

Gr

L/B

Gr/O

22 | CA66　23 | CA66

VCAN-L　VCAN-H

7 | CA66　8 | CA66

PCAN-L　PCAN-H

VCU

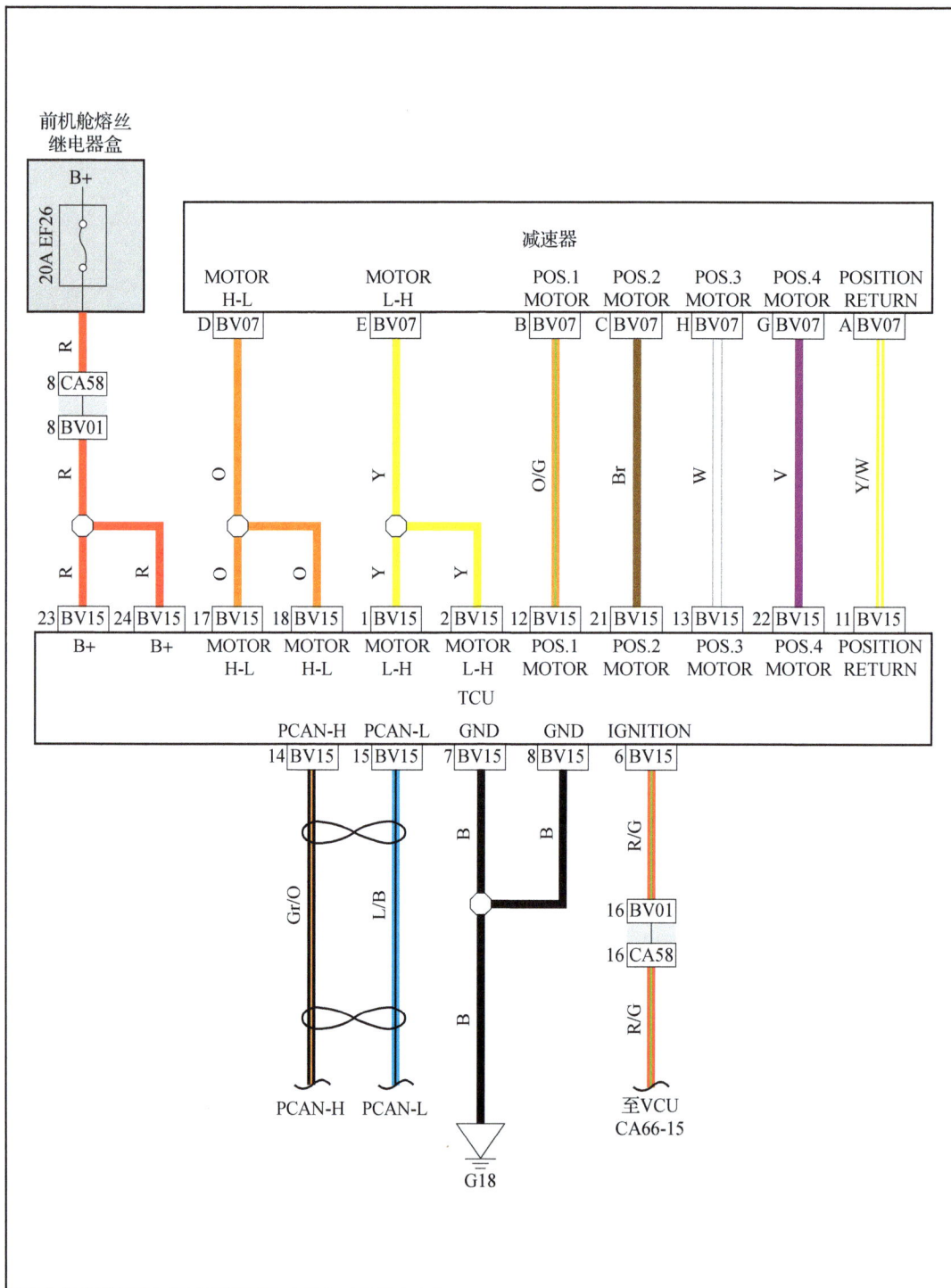

前机舱熔丝
继电器盒

B+

20A EF26

减速器

| MOTOR H-L | MOTOR L-H | POS.1 MOTOR | POS.2 MOTOR | POS.3 MOTOR | POS.4 MOTOR | POSITION RETURN |

D BV07 E BV07 B BV07 C BV07 H BV07 G BV07 A BV07

R

8 CA58

8 BV01

R

O Y O/G Br W V Y/W

23 BV15 24 BV15 17 BV15 18 BV15 1 BV15 2 BV15 12 BV15 21 BV15 13 BV15 22 BV15 11 BV15

| B+ | B+ | MOTOR H-L | MOTOR H-L | MOTOR L-H | MOTOR L-H | POS.1 MOTOR | POS.2 MOTOR | POS.3 MOTOR | POS.4 MOTOR | POSITION RETURN |

TCU

PCAN-H PCAN-L GND GND IGNITION

14 BV15 15 BV15 7 BV15 8 BV15 6 BV15

Gr/O L/B B B R/G

16 BV01

16 CA58

R/G

PCAN-H PCAN-L

G18

至VCU
CA66-15

230

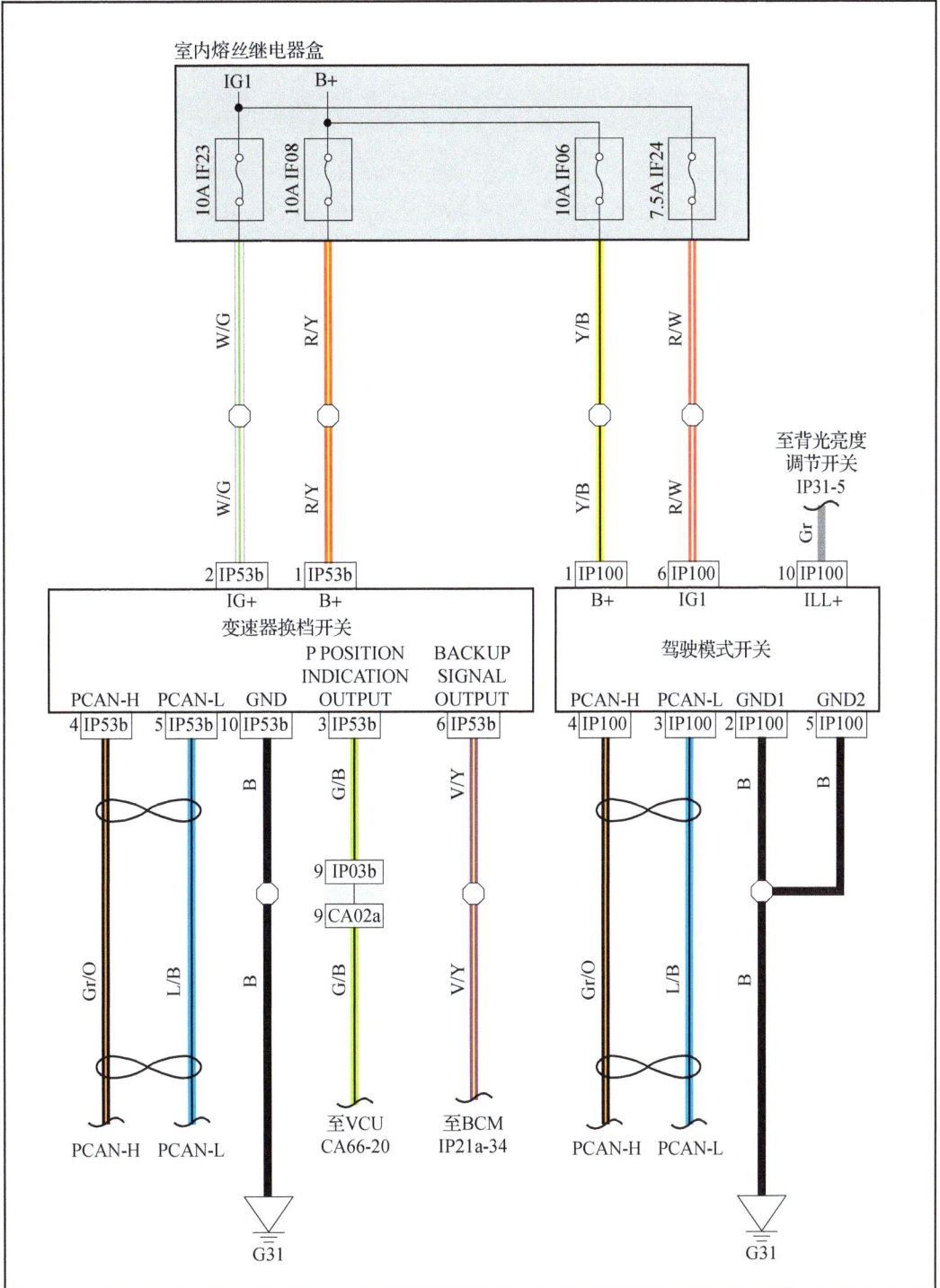

室内熔丝继电器盒

IG1　　B+

10A IF23　　10A IF08　　10A IF06　　7.5A IF24

W/G　　R/Y　　Y/B　　R/W

W/G　　R/Y　　Y/B　　R/W

至背光亮度
调节开关
IP31-5

Gr

2 IP53b　1 IP53b　　1 IP100　6 IP100　10 IP100

IG+　　B+　　B+　　IG1　　ILL+

变速器换档开关　　驾驶模式开关

P POSITION
INDICATION
OUTPUT

BACKUP
SIGNAL
OUTPUT

PCAN-H　PCAN-L　GND　　　　　　PCAN-H　PCAN-L　GND1　GND2

4 IP53b　5 IP53b　10 IP53b　3 IP53b　6 IP53b　　4 IP100　3 IP100　2 IP100　5 IP100

Gr/O　　L/B　　B　　G/B　　V/Y　　Gr/O　　L/B　　B　　B

9 IP03b
9 CA02a

Gr/O　L/B　B　G/B　V/Y　Gr/O　L/B　B

PCAN-H　PCAN-L　　　至VCU　至BCM　　PCAN-H　PCAN-L

CA66-20　IP21a-34

G31　　G31

231

3. 上汽荣威 EI5 电路图

数据通信—高压高速CAN

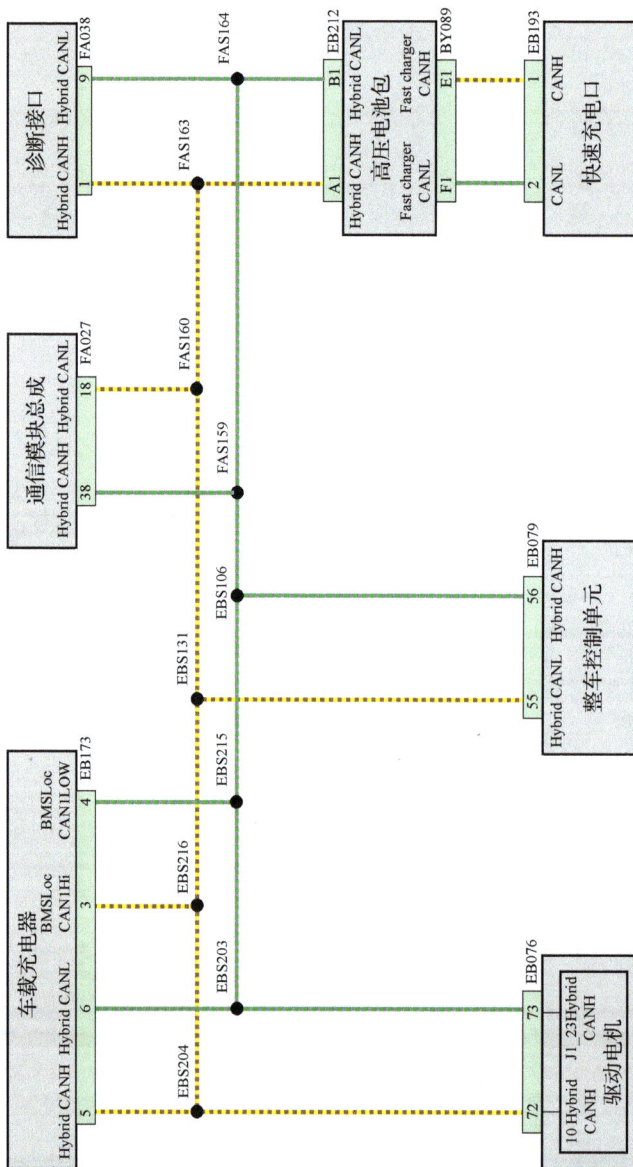

电加热控制系统

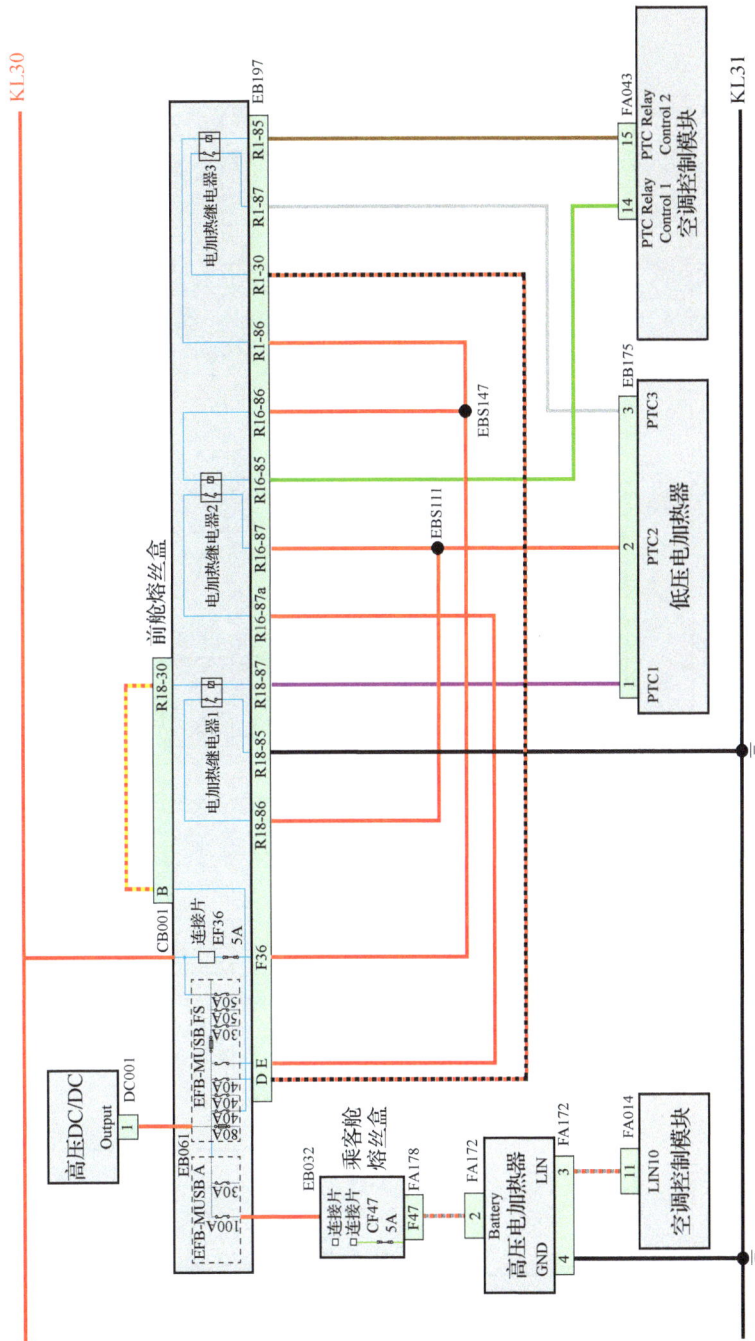

热泵控制系统

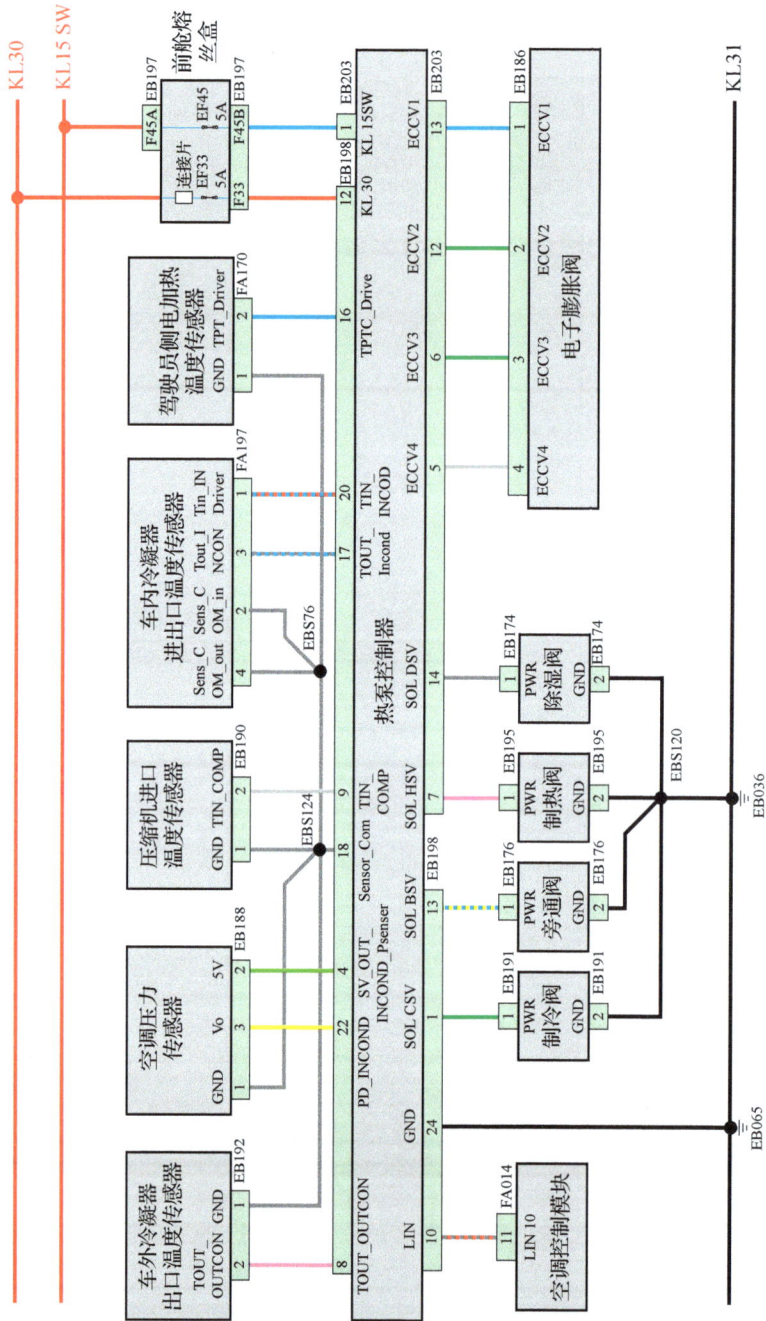

参 考 文 献

［1］赵振宁.新能源汽车技术［M］.北京：人民交通出版社，2021.

［2］全国汽车标准化技术委员会.电动汽车操纵件、指示器及信号装置的标志：GB/T 4094.2—2017［S］.北京：中国标准出版社，2017.

新能源汽车故障诊断技术

工作任务单

主　编　刘俊刚

副主编　包　强　李建伟

参　编　唐海波　蒋述军　石维峰

机械工业出版社
CHINA MACHINE PRESS

目 录 | CONTENTS

工作任务单 1　新能源汽车维修安全 / 001

工作任务单 2　新能源汽车故障诊断设备规范操作 / 002

工作任务单 3　动力电池故障警告灯点亮的故障诊断与维修 / 003

工作任务单 4　电动汽车过热警告灯点亮的故障诊断与维修 / 005

工作任务单 5　驱动电机不转故障诊断与维修 / 007

工作任务单 6　高压预充失败的故障诊断与维修 / 009

工作任务单 7　驱动电机控制器过热故障诊断与维修 / 011

工作任务单 8　新能源汽车无法充电故障诊断与维修 / 013

工作任务单 9　混合动力汽车充电故障检修 / 015

工作任务单 10　铅酸蓄电池馈电的故障诊断与维修 / 017

工作任务单 11　新能源汽车空调不制冷故障诊断与维修 / 019

工作任务单 12　驻车档锁止电机无法解除锁止故障诊断与维修 / 021

工作任务单 13　新能源汽车无法加速故障诊断与维修 / 023

工作任务单 14　新能源汽车加速无力故障诊断与维修 / 025

工作任务单 15　新能源汽车无法切换 EV 模式故障诊断与维修 / 027

工作任务单 16　混合动力电动汽车无法行驶故障诊断与维修 / 029

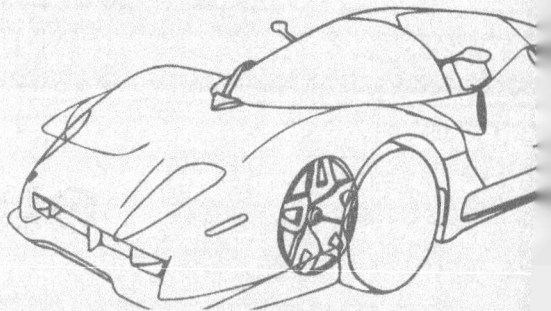

工作任务单 1	新能源汽车维修安全	班级: 姓名:	
序号	检测项目	检查过项目打钩	备注
1	维修场地规范要求	□ 地面是否有水 □ 是否有交流用电高压安全指南 □ 是否有电动汽车高压安全指南 □ 是否有触电急救指南	
2	维修场地高压安全防护措施	□ 隔离线布置检查 □ 绝缘工具检查 □ 护目镜检查 □ 0 级绝缘手套检查 □ 安全帽检查 □ 劳保鞋检查	
3	消防安全措施	□ 灭火器数量 □ 灭火器的灭火类型检查 □ 安全逃生门检查	
4	触电急救	□ 交流触电时,应关闭哪个总开关 □ 是否配有高压绝缘杆钩(不能及时找到总开关时)	

| 工作任务单 2 | 新能源汽车故障诊断设备规范操作 | 班级： | |
| | | 姓名： | |
序号	检测项目	检查过项目打钩	备注
1	万用表的使用	□ 表笔接触电阻检查 □ 交流 220V 电压测量 □ 铅酸蓄电池电压测量 □ 交流 220V 频率测量 □ 交流 220V 占空比测量 □ 直流电流测量 □ 通断测量 □ 二极管测量 □ 电容测量	
2	绝缘表的使用	□ 表笔接触电阻检查 □ 电机定子线圈对外壳的绝缘测量	
3	诊断仪的使用	□ 关闭汽车点火开关 □ 连接诊断仪到汽车诊断口 □ 打开诊断仪 □ 打开点火开关 □ 进入读取故障码界面 □ 进入读取数据列表界面 □ 进入执行器主动测试界面	
4	毫欧表的使用	□ 表笔接触电阻检查 □ 档位选择 □ 分别进行 0.1mΩ、1mΩ、10mΩ、100mΩ 电阻的测量	

工作任务单 3	动力电池故障警告灯点亮的故障诊断与维修	班级：
		姓名：

1. 车辆信息记录

品牌		整车型号		生产年月	
电机型号		动力电池容量		行驶里程	
车辆识别码					

2. 车辆基本检查

检查项目	检查情况	
安全防护		是□　否□
辅助蓄电池电压		异常□　正常□
高压部件安装及连接器连接情况		异常□　正常□
膨胀水箱液位		异常□　正常□

3. 故障现象记录

诊断项目	诊断内容
确认故障现象	

4. 读取相关故障码

诊断项目	诊断内容
相关故障码描述	

5. 记录相关主要数据流

诊断项目	诊断内容
相关数据流描述	

6. 故障范围分析

诊断项目	诊断内容
故障初步诊断范围	

（续）

步骤	检测项目	测量结果或操作	结果分析
	7. 故障检测过程		
1	关掉点火开关		
2	断开蓄电池负极		
3	取下高压或低压检修塞		
4	举升电动汽车		
5	脱开电池低压线束		
6	脱开电池高压线束		
7	断开冷却液管		
8	在车底放置电池举升车		
9	拆下电池和车身间的螺栓		
10	将电池稳定地落在电池举升车上		
11	降下电池举升车		
12	将电池举升车从车底移出到电池修理间		
13	拆开电池箱上盖螺栓		
14	根据诊断仪提供的编号找到电池		
15	拆出有故障电池模组		
16	分解有故障电池模组		
17	测量找出有故障的电池单体，并拆出		
18	测量一个无故障的电池单体电压作为标准		
19	将新的电池进行充电或放电操作，使之达到原车那个旧电池的电压标准		
20	将新电池装回到电池箱		
21	逆序安装		
22	校核螺栓力矩		
23	电池箱上盖安装		
24	电池箱密封测试		
25	逆序将电池箱装回车上		
26	检查螺栓力矩		
27	检查水管连接是否到位		
28	检查高压、低压线束是否到位		
29	加注冷却液		

8. 故障诊断结论

确认故障部位	
故障机理描述	

9. 维修处理方法

维修建议	零部件/总成　　维修□　更换□
维修工时	

工作任务单 4	电动汽车过热警告灯点亮的故障诊断与维修	班级：
		姓名：

1. 车辆信息记录

品牌		整车型号		生产年月	
电机型号		动力电池容量		行驶里程	
车辆识别码					

2. 车辆基本检查

检查项目	检查情况	
安全防护		是□　否□
辅助蓄电池电压		异常□　正常□
高压部件安装及连接器连接情况		异常□　正常□
膨胀水箱液位		异常□　正常□

3. 故障现象记录

诊断项目	诊断内容
确认故障现象	

4. 读取相关故障码

诊断项目	诊断内容
相关故障码描述	

5. 记录相关主要数据流

诊断项目	诊断内容
相关数据流描述	

（续）

6.　故障范围分析	
诊断项目	诊断内容
故障初步诊断范围	

7.　故障检测过程

步骤	检测项目	测量结果或操作	结果分析
1	检查变频器低压线束插头是否脱开		
2	冷却液液位检查		
3	打开冷却液放气口		
4	观察无气泡后拧紧盖子或放气螺栓		
5	用手摸冷却液泵是否转动		
6	检查冷却液泵电机供电		
7	检查冷却液泵电机搭铁		
8	检查冷却液泵 PWM 脉冲波是否到电机		
9	更换变频器总成		

8.　故障诊断结论

确认故障部位	
故障机理描述	

9.　维修处理方法

维修建议	零部件 / 总成　　维修□ 更换□
维修工时	

工作任务单 5	驱动电机不转故障 诊断与维修	班级： 姓名：

1. 车辆信息记录

品牌		整车型号		生产年月	
电机型号		动力电池容量		行驶里程	
车辆识别码					

2. 车辆基本检查

检查项目	检查情况	
安全防护		是□　　否□
辅助蓄电池电压		异常□　正常□
高压部件安装及连接器连接情况		异常□　正常□
膨胀水箱液位		异常□　正常□

3. 故障现象记录

诊断项目	诊断内容
确认故障现象	

4. 读取相关故障码

诊断项目	诊断内容
相关故障码描述	

5. 记录相关主要数据流

诊断项目	诊断内容
相关数据流描述	

（续）

6. 故障范围分析	
诊断项目	诊断内容
故障初步诊断范围	

7. 故障检测过程			
步骤	检测项目	测量结果或操作	结果分析
1	变频器的供电测量		
2	变频器的搭铁测量		
3	总线转矩信号读取		
4	电机过热检查		
5	旋转变压器的信号测量		
6			
7			

8. 故障诊断结论	
确认故障部位	
故障机理描述	

9. 维修处理方法	
维修建议	零部件 / 总成　　维修□ 更换□
维修工时	

工作任务单 6	高压预充失败的故障 诊断与维修	班级：
		姓名：

1. 车辆信息记录

品牌		整车型号		生产年月	
电机型号		动力电池容量		行驶里程	
车辆识别码					

2. 车辆基本检查

检查项目	检查情况	
安全防护		是□ 否□
辅助蓄电池电压		异常□ 正常□
高压部件安装及连接器连接情况		异常□ 正常□
膨胀水箱液位		异常□ 正常□

3. 故障现象记录

诊断项目	诊断内容
确认故障现象	

4. 读取相关故障码

诊断项目	诊断内容
相关故障码描述	

5. 记录相关主要数据流

诊断项目	诊断内容
相关数据流描述	

（续）

6. 故障范围分析	
诊断项目	诊断内容
故障初步诊断范围	

7. 故障检测过程

步骤	检测项目	测量结果或操作	结果分析
1	踩下制动踏板，打到 READY 档		
2	用诊断仪读取故障码是否为高压预充失败		
3	检查预充继电器熔丝		
4	检查预充继电器线圈		
5	打开变频器的盖子		
6	检查变频器控制器电路板预充插头是否松动		
7	更换变频器电路板		
8			
9			

8. 故障诊断结论

确认故障部位	
故障机理描述	

9. 维修处理方法

维修建议	零部件 / 总成　　维修□ 更换□
维修工时	

工作任务单 7	驱动电机控制器过热故障诊断与维修	班级：
		姓名：

1. 车辆信息记录

品牌		整车型号		生产年月	
电机型号		动力电池容量		行驶里程	
车辆识别码					

2. 车辆基本检查

检查项目	检查情况	
安全防护		是□　否□
辅助蓄电池电压		异常□　正常□
高压部件安装及连接器连接情况		异常□　正常□
膨胀水箱液位		异常□　正常□

3. 故障现象记录

诊断项目	诊断内容
确认故障现象	

4. 读取相关故障码

诊断项目	诊断内容
相关故障码描述	

5. 记录相关主要数据流

诊断项目	诊断内容
相关数据流描述	

（续）

6. 故障范围分析	
诊断项目	诊断内容
故障初步诊断范围	

7. 故障检测过程

步骤	检测项目	测量结果或操作	结果分析
1	冷却液液位检查		
2	打开冷却液放气口		
3	观察无气泡后拧紧盖子或放气螺栓		
4	用手摸冷却液泵是否转动		
5	检查冷却液泵电机供电		
6	检查冷却液泵电机搭铁		
7	检查冷却液泵 PWM 脉冲波是否到电机		

8. 故障诊断结论

确认故障部位	
故障机理描述	

9. 维修处理方法

维修建议	零部件 / 总成　维修□ 更换□
维修工时	

工作任务单 8	新能源汽车无法充电 故障诊断与维修	班级：
		姓名：

1. 车辆信息记录

品牌		整车型号		生产年月	
电机型号		动力电池容量		行驶里程	
车辆识别码					

2. 车辆基本检查

检查项目	检查情况	
安全防护		是□　　否□
辅助蓄电池电压		异常□　　正常□
高压部件安装及连接器连接情况		异常□　　正常□
膨胀水箱液位		异常□　　正常□

3. 故障现象记录

诊断项目	诊断内容
确认故障现象	

4. 读取相关故障码

诊断项目	诊断内容
相关故障码描述	

5. 记录相关主要数据流

诊断项目	诊断内容
相关数据流描述	

6. 故障范围分析

诊断项目	诊断内容
故障初步诊断范围	

（续）

步骤	检测项目	测量结果或操作	结果分析
1	前提：车辆仪表没有电池故障灯点亮（电池故障灯点亮充不进电，不能称为无法充电故障）		
2	用遥控器进行锁车		
3	插入交流充电枪		
4	观察充电桩充电指示灯是否显示充电状态		
5	确定不充电状态后，打开车门检查仪表是否有充电连接符号		
6	划磁卡时是否有正常反应，若没有反应，换卡或更换桩内磁卡感应板或更换主板（概率较高）		
7	若充电桩整个没反应，屏也不亮，查看空气开关是否断开（概率较高）		
8	检查空气开关是否过电流，还是旁边漏电保护器工作导致空气开关跳闸（概率较高）		
9	若充电中途停充，检查是否空气开关跳闸（概率较高）		
10	若充电中途停充，检查汽车是否出现了电池故障或充电枪过热（概率较高）		
11	最后根据电路图检查线路，如CC、CP等（概率极低）		

7. 故障检测过程

8. 故障诊断结论

确认故障部位	
故障机理描述	

9. 维修处理方法

维修建议	零部件/总成　　维修□　更换□
维修工时	

工作任务单 9	混合动力汽车充电故障检修	班级：
		姓名：

1. 车辆信息记录

品牌		整车型号		生产年月	
电机型号		动力电池容量		行驶里程	
车辆识别码					

2. 车辆基本检查

检查项目	检查情况	
安全防护		是□　否□
辅助蓄电池电压		异常□　正常□
高压部件安装及连接器连接情况		异常□　正常□
膨胀水箱液位		异常□　正常□

3. 故障现象记录

诊断项目	诊断内容
确认故障现象	

4. 读取相关故障码

诊断项目	诊断内容
相关故障码描述	

5. 记录相关主要数据流

诊断项目	诊断内容
相关数据流描述	

6. 故障范围分析

诊断项目	诊断内容
故障初步诊断范围	

（续）

7. 故障检测过程			
步骤	检测项目	测量结果或操作	结果分析
1	前提：车辆仪表没有电池故障灯点亮（电池故障灯点亮充不进电，不能称为无法充电故障）		
2	用遥控器进行锁车		
3	插入交流充电枪		
4	观察充电桩充电指示灯是否显示充电状态		
5	确定不充电状态后，打开车门检查仪表是否有充电连接符号		
6	划磁卡时是否有正常反应，若没有反应，换卡或更换桩内磁卡感应板或更换主板（概率较高）		
7	若充电桩整个没反应，屏也不亮，查看空气开关是否断开（概率较高）		
8	检查空气开关是否过电流，还是旁边漏电保护器工作导致空气开关跳闸（概率较高）		
9	若充电中途停充，检查是否空气开关跳闸（概率较高）		
10	若充电中途停充，检查汽车是否出现了电池故障或充电枪过热（概率较高）		
11	最后根据电路图检查线路，如CC、CP等（概率极低）		
8. 故障诊断结论			
确认故障部位			
故障机理描述			
9. 维修处理方法			
维修建议	零部件/总成　　维修□　更换□		
维修工时			

工作任务单 10	铅酸蓄电池馈电的故障诊断与维修	班级：
		姓名：

1. 车辆信息记录

品牌		整车型号		生产年月	
电机型号		动力电池容量		行驶里程	
车辆识别码					

2. 车辆基本检查

检查项目	检查情况	
安全防护		是□　否□
辅助蓄电池电压		异常□　正常□
高压部件安装及连接器连接情况		异常□　正常□
膨胀水箱液位		异常□　正常□

3. 故障现象记录

诊断项目	诊断内容
确认故障现象	

4. 读取相关故障码

诊断项目	诊断内容
相关故障码描述	

5. 记录相关主要数据流

诊断项目	诊断内容
相关数据流描述	

（续）

6. 故障范围分析	
诊断项目	诊断内容
故障初步诊断范围	

7. 故障检测过程

步骤	检测项目	测量结果或操作	结果分析
1	取下车上馈电的蓄电池，更换新的满电蓄电池		
2	踩下制动踏板，打到 READY 档		
3	测量蓄电池端电压是否为 13.5V 以上		
4	测量 DC/DC 变换器的低压供电熔丝		
5			
6			
7			
8			
9			

8. 故障诊断结论

确认故障部位	
故障机理描述	

9. 维修处理方法

维修建议	零部件 / 总成　　维修□ 更换□
维修工时	

工作任务单 11	新能源汽车空调不制冷 故障诊断与维修	班级：
		姓名：

1. 车辆信息记录

品牌		整车型号		生产年月	
电机型号		动力电池容量		行驶里程	
车辆识别码					

2. 车辆基本检查

检查项目	检查情况	
安全防护		是□ 否□
辅助蓄电池电压		异常□ 正常□
高压部件安装及连接器连接情况		异常□ 正常□
膨胀水箱液位		异常□ 正常□

3. 故障现象记录

诊断项目	诊断内容
确认故障现象	

4. 读取相关故障码

诊断项目	诊断内容
相关故障码描述	

5. 记录相关主要数据流

诊断项目	诊断内容
相关数据流描述	

（续）

6. 故障范围分析	
诊断项目	诊断内容
故障初步诊断范围	

7. 故障检测过程			
步骤	检测项目	测量结果或操作	结果分析
1	打开点火开关		
2	连接诊断仪到诊断口		
3	读取空调制冷剂静态压力		
4	检查前部冷凝器是否堵塞		
5	空调温度设定为最冷		
6	鼓风机转速设定为最高		
7	检查打开鼓风机后的风量		
8	读取空调制冷剂动态压力		
9	检查制冷剂是否质量不合格		

8. 故障诊断结论	
确认故障部位	
故障机理描述	

9. 维修处理方法	
维修建议	零部件 / 总成　　维修□　更换□
维修工时	

工作任务单 12	驻车档锁止电机无法解除锁止故障诊断与维修	班级：
		姓名：

1. 车辆信息记录

品牌		整车型号		生产年月	
电机型号		动力电池容量		行驶里程	
车辆识别码					

2. 车辆基本检查

检查项目	检查情况	
安全防护		是□　　否□
辅助蓄电池电压		异常□　正常□
高压部件安装及连接器连接情况		异常□　正常□
膨胀水箱液位		异常□　正常□

3. 故障现象记录

诊断项目	诊断内容
确认故障现象	

4. 读取相关故障码

诊断项目	诊断内容
相关故障码描述	

5. 记录相关主要数据流

诊断项目	诊断内容
相关数据流描述	

（续）

6. 故障范围分析	
诊断项目	诊断内容
故障初步诊断范围	

7. 故障检测过程

步骤	检测项目	测量结果或操作	结果分析
1	打开点火开关		
2	踩下制动踏板，挂 D 位，仪表是否显示无法切换到 D 位		
3	检查驻车档电机的供电熔丝		
4	检查驻车档电机的供电继电器		
5			
6			
7			
8			

8. 故障诊断结论

确认故障部位	
故障机理描述	

9. 维修处理方法

维修建议	零部件 / 总成　　维修□　更换□
维修工时	

工作任务单 13	新能源汽车无法加速 故障诊断与维修	班级：
		姓名：

1. 车辆信息记录

品牌		整车型号		生产年月	
电机型号		动力电池容量		行驶里程	
车辆识别码					

2. 车辆基本检查

检查项目	检查情况	
安全防护		是□ 否□
辅助蓄电池电压		异常□ 正常□
高压部件安装及连接器连接情况		异常□ 正常□
膨胀水箱液位		异常□ 正常□

3. 故障现象记录

诊断项目	诊断内容
确认故障现象	

4. 读取相关故障码

诊断项目	诊断内容
相关故障码描述	

5. 记录相关主要数据流

诊断项目	诊断内容
相关数据流描述	

（续）

6. 故障范围分析	
诊断项目	诊断内容
故障初步诊断范围	

7. 故障检测过程

步骤	检测项目	测量结果或操作	结果分析
1	根据故障码进行排除、这里仅提供检查要点		
2	整车控制器中加速踏板信号读取		
3	整车控制器中变速杆 D 位信号查询		
4	变频器控制器中电机转矩信号查询		
5	变频器控制器中有电机转矩信号		
6	检查旋转变压器信号		
7	更换变频器总成		
8			

8. 故障诊断结论

确认故障部位	
故障机理描述	

9. 维修处理方法

维修建议	零部件/总成　　维修□　更换□
维修工时	

工作任务单 14	新能源汽车加速无力故障诊断与维修	班级：
		姓名：

1. 车辆信息记录

品牌		整车型号		生产年月	
电机型号		动力电池容量		行驶里程	
车辆识别码					

2. 车辆基本检查

检查项目	检查情况	
安全防护		是□　否□
辅助蓄电池电压		异常□　正常□
高压部件安装及连接器连接情况		异常□　正常□
膨胀水箱液位		异常□　正常□

3. 故障现象记录

诊断项目	诊断内容
确认故障现象	

4. 读取相关故障码

诊断项目	诊断内容
相关故障码描述	

5. 记录相关主要数据流

诊断项目	诊断内容
相关数据流描述	

（续）

6. 故障范围分析

诊断项目	诊断内容
故障初步诊断范围	

7. 故障检测过程

步骤	检测项目	测量结果或操作	结果分析
1	注：电机无法加速，原因是限矩，限矩的原因是过热		
2	冷却液液位检查		
3	打开冷却液放气口		
4	观察无气泡后拧紧盖子或放气螺栓		
5	用手摸冷却液泵是否转动		
6	检查冷却液泵电机供电		
7	检查冷却液泵电机搭铁		
8	检查冷却液泵 PWM 脉冲波是否到电机		

8. 故障诊断结论

确认故障部位	
故障机理描述	

9. 维修处理方法

维修建议	零部件 / 总成　　维修□　更换□
维修工时	

工作任务单 15	新能源汽车无法切换 EV 模式故障诊断与维修	班级： 姓名：

1. 车辆信息记录

品牌		整车型号		生产年月	
电机型号		动力电池容量		行驶里程	
车辆识别码					

2. 车辆基本检查

检查项目	检查情况	
安全防护		是□　　否□
辅助蓄电池电压		异常□　正常□
高压部件安装及连接器连接情况		异常□　正常□
膨胀水箱液位		异常□　正常□

3. 故障现象记录

诊断项目	诊断内容
确认故障现象	

4. 读取相关故障码

诊断项目	诊断内容
相关故障码描述	

5. 记录相关主要数据流

诊断项目	诊断内容
相关数据流描述	

（续）

6. 故障范围分析	
诊断项目	诊断内容
故障初步诊断范围	

7. 故障检测过程

步骤	检测项目	测量结果或操作	结果分析
混合动力汽车按下 EV 开关时，仪表应响应 EV 模式。若不能响应，说明条件未满足，这不是故障。若仪表响应了 EV 模式，但无法行驶，应对 MG2 电机工作条件进行检查			
1	检查 MG2 电机旋转变压器信号		
2	更换变频器总成		
3			
4			
5			

8. 故障诊断结论

确认故障部位	
故障机理描述	

9. 维修处理方法

维修建议	零部件 / 总成　　维修□ 更换□
维修工时	

工作任务单 16	混合动力电动汽车无法行驶故障诊断与维修	班级：
		姓名：

1. 车辆信息记录

品牌		整车型号		生产年月	
电机型号		动力电池容量		行驶里程	
车辆识别码					

2. 车辆基本检查

检查项目	检查情况	
安全防护		是☐　　否☐
辅助蓄电池电压		异常☐　　正常☐
高压部件安装及连接器连接情况		异常☐　　正常☐
膨胀水箱液位		异常☐　　正常☐

3. 故障现象记录

诊断项目	诊断内容
确认故障现象	

4. 读取相关故障码

诊断项目	诊断内容
相关故障码描述	

5. 记录相关主要数据流

诊断项目	诊断内容
相关数据流描述	

6. 故障范围分析

诊断项目	诊断内容
故障初步诊断范围	

（续）

7. 故障检测过程			
步骤	检测项目	测量结果或操作	结果分析
起步时纯电动模式无法行驶			
1	检查 MG2 电机旋转变压器信号		
2	更换变频器总成		
行驶中发动机无法起动（MG1 不工作）			
3	检查 MG1 电机旋转变压器信号		
4	更换变频器总成		
行驶中发动机点火运行过程（发动机工作）			
5	根据诊断仪提示进行电控系统诊断		
6	检查发动机供油系统		
7	检查发动机点火系统		
8			
9			

8. 故障诊断结论	
确认故障部位	
故障机理描述	

9. 维修处理方法	
维修建议	零部件 / 总成　维修□ 更换□
维修工时	